马克思主义经典著作当代解读

历史的肉身

《路德维希·费尔巴哈和德国古典哲学的终结》当代解读

吴 猛 著

复旦大学出版社

本书由
上海文化发展基金会图书出版专项基金
资助出版

目　录

前言 ………………………………………………………………………… 1

第一章　《路德维希·费尔巴哈和德国古典哲学的终结》的八个"症候" …… 1
一、恩格斯的叙述起点 ……………………………………………… 1
二、恩格斯论黑格尔哲学的"革命性质" …………………………… 13
三、恩格斯论黑格尔学派的解体 …………………………………… 21
四、恩格斯论"哲学基本问题" ……………………………………… 35
五、实践如何证实思维与存在的同一性？ ………………………… 48
六、恩格斯论费尔巴哈的唯物主义 ………………………………… 54
七、恩格斯论费尔巴哈的实践哲学 ………………………………… 63
八、唯物主义何以可能"辩证法化"？ ……………………………… 75

第二章　恩格斯最初的问题意识：青年黑格尔派、黑格尔与费尔巴哈 …… 82
一、从青年德意志到青年黑格尔派 ………………………………… 82
二、理性与个体行动 ………………………………………………… 90
三、恩格斯对谢林的黑格尔批判的批判 …………………………… 98
四、青年恩格斯的人本学化的黑格尔阐释的内在困难 …………… 115

第三章　恩格斯问题意识的深化：共产主义与国民经济学 ……………… 122
一、恩格斯对英国工人运动的观察 ………………………………… 122
二、恩格斯与共产主义问题 ………………………………………… 123
三、恩格斯的国民经济学研究的缘起 ……………………………… 133
四、恩格斯的国民经济学批判的主要成果 ………………………… 136
五、"英国经验"与"德国哲学" ……………………………………… 145

六、恩格斯对英国工业革命的分析 …………………………………… 148
七、"完全经验的方式" …………………………………………………… 152

第四章 恩格斯是如何成为《路德维希·费尔巴哈和德国古典哲学的终结》的作者的？ …………………………………………………… 161
一、《德意志意识形态》的新历史观的基本视野 ……………………… 161
二、《德意志意识形态》中的共产主义问题 …………………………… 169
三、《德意志意识形态》中的意识和意识形态问题 …………………… 175
四、黑格尔辩证法如何重新回到恩格斯的视野 ……………………… 179
五、重新理解《路德维希·费尔巴哈和德国古典哲学的终结》 … 197

附录 马克思早期的"形式"概念与黑格尔的"形式"概念 ……………… 207

前　　言

　　《路德维希·费尔巴哈和德国古典哲学的终结》长期以来被认为是马克思主义哲学的经典著作。常见的赞誉之词是：这是"一部科学共产主义的卓越著作，它精辟地阐述了马克思主义世界观的产生和发展的过程，系统地说明了辩证唯物主义和历史唯物主义的原则"①。斯大林在讨论理论问题时，最喜欢引用的就是恩格斯的《反杜林论》和《路德维希·费尔巴哈和德国古典哲学的终结》——对于他而言，恩格斯的话本身就是论证②。当然也有不同的声音③，但在特定时代的大众狂欢中，这些声音显得如此不和谐，因而很快就被淹没。然而，当社会大潮退却，铅华尽洗，这一作品又归于寂寞。它在大众的喧嚣声里拥有荣光，又在另一种喧嚣声里寂然。我们当然可以说，《路德维希·费尔巴哈和德国古典哲学的终结》诞生于一个属于它的时代，它之成为真理只是出于大众对它的真理性的需要，正如它归于寂寞不过是由于失去了大众对它的需要一样。但这并不是根本的原因。如前所述，我们生活于其中的这个时代是一个物质欲求高于真理欲求的时代，而恩格斯正处于这一时代到来的前夜。恩格斯自觉地扮演着全世界无产阶级革命导师的角色，直至去世，一直都以"真理"的身份面对无产阶级"大众"。一百多年后的今天，我们蓦然回首，曾经的"真理"与"大众"已化为一片模糊的身影，而那个时代的思想革命却留下了深深的辙痕。

---

① 列·伊利切夫等：《弗里德里希·恩格斯》，程代熙等译，人民出版社，1984年，第502页。
② 这一点典型地体现在《论辩证唯物主义和历史唯物主义》等作品中。见《斯大林选集》下卷，人民出版社，1979年，第424—454页。
③ 像卡弗（Terrell Carver）就认为，"实际上，此时的恩格斯与他写作《德意志意识形态》时的思想相比是退步了。"（特雷尔·卡弗：《马克思与恩格斯：学术思想关系》，姜海波、王贵贤译，中国人民大学出版社，2008年，第126—127页）在他看来，从1859年以后，特别是在马克思去世之后，恩格斯对"马克思主义"的阐发违背了马克思和恩格斯当初制定的历史唯物主义的基本原则。

本书旨在通过具有"考古学"性质的工作,拂去蒙在《路德维希·费尔巴哈和德国古典哲学的终结》上的"真理之尘",目的则在于显露它本身所具有的真正的真理之光。我们将首先从思想史的角度分析这部著作的诸多理论判断会遇到的困难。这些理论判断曾使这部著作被奉为权威,但也正是这些判断使这部著作在当代备受质疑。在这一工作中,我们将尽力扮演一个"中立"的研究者的角色,"就事论事"地将这一文本本身提出的若干问题放在"纯粹"的思想史视野中加以讨论,就像对待任何一本哲学经典著作时应当做的那样,而采用这种阅读方式也是对恩格斯这位杰出的思想家应有的尊重。通过这种考察,我们试图把握的,并不是已被人们熟知的那个体系,而是不断出现的"症候"。这些"症候"之所以成为"症候",就在于恩格斯的某些观点如果以这个文本中所采取的方式直接进入思想史的话,多多少少会让人产生困惑和疑问。不过,恩格斯除了是思想家之外还是一位革命家,因此像《路德维希·费尔巴哈和德国古典哲学的终结》这样一篇原本只是为工人阶级撰写的批判性论著,为了宣传的需要,自然要简明扼要,而不是如一般学术著作那样力求论证周严。可以想见,在这部作品中被清晰表达的那些观点背后,还有若干没有完全展现出来的论证过程、辅助性阐释甚至更大的论域和更深的问题意识。如果我们不去考察这些论证、论域和问题意识,我们事实上就无法准确地把握这部作品所表达的诸种观点。这正如看一座冰山,只看海平面以上的部分显然无法窥得它的全貌。同时,鉴于恩格斯一生思想经历过多次变化,要把握他的问题意识,就只有从这种问题意识的形成过程来理解。因此在考察了《路德维希·费尔巴哈和德国古典哲学的终结》一书中的多种"症候"之后,我们将深入恩格斯的文本特别是早期文本,考察恩格斯的问题意识的形成过程。恩格斯在1886年用这本薄薄的小册子简要地介绍了他的思想立场,但他成长为《路德维希·费尔巴哈和德国古典哲学的终结》的作者,却用了整整五十年。当然,在他铸造自己的唯物主义思想的过程中,他不断吸收一些思想,又不断丢弃一些思想,但无论是被吸收的还是被丢弃的东西,事实上都以肯定的或否定的方式构成他的思想组成要素,因此都是值得作一番探问的。当我们把握了恩格斯问题意识形成的历程,并因而把握了《路德维希·费尔巴哈和德国古典哲学的终结》的深层论域之后,可以发现,我们对该著进行的"马克思学"式的"中立"考察所获得的结论,其实恰好并不"客观"。但这并不表明此前的那番研究毫无意义,这不仅是因为,如果没有经历这一工作,恩格斯思想将无法被学术化,因而无法从其经常被以双重方式审视(一方面被认为是"经典",另一方面又遭到轻视)的尴尬局面中走出,还因为这一工作通过重新整理恩格斯在该著中所涉及的思想史问题和素材,为重估恩格斯思想的价值进行了准备。在唯物主义历史观的视野下,晚年恩格斯试图在理论上阐明人类社会、思维和自然界的统一性,从而向世人展现庞大的"历史的肉身"。在革命话语渐渐远去的今天,恩格斯的这一工作的当代意义正在凸显。

本书是在作者近年来在复旦大学为研究生和本科生开设的相关课程的讲稿基础上完成的。我的学生张晓萌、龙姣和刘丹琦帮我整理了部分讲稿。本书的部分内容曾以论文的形式发表过,包括第一章第一节(发表于《当代国外马克思主义评论》第 11 期)、第一章第三节(发表于《世界哲学》2018 年第 5 期)、第一章第四节(发表于《当代国外马克思主义评论》第 17 期)和第一章第五节(连同第四章第五节的部分内容一道发表于《理论探讨》2018 年第 6 期)。复旦大学出版社陈军老师为本书的出版付出了许多心血,给予我非常大的帮助。在此谨向所有在本书的写作和出版过程中帮助过我的朋友们一并致谢!

第一章 《路德维希·费尔巴哈和德国古典哲学的终结》的八个"症候"

从结构上看,《路德维希·费尔巴哈和德国古典哲学的终结》分为四个部分,第一部分讨论黑格尔辩证法问题,第二部分讨论唯物主义问题,第三部分批判费尔巴哈人本学中的唯心主义,第四部分是对于马克思主义的历史观和自然观的概述。恩格斯的这一著作像他的其他著作一样,行文简洁、清晰而流畅,在字句上几乎没有什么令人费解之处。但是,如果从思想史的角度来审视的话,我们会发现,在这些简洁、清晰而流畅的文字中间,隐藏了不少"症候"。本章将重点分析八个"症候",这些"症候"所涉及的问题分别是:恩格斯的叙述起点、恩格斯关于黑格尔哲学"革命性质"的理解、恩格斯关于黑格尔学派的解体过程的理解、恩格斯关于哲学基本问题的理解、恩格斯关于实践在思维与存在的同一性问题中的作用的理解、恩格斯关于费尔巴哈的唯物主义的理解、恩格斯关于费尔巴哈实践哲学的理解、恩格斯关于唯物主义之"辩证法化"的理解。

一、恩格斯的叙述起点

作为一个踌躇满志的哲学青年,27 岁的施达克(Carl Nikolai Starcke)[①]万不会料到,他发表于 1885 年的著作《路德维希·费尔巴哈》居然会让他青史留名;他更未料到的是,自己青史留名的方式居然如此特别:在 66 岁的恩格斯的《路德维希·费尔巴哈和德国古典哲学的终结》中充当靶子。施达克在

[①] 关于施达克的生平,参见田毅松:《恩格斯〈路德维希·费尔巴哈和德国古典哲学的终结〉研究读本》,中央编译出版社,2016 年,第 15—18 页。

书中评论的是当时在德国思想界已成明日黄花的费尔巴哈。正是费尔巴哈这一主题以及与之联系在一起的唯物主义和唯心主义的区别问题引起了恩格斯的兴趣,后者在整理《资本论》第三卷最胶着的时候接受了《新时代》杂志社编辑部的邀请,撰写了这部著名作品。

从基本内容上看,这部作品的结构似乎是很清楚的:黑格尔哲学、费尔巴哈哲学和马克思哲学构成了它的三个基本组成部分。这一"黑格尔—费尔巴哈—马克思"叙述结构显然与恩格斯的写作目的有关。

按照恩格斯自己的说法,他写作《路德维希·费尔巴哈和德国古典哲学的终结》的直接目的,是要完成一个从1845年以后"再没有机会回到"的题目,这就是清算"我们"(指他和马克思)与黑格尔哲学的关系以及与费尔巴哈哲学的关系。恩格斯在这里提到1845年,显然是指他和马克思在《德意志意识形态》中的工作。关于《德意志意识形态》的写作目的,马克思曾在《〈政治经济学批判〉序言》中作过如下说明:"自从弗里德里希·恩格斯批判经济学范畴的天才大纲(在《德法年鉴》上)发表以后,我同他不断通信交换意见,他从另一条道路(参看他的《英国工人阶级状况》)得出同我一样的结果,当1845年春他也住在布鲁塞尔时,我们决定共同阐明我们的见解与德国哲学的意识形态的见解的对立,实际上是把我们从前的哲学信仰清算一下。这个心愿是以批判黑格尔以后的哲学的形式来实现的。"①从这段话可以看出,不论今天从文献学的角度来看,《德意志意识形态》特别是其第一章的写作如何充满了"罗生门"般的谜,该著的基本内容都是阐明"我们的见解与德国哲学的意识形态的见解的对立",而这也正是恩格斯《路德维希·费尔巴哈和德国古典哲学的终结》一书的基本目标。但值得注意的是,两部著作达到目标的方式有所不同:在《德意志意识形态》中马克思和恩格斯以论战的方式"批判黑格尔以后的哲学";而在《路德维希·费尔巴哈和德国古典哲学的终结》中,恩格斯则以梳理历史的方式,对于从黑格尔到费尔巴哈再到唯物主义历史观的诞生这一条历史线索进行了梳理。

乍看上去,这一差别如果不是无关紧要的话,也是"可以理解"的:毕竟"时代条件"不同嘛。

的确,对于1886年的恩格斯来说,四十余年过去了,但所谓"我们的见解"

---

① 《马克思恩格斯全集》第31卷,人民出版社,1998年,第412—413页。

(在恩格斯看来主要指"由马克思所制定的唯物主义历史观"①)与德国哲学的内在关系却依然没有得到澄清,就是说,没有得到系统而完整的说明;我们所看到的,更多的是马克思和恩格斯在某些问题上的支离破碎的看法,人们可以从中得到若干富有启示性的观点,但却无法揽其"全貌"。而1885年施达克的《路德维希·费尔巴哈》的出版,使恩格斯终于遇到了一个继续开展这一工作的契机。施达克在当时是一个非常普通的青年作者,而恩格斯则早已名满天下。恩格斯之所以选择为这本书撰写评论的机会探讨了马克思主义与德国古典哲学关系,当然与这本书触及了一些重要理论问题有关,但更重要的是,这本书的出版恰逢马克思主义在整个欧洲范围遇到严峻挑战之际——尤其是当时德国思想界的新康德主义倾向及其对马克思主义哲学的排斥和侵蚀,已经到了让恩格斯不得不发言的时候。这样,恩格斯就面临为马克思主义哲学进行辩护的任务。而这就必须回到马克思主义哲学诞生的源头,探讨马克思主义哲学之形成的内在逻辑,而其关键环节正在于马克思主义哲学与黑格尔哲学的关系问题。

这种"时代条件论"固然极有道理,却极易使人们忽视一个问题:为什么面对新康德主义挑战的恩格斯在《路德维希·费尔巴哈和德国古典哲学的终结》中不是以对于康德的批判为起点,而是以对于黑格尔的赞扬为起点?

一个可能的解释是,马克思和恩格斯此前一直试图澄清自己与黑格尔哲学的关系,但一直没有机会完成这一工作,而施达克的著作正好为恩格斯提供了一个完成宿愿的契机。的确,与黑格尔哲学的关系,这是马克思和恩格斯一生都在不断返回的理论问题。

青年马克思和青年恩格斯都曾作为活跃分子参加过青年黑格尔派的活动,并分别经由青年黑格尔派的中介对黑格尔哲学进行过系统的阅读。尽管二人的黑格尔阅读所获得的理论成果并不完全一致②,但在马克思和恩格斯开始合作之后,二人对于黑格尔哲学的理解的差异性却被这种合著形式掩盖了。在他们合著的第一本书即《神圣家族》中,马克思和恩格斯对青年黑格尔派进行了大量批判工作。读者自然期望在这本著作中讨论他们的思想和黑格尔主义的内在关系,但他们的重点却仅仅放在他们的"共同立场"与黑格尔

---

① 《马克思恩格斯文集》第4卷,人民出版社,2009年,第265页。
② 关于这一点,诺曼·莱文(Norman Levine)在《不同的路径:马克思主义与恩格斯主义中的黑格尔》(中译本,臧峰宇译,北京师范大学出版社,2009年)一书中有所讨论。

主义的立场之间的某些差异上（并且是以令人眼花缭乱的"论战"的方式），而远未"系统地"回答这一问题。

在《1844年经济学哲学手稿》中，马克思再次试图对黑格尔进行批判。尽管这一批判相较于《神圣家族》中的批判而言要深入的多，但马克思这一批判的重点在于辩证法，确切地说是《精神现象学》中的辩证法，而马克思自己与黑格尔之间的思想关系并未得到"全面"反思。

在《德意志意识形态》中，马克思和恩格斯的目标尽管是探讨他们的共同见解与德国哲学思想体系的见解之间的对立，但由于他们的思想对手并不直接是黑格尔，而是黑格尔形形色色的门徒们，因此他们并没有直接以黑格尔哲学为对象，而是以"批判黑格尔以后的哲学的形式"（具体说来，集中于费尔巴哈和施蒂纳）来开展这一工作的——即便如此，他们依然认为问题已经"弄清"了，换句话说，他们与德国哲学思想体系的见解之间的对立已经得到了澄清。

而在1845年以后，欧洲工人阶级运动一浪高过一浪，特别是1848年前后紧张的欧洲形势，使得马克思和恩格斯基本已没有精力再细致思考自己的思想与黑格尔思想的关系问题；对他们而言，当务之急是对当下发生的事件阐述自己的立场、或在他们自己的思想与革命之间建立内在关系，以对欧洲革命产生影响。直至1848年革命失败以后，马克思和恩格斯分别辗转流亡到英国，前者开始系统地开展政治经济学批判的工作，而后者则在二十年间终不得不花费大量时间在实业工作上。

马克思在1857至1858年间所写作的经济学手稿，往往被认为是"黑格尔主义的复归"，但若细致地阅读该手稿的"货币章""资本章"以及《〈政治经济学批判〉导言》，我们会发现这一观点是站不住脚的。且不说在上述"导言"中马克思谈论自己的经济学研究方法时对黑格尔的直接批评，就连最容易被当作"再现了黑格尔辩证法"的关于货币和资本等问题的论述，所体现出的叙述方法也体现出于黑格尔辩证法的异质性。但即便如此，马克思思想与黑格尔哲学之间的关系仍然未被正面讨论。

在1873年为《资本论》德文第二版写作的"跋"中，马克思终于正面提及了自己黑格尔及其辩证法的关系："但是，正当我写《资本论》第一卷时，今天在德国知识界发号施令的、愤懑的、自负的、平庸的模仿者们，却已高兴地像莱辛时代大胆的莫泽斯·门德尔松对待斯宾诺莎那样对待黑格尔，即把他当作一条'死狗'了。因此，我公开承认我是这位大思想家的学生，并且在关于价值理论的一章中,有些地方我甚至卖弄起黑格尔特有的表达方式。"①阿尔都塞曾对这篇"跋"中所出现的"研究方法"与"叙述方法"的关系以及马克思的"辩证法"与黑格尔的辩证法的关系进行过分析②。按照阿尔都塞的看法,马克思并未真正理解自己的叙述方法与黑格尔的辩证法之间的根本区别,反倒通过上述说法为人们混淆这两种方法留下空间。的确,如果我们对《资本论》第一卷的叙述方法进行仔细辨析,就会发现,如果说有某种内在于其中的"辩证法"话,这种"辩证法"和黑格尔的辩证法完全异质,既无共同指称,亦无共同含义。

这样我们就看到,在1845年之后,直到马克思去世之前,不论是马克思还是恩格斯,事实上都没有再认真地回到黑格尔哲学这一论题上来。因此恩格斯说:"从那时起已经过了四十多年,马克思也已逝世,而我们两人谁也没有机会回到这个题目上来。关于我们和黑格尔的关系,我们曾经在一些地方作了说明,但是无论哪个地方都不是全面系统的。"③但如果仅从上述从"思想史"的角度来理解恩格斯在《路德维希·费尔巴哈和德国古典哲学的终结》中从黑格尔开始进行分析的原因,显然并不充分。因为恩格斯所面对的显然并不是一个单纯旨在填补"学术空白"的"哲学史问题"。如前所述,恩格斯在1886年写作这一著作是有其"实践目的"的:"这期间,马克思的世界观远在德国和欧洲境界以外,在世界的一切文明语言中都找到了拥护者。另一方面,德国的古典哲学在国外,特别是在英国和斯堪的纳维亚各国,有某种复活。甚至在德国,各大学里借哲学命运来施舍的折衷主义残羹剩汁,看来已叫人吃厌了。在这种情况下,我感到越来越有必要把我们同黑格尔哲学的关系,我们怎样从这一哲学出发又怎样同它脱离,作一个简要而又系统的阐述。"④恩格斯在这里所说的"德国的古典哲学"当然并不仅仅指黑格尔哲学,毋宁说,这里虽然包含黑格尔哲学的复兴,但恩格斯所面对的更为重要的挑战显然来自被他称为德国的"折衷主义"的新康德主义的兴起。因此,恩格斯的讨论不是从康德开始,而是从黑格尔开始,必定另有原因。

我们或许还可以从恩格斯与马克思的思想背景差异出发考察这一问题。

---

① 《马克思恩格斯全集》第44卷,人民出版社,2001年,第22页。
② Louis Althusser, Avant-propos de *Le concept de loi économique dans le Capital de Marx* de Gérard Duménil, Librairie François Maspero, Paris, 1978, pp. 7–26.
③ 《马克思恩格斯文集》第4卷,人民出版社,2009年,第265页。
④ 同上书,第266页。

马克思对哲学史的理解相对比较全面：可从马克思的著述中找到并被视为马克思的"哲学思想背景"者，绝非仅仅是黑格尔哲学，伊壁鸠鲁哲学、亚里士多德哲学、法国唯物主义、康德哲学、费希特哲学、青年黑格尔派特别是费尔巴哈哲学等都曾以不同方式进入马克思的视野。尽管在马克思一生的思想发展中，黑格尔的因素不断以各种面目出现，有时甚至相当突出，但并不能说马克思的思想主要受到黑格尔哲学主导。但在恩格斯那里，情况完全不同。恩格斯在青年时代在柏林服兵役时通过青年黑格尔派接触到黑格尔哲学之后，就一直以黑格尔哲学作为其主要思想资源。思想资源的单一性导致了恩格斯理论视野的局限性，而也正是由于这样，恩格斯和黑格尔的关系也要比马克思与黑格尔的关系更加密切。这一思想特征将伴随恩格斯一生。

受到诺曼·莱文支持的这一视角自然十分有趣，但却无法作为回答上文中我们所提出的问题的严肃论据。因为与黑格尔的关系是否密切，与在一个回应新康德主义挑战的文本中以对于黑格尔的讨论为开端，着实并无直接联系。

或许，解决文本中的问题的最好办法，是从文本本身出发。

将黑格尔哲学视为《路德维希·费尔巴哈和德国古典哲学的终结》的叙述起点，是就该著的"黑格尔—费尔巴哈—马克思"的基本写作框架而言的。当进入文本时，我们会发现，恩格斯为讨论黑格尔准备了一个简短而有趣的"楔子"，它为读者引出了这个文本的另一层意义上的"叙述起点"。

在《路德维希·费尔巴哈和德国古典哲学的终结》的开篇（关于黑格尔的讨论出现之前），恩格斯提到了"一个时期"，这就是德国准备 1848 年革命的时期。根据恩格斯自己的说法，他之"返回到"这一时期的契机，乃是施达克的著作《路德维希·费尔巴哈》提供的。"德国准备 1848 年革命的时期"，自然是指 1830 年代和 1840 年代。一本施达克写于 19 世纪 80 年代的著作何以会使恩格斯回到"一代之久"以前的那个时期？显然是由于这本书讨论的主题即费尔巴哈哲学——费尔巴哈最主要的思想都出现在 1830 年代后期到 1840 年代初期。

鉴于《路德维希·费尔巴哈》所讨论的主要是费尔巴哈的哲学思想，我们或许会认为恩格斯此处提到 1848 年革命不过是为一个时代做标记。但恩格斯接下来对这个时代的界定否定了这一点："那以后我国所发生的一切，仅仅是 1848 年的继续，仅仅是革命遗嘱的执行罢了。"[①] 这里所强调的，显然不再

---

① 《马克思恩格斯文集》第 4 卷，第 267 页。

是"哲学",而是"革命"。这里隐藏着一个问题:为什么一本讨论费尔巴哈哲学的著作使恩格斯产生了与1848年革命相联系的回忆?

恩格斯从侧面回答了我们的疑问:"正像在18世纪的法国一样,在19世纪的德国,哲学革命也作了政治崩溃的前导。"①但我们马上会看到,这一间接回答会引发更多疑问。

恩格斯的这一观点或许意味着,之所以可以将一种德国哲学思想(如费尔巴哈哲学)与一场革命(如1848年革命)联系起来,乃是由于,在19世纪德国哲学与革命之间存在着一种特殊的联系。但问题是,费尔巴哈哲学可否被视为"哲学革命"的一部分?如果是,在何种意义上是?恩格斯没有向我们做出说明。

从恩格斯的表述所涉及的时间来看,他所谓的"哲学革命"应发生于1800年到1848年之间。如果说费尔巴哈是否参与了"哲学革命"这一问题尚需讨论的话,这一时间段中的思想界的"宙斯"——黑格尔哲学则无疑理所当然应是恩格斯所谓"哲学革命"的主角。但为什么黑格尔哲学会与"哲学革命"联系在一起?这是什么意义上的"哲学革命"?恩格斯没有向我们解释。

恩格斯接下来的讨论更加令人困惑。作为一个例子,黑格尔的著名命题"凡是现实的都是合乎理性的,凡是合乎理性的都是现实的"被恩格斯提出来,用以论证"在这些教授后面,在他们的迂腐晦涩的言词后面,在他们的笨拙枯燥的语句里面竟能隐藏着革命"②。这里显然存在着一个断裂:即便我们能够接受恩格斯的论断,将黑格尔的上述命题乃至他的整个辩证法体系都视为具有"革命性",他的哲学如何能够成为政治崩溃的前导?对于这些问题,恩格斯没有做出论证,似乎这是"不言自明"的。

但恩格斯没有说明、解释和论证的地方,并不等于恩格斯没有根据。当恩格斯说"但是,不论政府或自由派都没有看到的东西,至少有一个人在1834年已经看到了,这个人就是亨利希·海涅"③时,他已事实上将自己的"根据"告诉了我们,那就是海涅的《论德国宗教和哲学的历史》。

海涅的这部著作要论证的一个重要主题,正是论证德国的哲学革命与政治革命的关系。

---

① 《马克思恩格斯文集》第4卷,第267页。
② 同上。
③ 同上书,第267—268页。

对于海涅而言，要理解哲学革命与政治革命的关系，就要澄清宗教改革与哲学革命之间的关系。这就要求我们首先理解宗教改革所指向的对象即基督教会的理论基础——自然神论。自然神论以一个能够创造世界的人格神的存在为前提。在这种宗教中，人格神是这个世界的原因，又与这个世界相对立，而这就意味着这个神是外在于这个世界的，它不是作为世界的内因，而是作为世界的外因存在的。这个外在于世界并且与这个世界有着创造与被创造的关系的人格神，在基督教那里就是上帝。对于海涅来说，问题在于，为什么这样一种外在于世界的人格神，居然能够成为人们信仰的对象？如果他与我们的内在生活没有直接的关联，而仅仅是一个外部的神，或者只是这个世界的"第一推动力"，那么信仰本身也就成为一件荒谬的事了。海涅认为这样理解宗教是不够的；对于"人格神"，还要从更深的层次的来理解：人格神之所以能够支配人们的信仰世界、成为信仰的核心，正在于他能带给人们希望——人们只要进入宗教与信仰之中，人们就感觉到人生充满希望。为什么人生会因为这样的对于一个人格神的信仰而充满希望呢？正是由于这种人格神的设计内在包含了我们必须希望的东西。这种人格神之被设计出来不是为了达到某种知识，即，不是要告诉人们诸如"这个世界是从哪里来的"这样的问题；毋宁说，人格神或者上帝能够最终给予人的东西，在于使人明了如何在死后得到永世的幸福。但问题是，这样一种人格神如何能够保证每个人、每个有限的存在者都能得到永福？只有一个办法，就是把人们当前所接触到的、看到的、感受到的、总之人们生活所及的整个世界，贬低为虚幻的和谬误的，甚至根本上说是恶的，将这样的虚幻的、谬误的和恶的现实生活与彼岸世界对立，并把在此岸生活的经历与彼岸世界人格神对人们的奖罚臧否联系在一起。这样，才能使在此岸世界生活的有限个体获得希望。如果人们能够在此生此世按照上帝的指引，将自己塑造成一个善良的个体，那么他们就可以在死后获得永生，上帝会引导他们进入彼岸世界，或曰进入天堂，否则就将下地狱。在海涅看来，自然神论的思想基础，就是善和恶的对立，就是此岸世界和彼岸世界的二分。此岸世界被不断贬低，彼岸世界不断被褒扬；或者说，肉体不断被贬低而灵魂不断地被褒扬，物质世界不断被贬低而精神世界不断被褒扬。

从马丁·路德发动宗教改革的那个时刻开始，彼岸与此岸的二分这样的一个根本的信条就受到了挑战。当然，宗教改革并不直接反对此岸世界与彼岸世界的对立或灵与肉的对立，而只是要求个体能够不经过教会而直接获得永生。但在实际发展过程中,宗教改革却不断触及到基督教的思想基础。因为追求在个体和上帝之间直接架起一座桥梁,就意味着将与上帝沟通的权利从神职人员手中转移到信徒那里,或者说,从教会这样一个组织手里转移到个体那里。因此,尽管表面上宗教改革的直接目标不是为现世生活做辩护,但实际上个体已开始通过宗教改革为自己争取权利。尽管宗教改革在德国和在法国最初的表现形式有所不同,即在德国表现为唯灵主义对教会的冲击,而在法国表现为感觉主义对教会的冲击,但二者是殊途同归的,因为"唯灵主义一旦在古老的教会建筑上打开缺口,感觉主义便带着它那长久以来被压抑的烈焰冲出来,于是德国变成了自由狂热和肉欲的最野蛮的竞技场。"① 这样一来,宗教改革实际上是一场重大的政治改革和社会革命的前奏,作为现实存在者的个体开始不认为自己是纯粹的恶或是完全应该被消灭和压制的东西,为自己争取权利的力量逐渐积聚起来。

在海涅看来,近代欧洲的哲学革命乃是宗教改革的产物:"是的,这次哲学革命正好不是别的,而是新教的最后结果"。② 海涅所说的哲学革命,其开端乃是斯宾诺莎哲学的出现。

斯宾诺莎由于其哲学思想而遭到犹太教的排斥和基督教的迫害。这正是由于,斯宾诺莎哲学的核心命题是上帝内在于世界之中,并且上帝具有两个能被人所认识、具有一致性的属性——思维和广延,而这些观点从根本上触动了犹太教和基督教的基本教义,甚至可以说,如果斯宾诺莎的命题被广泛接受,基督教和犹太教、总而言之就是以自然神论为核心的宗教的思想基础恐怕就要瓦解了。因为若按照斯宾诺莎的观点,物质将摆脱被自然神论赋予的卑贱地位,获得了与精神同样的神圣地位:"这个世界不仅浸透了上帝,充满着上帝,而且它和上帝是同一的……(上帝)既是物质又是精神,这两者是同样神圣的,谁污蔑了神圣的物质,就如同谁亵渎了神圣的精神一样,同样是有罪的。"③在斯宾诺莎那里,与世界同一的上帝不仅在植物和动物中显示自身,更在人类身上获得自我意识,上帝从来没有从人类的历史中隐遁,上帝无时无处不与人类同在,而人类也由此而获得了神性:"因此上帝是世界史的真正的主角,世界史是他经常不断的思维,他经常不断的行动,他的语言,他

---

① 《海涅全集》第 8 卷,孙坤荣译,河北教育出版社,2003 年,第 208—209 页。
② 同上书,第 228 页。
③ 同上书,第 242 页。

的事迹;关于整个人类,人们有权利说:人类是上帝的化身!"①

这就是海涅眼中的哲学革命的开始。这场哲学革命之所以在海涅看来具有重大的思想意义,在于它不仅揭示了从物质世界本身出发为世俗生活中的人类争取权利的可能性,从而为马丁·路德的宗教改革所追求的通过个体直接与上帝进行联系提供了坚实的理论基础,而且在人类思想史上第一次自觉地恢复了前基督教时期的泛神论。

在海涅看来,泛神论是早于基督教而存在、曾广泛流行于欧洲的一种宗教信仰,它是基督教的重要源头。而斯宾诺莎唤起了整个欧洲人内心的这一泛神论记忆,并使得泛神论以哲学形式复活。这种复活直接跟欧洲现实的政治革命和社会革命联系在一起:"建立在法国唯物主义原理之上的政治革命,在泛神论者中间找不到什么敌人,而是找到一些助手,但这些助手是从一个更深的源泉,从一种宗教的综合中汲取他们的信念的。我们要促进物质的富裕,要促进各民族物质的幸福,不是因为我们像唯物主义者那样忽视精神,而是因为我们知道,人类的神性也表现在他的肉体现象之中,贫困会破坏或贬低作为上帝肖像的肉体,精神也会因此而同样萎靡下去。"②海涅高度评价泛神论的这一复活,甚至直截了当地将泛神论称为"德国的隐蔽的宗教"。也只有从海涅的这一独特的泛神论与自然神论对抗的视角,我们才能明白为什么海涅在谈及康德时,认为康德哲学的"恐怖主义"要远胜过罗伯斯庇尔:因为康德的《纯粹理性批判》是一把在德国处决自然神论的"刀"。但康德并未真正完成哲学革命,因为在理论理性中被他杀死的上帝,在实践理性中又复活了。

在海涅看来,哲学革命完成于黑格尔哲学。之所以如此,乃是由于黑格尔在其自然哲学中用一种最了不起的泛神论的方式彻底颠覆了自然神论的统治。这体现在三个方面:第一,黑格尔的自然哲学构成了一个完整的体系;第二,这一自然哲学体系说明了整个现象世界;第三,这一自然哲学为一切学科奠定了科学的基础。对海涅来说,这样的一个自然哲学体系的出现,就意味着哲学革命——毋宁说"泛神论革命"——的结束。那么在黑格尔之后,哲学会是什么样子呢?海涅的回答令人吃惊:"从那时起我们只会看到这个自

---

① 《海涅全集》第 8 卷,孙坤荣译,河北教育出版社,2003 年,第 246 页。
② 同上书,第 246—247 页。

然哲学的学说的发展和完成。"①

尽管海涅如此看重黑格尔的哲学地位,但有趣的是,他在《论德国宗教与哲学的历史》中对黑格尔哲学的内容的讨论并不多,这与他对斯宾诺莎和康德的详细阐述形成了鲜明对比。事实上,相对于黑格尔的思想在哲学革命中的崇高地位而言,海涅更为强调的是它在推动政治革命中所起到的重要作用。

关于德国的宗教改革、哲学革命和政治革命之间的关系,海涅的基本看法是:哲学革命以宗教改革为基础,政治革命以哲学革命为前提。如果说宗教改革为哲学革命提供了泛神论的基本视野,从而哲学革命的完成就意味着泛神论的哲学胜利的话,以哲学革命为前提的政治革命则无疑就是泛神论的现实胜利。黑格尔自然哲学之作为哲学革命的完成,对于哲学革命的发生所起到作用的正是推动实现这样的胜利,具体来说:"那么,自然哲学家(指黑格尔——引者)之所以可怕,则在于他和自然的原始威力结合在一起,在于他能召唤古代日耳曼泛神论的魔力,而在这种泛神论中唤醒了那种我们在古代德意志人中间常见的斗争意欲,这种斗争意欲不是为了破坏,也不是为了胜利,而仅仅是为了斗争而斗争。"②

这样一来,恩格斯的《路德维希·费尔巴哈和德国古典哲学的终结》在开端处的多处空白都可以通过海涅的论证而"填补"起来:所谓哲学革命,就是指从斯宾诺莎开始、由黑格尔完成的泛神论革命,哲学革命的主要问题就是为泛神论进行哲学论证,即论证"物质世界"的解放,其直接对象就是自然神论;德国的哲学革命之所以是政治革命的前导,正是由于这种哲学革命能够唤起德意志民族的隐秘的集体记忆——泛神论,从而成为物质世界斗争的动力。

鉴于泛神论的宗教色彩,我们可以想见,恩格斯是不会直接用这一概念指称自己的思想的。但毫无疑问,恩格斯对这一概念是颇为肯定的。比如,在谈到推动哲学家前进的力量主要是自然科学和工业的进步时,恩格斯说:"在唯物主义者那里,这已经是一目了然的了,而唯心主义体系也越来越加进了唯物主义的内容,力图用泛神论来调和精神和物质的对立;因此,归根到底,黑格尔的体系只是一种就方法和内容来说唯心主义地倒置过来的唯物主

---

① 《海涅全集》第8卷,孙坤荣译,第315页。
② 同上书,第318页。

义"①。从这段引文可以看出,黑格尔不仅借鉴了海涅对于黑格尔哲学的泛神论理解,更直接将泛神论视为"唯物主义的内容"。而反过来说,恩格斯所表述的唯物主义思想、特别是其"唯物主义自然观"也带有一种强烈的泛神论色彩。这在恩格斯的《路德维希·费尔巴哈和德国古典哲学的终结》《反杜林论》和《自然辩证法》等著作中都明显地体现出来。

至于恩格斯泛神论唯物主义的思想根源,莱文从恩格斯的黑格尔接受史的角度来理解,颇具启发意义。在莱文看来,青年时代的恩格斯和马克思都阅读了黑格尔,但却获得了完全不同的思想成果:马克思通过自己的阅读坚定地了自己的青年黑格尔派的思想立场,而恩格斯却在自己的阅读中实际上偏离了青年黑格尔派。莱文说:"青年恩格斯犯了马克思在他的《黑格尔法哲学批判》中指责黑格尔的关于永久化的同样错误,例如,以唯心主义的实质取代人类的社会实践。1841年,青年恩格斯犯了马克思所说的黑格尔的谬误,转换了从主观到先验的因果性。"②同时他还认为,"在批判领域,虽然青年恩格斯理解了理论—实践的范畴,但他未能说明理论—实践的范畴。在1838—1841年这个时期,青年恩格斯从未充分地运用青年黑格尔派的批判方式。理性泛神论取代了主观意识。"③如果我们接受莱文的观点的话,那么泛神论唯物主义就并非仅是恩格斯晚年综合自然科学的最新成就而获得的思想产物,而是其青年时代的黑格尔阅读中所形成的泛神论立场的合乎逻辑的延续。但还有一种可能,就是青年恩格斯受到海涅的《论德国宗教与哲学的历史》的影响而从泛神论的角度来理解黑格尔,并进一步将这一理解固化为自己的思想基础。事实上,从恩格斯青年时代的著作中,我们可以看到他对海涅作品的熟悉程度。如在《伍珀河谷来信》中,恩格斯谈到:"有些高贵的公子也许读过海涅的作品,比如《旅途景色》——不读里面的诗——或《告密者》,但是关于其他作品,他们就只是从牧师或官吏的口中听到一些模糊的概念。"④言下之意,他对海涅当时已出版的"其他作品"十分熟悉,而这自然应当包括出版于1834年的《论德国宗教与哲学的历史》。

也只有将海涅1834年的文本作为恩格斯1886年文本的参照系,我们才能理解何以施达克的著作会马上使恩格斯"返回"到那个"德国准备1848年革

---

① 《马克思恩格斯文集》第4卷,人民出版社,2009年,第280页。
② 诺曼·莱文:《不同的路径:马克思主义与恩格斯主义中的黑格尔》,臧峰宇译,第156页。
③ 同上书,第157页。
④ 《马克思恩格斯全集》第2卷,人民出版社,2005年,第59页。

命的时期"：恩格斯将从海涅那里移植过来的"哲学—革命"范式运用到了费尔巴哈哲学与时代的关系的理解中，将费尔巴哈哲学置入整个德国19世纪的"革命"语境中加以考察。这一点在《路德维希·费尔巴哈和德国古典哲学的终结》的第二节和第三节关于费尔巴哈哲学的具体讨论中体现得尤为突出。

这些空白之填补与疑问之解答，立刻使我们明了恩格斯的文本为什么要从黑格尔而不是康德开始。

从文本上来说，海涅已梳理了从斯宾诺莎到黑格尔的哲学革命的基本脉络，但他在探讨了斯宾诺莎、康德、费希特和谢林等人的哲学理论的同时，对于黑格尔哲学着重探讨的是其现实意义即与政治革命之间的关系，而对其理论本身中的"革命性"因素语焉不详，因此恩格斯对于黑格尔哲学特别是其辩证法的讨论就是接着海涅的文本"往下讲"。

从内容上来说，海涅在1834年只是看到了黑格尔的哲学革命，他所预言的"政治革命"直到1848年才出现，而这一场革命的爆发，也反过来印证了黑格尔哲学革命的不彻底性或保守性；既然"那以后我国所发生的一切，仅仅是1848年的继续，仅仅是革命遗嘱的执行罢了"①，按照（恩格斯所接受的）海涅的观点，就必须有一种继承了黑格尔哲学的革命性的哲学所发动的一场更为彻底的哲学革命作为1848年革命及其后续革命的前提，在黑格尔之后、马克思之前出现的重要思想家费尔巴哈无法完成这种哲学革命，而马克思则以其激发了"德国工人的理论兴趣"的非凡的历史观完成了这一历史任务。

于是我们看到，在"黑格尔—费尔巴哈—马克思"这一显性叙述结构之下，还隐藏着一个隐性的叙述结构："哲学革命与政治革命—马克思主义哲学与工人运动"。要理解这两个叙述结构的关系，就要首先把握这两者的叙述起点之间的关系。而这里的关键，正在于理解海涅在《论德国宗教与哲学的历史》中所阐述的哲学革命与政治革命的关系。

二、恩格斯论黑格尔哲学的"革命性质"

在《路德维希·费尔巴哈和德国古典哲学的终结》第一节中，恩格斯在讨论"哲学革命是政治革命的先导"这一问题时，将黑格尔的那个著名命题即

---

① 《马克思恩格斯文集》第4卷，人民出版社，2009年，第267页。

"凡是现实的都是合乎理性的,凡是合乎理性的都是现实的"作为例证。但这是否恰当? 这个问题不仅是问:黑格尔哲学是否真如像恩格斯所讨论的那样,是一种具有革命性质的哲学;更是问,如果黑格尔哲学真的具有某种革命性质的话,这种革命性质与恩格斯所理解的革命性究竟有无出入?

我们不能忽视的事实是,先于恩格斯将黑格尔的这一命题与革命联系在一起的,正是海涅。在1844年的《论述德国的书信》中,海涅不仅将黑格尔称为"最进步的思想家、伟大学派的哲学家",更直接将其视为"无产者在他们反对现存制度的斗争中"的"领袖"①。而对于"凡是现实的都是合乎理性的,凡是合乎理性的都是现实的"这个命题的理解,海涅更不讳言,自己看重的其实是后半句②。在海涅眼中,最重要的事情在于,从理论转到行动,"转到一切思想的最终目的,并把纲领制订出来"——这是什么纲领呢?——"我们主张建立一个同等光荣、同等神圣、同等幸福的众神的民主"③。

海涅对于这一命题的理解显然过于简单:黑格尔的命题毕竟是由两个部分组成的,因此不能以对命题后一部分的理解取代对前一部分的理解。恩格斯接受了海涅将之与"革命"问题联系在一起的基本立场,但对其进行了较为细致的分析。

根据恩格斯,"凡是现实的都是合乎理性的,凡是合乎理性的都是现实的"之所以是一个表面保守而内在地具有革命性质的命题,主要在于,这个命题表面上将现存的一切都予以神圣化,但是黑格尔在其表述中使用的关键词即"现实的"却将问题引向另一个方向——"彻底否定了关于人的思维和行动的一切结果具有最终性质的看法"④。在黑格尔那里,"现实的"这个概念不是指"现存的",而是指合乎必然性的,或者说具有必然性的。如果把"现实的"理解成是必然性,或者说合乎必然性的,那么黑格尔的这句话就成了——如果现存的事物能够合乎必然性,那么它可以存在,如果现存事物不具有必然性,那么它就应当被消灭。如果陈旧的或不合乎必然性的东西对必然性的东西不加抗拒,我们自然可以采取平稳的或改良的方式消灭它,而如果它对必然性采取抗拒的态度,就应当用革命的方式把它消灭掉。

恩格斯对于黑格尔命题(确切地说,他所分析的其实只是这一命题的前

---

① 亨利希·海涅:《论德国宗教和哲学的历史》,海安译,商务印书馆,1974年,第162页。
② 同上书,第161—162页。
③ 同上书,第162页。
④ 《马克思恩格斯文集》第4卷,人民出版社,2009年,第269页。

一半即"凡是现实的都是合乎理性的")的这一理解的结果,与其说是解释了这一著名命题,不如说是得到了恩格斯借用歌德《浮士德》中的话表达的一个新命题:"凡是现存的,都一定要灭亡"①。应当承认,恩格斯对这一命题的解释的合理之处在于,把"现实的"理解为"合乎必然性的"或"具有必然性的",这一理解基本符合黑格尔"本意"。但对于一个命题本身的理解并不完全取决于对某一个语词(哪怕是一个关键性语词)的理解。我们的问题是:黑格尔的上述命题是否真的可被归于"凡是现存的,都一定要灭亡"这个命题呢?

黑格尔的上述命题在两本著作中被分别提到:《哲学全书》第一部分《小逻辑》以及《法哲学原理》。不论在哪个文本中,黑格尔都将对于"现实的"(wirklich)一词或该词的名词形式即"现实"(Wirklichkeit)的理解视为把握这一命题的关键所在。在日常德语中,wirklich 一词常用于指经验世界中"实际存在的",所以黑格尔不得不在使用这个词,尤其是在谈论上述命题时向读者解释,他在这里所说的"现实"既不同于"定在",也不同于"实存"②。

事实上,德文中的 wirklich 一词与英文中的 actual 相对应,与后者一样具有"实际的"和"真实的"两层意思。这与黑格尔对于"现实"的定义恰好一致:"现实是本质与实存的统一"③。因此,"现实"一方面与"实存之物"有关,另一方面与"真实之物"即真理有关。我们正应从这两个方面的统一的角度来理解"现实":真实之物与实存之物在现实中内在性地统一在一起——如果它与实存之物一点关系都没有,就不应被称为现实,而应叫做"理念";而如果它与真实之物一点关系也没有,只能被称为"幻象"。而也正是从这一统一性出发,我们能看到这两个方面的地位其实并不完全相同:"现实"这一概念的重心显然更倾斜于"真实之物"即真理。如果说"真实之物"是"现实"的一个更为重要的方面,那么我们应当追问的就是:"真实之物"意味着什么? 在黑格尔那里,"一切真实的事物,就它们之为真理而言,即是理念","而且一切现实事物之所以具有真理性,都只是通过理念并依据理念的力量"④。由于真理在黑格尔哲学中与必然性之间的内在关联,将"现实的"与"必然的"联系在一起就是黑格尔哲学题中应有之义。

---

① 《马克思恩格斯文集》第 4 卷,人民出版社,2009 年,第 269 页。
② 黑格尔:《小逻辑》,贺麟译,商务印书馆,1980 年,第 44 页。
③ 参见黑格尔:《逻辑学》下卷,杨一之译,商务印书馆,1981 年,第 177 页。此处将"Existenz"改译为"实存",而将"存在"一词与"Sein"对应。
④ 同上书,第 397—398 页。

这种对于"现实"问题的理解方式,表面上看似乎与恩格斯的理解完全一致:"凡是现存的,都一定要灭亡",似乎与黑格尔哲学中所强调的"本质"相对于"实存"的优先性是完全一致的。果真如此吗?

恩格斯下面这段话对于理解这一问题具有决定性意义:"这样一来,黑格尔的这个命题,由于黑格尔的辩证法本身,就转化为自己的反面;凡在人类历史领域中是现实的,随着时间的推移,都会成为不合理的,就是说,注定是不合理性的,一开始就包含着不合理性;凡在人们头脑中是合乎理性的,都注定要成为现实的,不管它同现存的、表面的现实多么矛盾。"①这里的关键之处在于:恩格斯讨论的是"人类历史领域"中的"现实"。"人类历史领域"的突出特点在于其经验时间性——"时间的推移"。即便我们强调"现实"概念包含双重维度即实存之物与真实之物,即便"真理"在黑格尔那里的含义是"客观性与概念相符合"②,而"实存之物"也未必不包含经验时空中的存在者,我们是否就可以说黑格尔将理念的这种真实性以及理念的自身运动本身理解为是在经验世界中发生的?是否可以说,理念正是在经验事物中表达自身,或者绝对精神的自我认识的辩证运动正表现为经验世界中的事物的运动?

显然,恩格斯正是这样理解的。上文所引述的恩格斯的那段话表明,按照恩格斯的理解,一方面,"现实的"不仅与必然性和真理性有关,而且直接与经验世界有关,另一方面,"现实的"一词也意味着具有必然性的东西表现为在经验世界中变化的东西。

而在《逻辑学》中,黑格尔曾明确地对这种理解表示反对:"因此,现实的东西是表现;它将不被它的外在性牵引入变化的范围,它也不是它在一个他物中的映现,而是它表现自己;即,它在其外在性中是它本身,并且唯有在其外在性中,即作为自身与自身相区别并规定自身的运动,它才是它本身。"③因此,"实存"事实上并不是指"经验之物",而是指本质的"外在"形式。这种外在形式并非可有可无,而恰好是本质之为本质的必要环节,因为正是这种外在性使得理念成为具体的而非抽象的。进一步说,"现实"一词本身就代表着一种关系,代表着一种辩证运动:在经验的现存事物和理念之间存在的内在关系或内在张力及其引起的辩证运动。作为实存和本质的统一,"现实"正是

---

① 《马克思恩格斯文集》第 4 卷,人民出版社,2009 年,第 269 页。
② 黑格尔:《小逻辑》,贺麟译,第 397 页。
③ 黑格尔:《逻辑学》下卷,杨一之译,第 193 页。

在这种张力和运动中实现的。现实不是一种空泛理念,它应当能够表现出自身,毋宁说,理念必须在实存中表达自身才能成为现实。正是理念自身与其表达之间的差异性所造成的张力,使得实存与本质有机地统一在一起,也即被统一在一个辩证过程中。但如果我们忽视这一差异,将理念与其表达即外在形式视为一回事,就消灭了现实的两个方面之间的辩证运动,从而使"现实"成为一个抽象的、僵死的概念。

这样,当恩格斯将黑格尔的命题(其实严格说来,只是黑格尔命题的前一半)的含义归为"凡是现存的,都一定要灭亡"的时候,恩格斯实际上对《逻辑学》中的"现实"概念做了双重改动:一方面,黑格尔"现实"概念中的内在性与外在性之别在恩格斯那里消失了(原本"现实的"事物之"不合理性"的出现,仅是由于"时间的推移"即经验世界本身的变动,而不是由于理念本身),实存就是本质;另一方面,"实存"被恩格斯进一步理解为物理时空内的经验之物。当恩格斯将无论认识领域还是历史领域都(借用黑格尔的名义)理解为"生成和灭亡的不断过程、无止境地由低级上升到高级的不断过程"的时候,恩格斯将经验世界本身理解为一个"必然王国"。比如,恩格斯在谈论其对历史的看法时说:"历史同认识一样,永远不会在人类的一种完美的理想状态中最终结束;完美的社会、完美的'国家'是只有在幻想中才能存在的东西;相反,一切依次更替的历史状态都只是人类社会由低级到高级的无穷发展进程中的暂时阶段。每一个阶段都是必然的,因此,对它发生的那个时代和那个条件来说,都有它存在的理由;但是对它自己内部逐渐发展起来的新的、更高的条件来说,它就变成过时的和没有存在的理由了;它不得不让位于更高的阶段,而这个更高的阶段也要走向衰落和灭亡。"①这段话意思十分浅白,但仔细分析后我们会发现,这里充满着含混与矛盾:当我们在黑格尔哲学的框架之内来理解它时,我们发现它所谈论的,并非在黑格尔"客观精神"意义上的人类历史的发展,而只是由社会"内部条件"所推动的经验性质的社会运动过程,因此在黑格尔哲学内部,尤其在后者的"现实"问题框架内,恩格斯的这一观点事实上是无法得到论证的;而当我们在黑格尔哲学的框架之外来理解它时,则根本无法理解这一经验世界中的人类社会历史何以会一定"由低级到高级""无穷发展",而其每个发展阶段又为何"都是必然的"——一切都是如此神秘。

---

① 《马克思恩格斯文集》第4卷,第270页。

如果我们希望为恩格斯的这段话作一个合理的解释的话,恐怕只能将之视为一种启蒙主义的表述。恩格斯在这里所体现的"进步主义的启蒙主义"并没有得到论证,毋宁说,对于恩格斯来说,历史的必然的、无限的进步其实是一种无需也无法论证的信念。这种启蒙主义的信念虽然并非与黑格尔的思辨哲学完全无关,但显然黑格尔所关注的并非经验世界的"无限进步"问题。黑格尔的问题意识的核心在于获得"真实的知识"①——正如黑格尔所说:"我的哲学的劳作一般地所曾趋赴和所欲趋赴的目的就是关于真理的科学知识。"②这种理论的兴趣显然与恩格斯的实践的兴趣形成了鲜明的对比。当然,黑格尔也说过:"但是在这种实体性的内容里,我们看见了时代,我们又看见了这样一种核心的形成,这核心向政治、伦理、宗教、科学各方面广泛的开展,都已付托给我们的时代了"③,但这里所说的意思也显然并非指经验世界自身表现为"从低级到高级的不断过程",而是指理念在这个时代能够在各个客观精神的领域中展现自身——也正是如此,"真正的知识"即哲学才有可能出现于这个时代,因而"我们的使命和任务就是在这青春化和强有力的实体性基础上培养起哲学的发展。"④这与经验领域中的"革命"或"现存事物的灭亡"相距甚远。

既然如此,恩格斯之将黑格尔哲学"运用"于经验性的人类社会历史之中,是否完全是出于恩格斯个人对黑格尔的误读呢?黑格尔本人对于恩格斯将其哲学"经验化"是否没有任何责任呢?我们的答案是否定的。

在黑格尔那里,实存本身尽管是通向理念的中介,但实在与理念只有在被人为割裂时才是两个不同的东西,相反,就其本身而言,"作为本质性的存在,是其自身的直接性的扬弃,因而达到与其自己本身的中介"⑤,因而实存与理念的二者之间并非如康德哲学中的现象之物与自在之物那样存在着一道不可逾越的鸿沟。而也正是由于这样,实存这一理念的外在性才表现为偶然性,关于这种偶然性,黑格尔说:"偶然性,作为直接的现实性而言……并不是像它所应是的那样,而是一个支离破碎的、有限的现实性,而它的命运就在于被消毁掉。"⑥这样,实存本身就没有独立的意义,它的价值在于本质以其为中

---

① 黑格尔:《精神现象学》上卷,贺麟、王玖兴译,商务印书馆,1996年,第3页。
② 黑格尔:《小逻辑》,贺麟译,第5页。
③ 同上书,第32—33页。
④ 同上。
⑤ 同上书,第304页。
⑥ 同上。

介实现自身。以偶然性来表述实存,极容易使人联想到经验事物的易逝性。因此,当恩格斯在《自然辩证法》中援引《逻辑学》中关于偶然性与必然性的思想来讨论自然界中的偶然性现象①时,就不足为奇了。这样,在《路德维希·费尔巴哈和德国古典哲学的终结》中黑格尔"现实"概念之被恩格斯等同为物理时空内的经验之物的理论根源就出现了:"偶然性"概念成为恩格斯的经验世界(包括自然界和人类社会历史)与黑格尔的《逻辑学》中的"纯粹思维的王国"②的中介。

偶然性何以会扮演这一角色?何以恩格斯会认为《逻辑学》中的"偶然性"概念与自己所谈的经验世界的"偶然性"是一回事?

如果依照莱文的观点,这个问题是非常简单的。莱文说:"他(指恩格斯——引者)对黑格尔思想的理解是业余的,而他将黑格尔的辩证方法论转换到自然哲学中是一种简单的变形。将意识的辩证法重写为自然哲学,导致了黑格尔思想的畸形。"③但显然,如果我们注意到黑格尔《法哲学原理》中的这样一段话的话,或许就不会把问题想得这么简单了:"如果相反地把理念仅仅看做一个理念,即意见中的观念或表象,那末哲学就提出了与此不同的见解,除了理念以外没有什么东西是现实的。所以最关紧要的是,在有时间性的瞬即消逝的假象中,去认识内在的实体和现在事物中的永久东西。"④这段引文明确地将充满偶然性的经验世界与理念联系在一起。如果说这段话并未直接讨论经验世界与实存的关系问题,而只是将经验之物视为认识"实体"或永恒之物的途径,因而赋予经验之物以重要地位的话,下面这段话就完全将人们引向的另一个方向:"其实,由于理性的东西(与理念同义)在它的现实中同时达到外部实存,所以它显现出无限丰富的形式、现象和形态。它把它的核心用各色包皮裹起来,开始时意识在包皮里安家,而概念则首先贯穿这层包皮以便发见内部的脉搏,同时感觉到在各种外部形态中脉搏仍在跳动。"⑤这样,《法哲学原理》与《逻辑学》之间出现了一个明显的断裂:在后者中被界定为理念的外在形式的实存在前者中被等同于经验之物。这样,如果我们认可并借鉴莱文本人通过细致的文献学分析所得出的"《法哲学原理》对青

---

① 参见《马克思恩格斯全集》第 26 卷,人民出版社,2014 年,第 552 页。
② 黑格尔:《逻辑学》上卷,杨一之译,第 31 页。
③ 诺曼·莱文:《不同的路径:马克思主义与恩格斯主义中的黑格尔》,臧峰宇译,第 19 页。
④ 黑格尔:《法哲学原理》,范扬、张企泰译,商务印书馆,1996 年,第 11 页。
⑤ 同上。

年恩格斯具有重要影响"的结论的话,可以认为,恩格斯对黑格尔《逻辑学》中"现实"概念的"误读"恐怕未必完全可以归咎于莱文所说的恩格斯对黑格尔哲学的"业余"理解。

但即便在这里,似乎也无法方便地谈论恩格斯意义上的黑格尔哲学的"革命性":现存事物跟理念之间有张力,正是因为现存的事物跟理念的事物内在的冲突和矛盾才使得经验事物会不断打破现存的状态。所以如果我们来理解黑格尔的现实的概念内在的革命性质,我们不能从经验层面理解,而应当从现存事物和理念本身内在的张力来理解,或者进一步说,在黑格尔那里,现存的事物把自己表现为在经验的时间和空间中存在的东西,而这种存在要被时间和空间本身尤其是时间所打破,在时间中被打破面临着消亡的事物。它根本的、内在的方向在于理念,所以如果说现实的可以被理解为必然的,则这种必然的就代表着一种方向的不可转移性。因而似乎可以站在黑格尔的立场说,这种方向的不可转移性并非来自经验时间的一维性,而是来自理念自身的逻辑性,因而即便这里引入了"经验",但应不至于引起恩格斯的"经验化"理解。

但如果我们再追问下去的话,会发现这仍是问题的表面。因为黑格尔《法哲学原理》中出现的上述问题并非简单的"思想断头",而是隐藏着更为深刻的问题。我们一方面把经验事物理解为时间之中的事物,它必然随着时间的一维性展开而发生流变,另一方面经验事物要把自身和理念统一,必须受到理念内在所表达出来的逻辑性力量的规制,因而朝向必然性变化,或者说,我们可以把经验的事物理解为它内在或它背后隐藏着具有逻辑性实体的自身的运动,二者如何被结合在一起? 也就是说,具有时间性的维度的经验事物如何会和具有必然性的逻辑性力量联系在一起? 进一步说,如何实现从经验出发到达理念的认识? 这些问题是无法用黑格尔哲学惯常使用的"辩证运动""绝对精神的自我认识"这样的术语加以解释的。

然而,《法哲学批判》关于此问题的讨论在这里戛然而止,没有再继续讨论下去——既然黑格尔对法哲学的基本界定是"法哲学这一门科学以法的理念,即法的概念及其现实化为对象"①,那么黑格尔《法哲学原理》中的整个讨论自然只是概念本身的展开和自我实现过程。

事实上,综观黑格尔的思想历程,沿着"从经验到理念"的路向展开的讨

---

① 黑格尔:《法哲学原理》,范扬、张企泰译,第17页。

论,只出现在《精神现象学》中。因此就上述问题而言,不能从《法哲学原理》中、而应从《精神现象学》中寻找答案。

从《精神现象学》开始,黑格尔哲学就有一个非常重要的特征,这就是以"否定"作为思维运动的基本原则。在黑格尔那里,否定被理解为纯粹的否定,也即概念自身的否定,这是概念的本性。当主体发现客体即主体自身,当意识发现对象自身内在的逻各斯就是意识自身内在的逻各斯的时候,它发现自身原来是精神,并且这种精神内在的逻各斯不仅内在于意识而且内在于对象,这种逻各斯本身是纯粹的,具有纯粹的活动性,这种纯粹的活动性本身就是纯粹的否定性。这样,否定性自身似乎就是一种先验的东西,而逻各斯的自行演进所展现出的从肯定到否定再到否定之否定的过程完全是由于精神的本性或者概念的本性所造成的。但如果我们注意《精神现象学》中各种否定的操作过程,会发现这种否定的原型是经验时空中的否定,或者说,来自于经验时空本身的否定性。举例而言,在《精神现象学》中,黑格尔首先讨论的是"这一个"。"这一个"最开始被理解为感性确定性,感性确定性并非最终的确定性,在这里否定性开始出现。此时否定性出现的方式是:当时间发生流变,感性确定性就被消灭。黑格尔把"这一个"设定在"此时",此时就是在时间中的一点,当我们谈论此时时,实际上已经不再是此时了,此时已经过去。显然,这里的"否定"之所以发生,正在于时间本身的否定性。

三、恩格斯论黑格尔学派的解体

青年黑格尔派在现代思想中的形象颇为复杂:人们在谈及青年黑格尔派时往往会出现两种倾向,一种倾向是非常重视青年黑格尔派本身的思想,把青年黑格尔派视为黑格尔哲学的某个维度的彻底化,比如哈贝马斯[1]和洛维特[2]就持这种立场;另一种倾向则是认为青年黑格尔派的思想史地位主要在于在马克思主义的诞生过程中曾起过重要的作用,如恩格斯和麦克莱伦(David McLellan)的立场基本都是如此[3]。这两种倾向自然各有其道理,但又

---

[1] 参见于尔根·哈贝马斯:《现代性的哲学话语》,曹卫东等译,译林出版社,2004年,第69页。
[2] 参见卡尔·洛维特:《从黑格尔到尼采》,李秋零译,三联书店,2006年,第85—161页。
[3] 参见《马克思恩格斯文集》第4卷,人民出版社,2009年,第273—296页;戴维·麦克莱伦:《青年黑格尔派与马克思》,商务印书馆,1982年,第2—48页。

都有无法解释的问题：如果青年黑格尔派的思想是黑格尔哲学的某个维度的彻底化，因而"我们依然是青年黑格尔派的当代同人"①的话，为什么这一学派的当代影响会与此不相称？而如果青年黑格尔派的思想对青年马克思如此重要、甚至能成为历史唯物主义的多种因素的直接源头的话，马克思1843至1845年对青年黑格尔派的反思就似乎只是一种主观性的批判。事实上，从某种意义上讲，要对青年黑格尔派的历史地位进行判断，一个重要的入手点就是青年黑格尔派的解体，因为从这个过程中我们可以看到这一学派所遇到的困境特别是其无法克服的理论困难究竟在于何处，而这些困难本身就能标明青年黑格尔派的思想史位置。那么究竟该如何理解黑格尔学派的解体呢？

在《路德维希·费尔巴哈和德国古典哲学的终结》中，恩格斯就青年黑格尔派的解体问题给出了思想史上第一个比较清楚的论述②。

通过恩格斯的讨论，我们可以获得这样一个脉络：从黑格尔1831年去世之前开始，直到1840年，黑格尔主义取得了独断的统治，黑格尔的观点渗透入各种通俗读物和报纸，并进一步影响了普通大众；但黑格尔的学说可以容纳在实践上完全不同的党派观点，因而重视黑格尔哲学的人可能是在宗教和政治的领域上持保守立场的人，也可能是持激进的反对立场的人，而在1830年代末，特别是从1840年开始，这种分裂越来越明显，左翼即青年黑格尔派放弃了此前在哲学上所持有的关于当前事物的超然态度，而采取越来越激烈的批判态度，问题也逐渐集中在消灭传统的宗教和现存的国家上。

在恩格斯看来，青年黑格尔派进行政治斗争的重要方式是反宗教的斗争，但正是这种斗争本身使得青年黑格尔派走向解体：从一方面来看，施特劳斯从"实体"的角度理解《圣经》中的福音，而布鲁诺·鲍威尔则从"自我意识"的角度来理解福音，这一分歧扩大为对于在世界历史中起作用的究竟是"实体"还是"自我意识"的争论，而施蒂纳更是用"唯一者"压倒了"自我意识"；另一方面，反对现存宗教的斗争实践，将大批青年黑格尔分子推向唯物主义——最初是英国和法国的唯物主义，但由于唯物主义将自然界视为唯一现实的东西，就与青年黑格尔派思想中的黑格尔主义产生了冲突，并使青年黑格尔分子们陷入矛盾和彷徨中，这时，费尔巴哈的《基督教的本质》的出版，

---

① 于尔根·哈贝马斯：《现代性的哲学话语》，曹卫东等译，第61页。
② 参见《马克思恩格斯文集》第4卷，第273—296页。

"直截了当地使唯物主义重新登上王座,这就一下子消除了这个矛盾"①,而这同时就意味着不是将唯物主义与黑格尔相调和,而是"炸开"黑格尔的体系并将之抛在一旁,这样青年黑格尔派就解体了。

这样,青年黑格尔派的解体,根本上就是现实斗争所导致的,或毋宁说,是一种以现实斗争为目标的思想在现实斗争中的瓦解。而青年黑格尔派在思想史上的位置,就是从黑格尔的绝对唯心主义走向马克思主义的唯物主义的桥梁和中介。

在这条清晰的线索中,其实隐藏着很多问题。比如,从恩格斯所分析的青年黑格尔派的解体过程的第一方面来看,如果说青年黑格尔派内部有两种观点,一种观点重视的是黑格尔哲学中的体系、因而注重黑格尔哲学中的实体概念,而另一种观点则重视黑格尔哲学中的方法、因而注重黑格尔哲学中的主体概念的话,人们会问,为什么会有这种区别?难道仅仅是思想上的主观性差异所导致?难道只是因为不同的人抓住了黑格尔哲学中不同的方面就使得黑格尔哲学最终走向解体?而从恩格斯分析的第二方面来看,费尔巴哈如何可能"直截了当"地使唯物主义重新登上王座?难道仅仅是靠费尔巴哈的个人天才?显然,在这里还需要更多材料的支撑才能使青年黑格尔派的解体过程在细节上更加清晰。

麦克莱伦在《青年黑格尔派与马克思》一书中,借助较为详实的史料,为我们描述了一个更为详细的黑格尔学派解体的过程②。借助麦克莱伦的工作,我们可以将这一过程大致勾勒如下:

在黑格尔去世之后,大约在 1830 年代初期,黑格尔的信徒们就大致分为三个阵营:黑格尔学派的右派、左派和中间派。首先走上历史舞台的是黑格尔学派的右派,又被称为老年黑格尔派,这一学派并不是只重视黑格尔老年时期的思想,但他们的确更重视黑格尔成熟时期的思想,尤其重视黑格尔在柏林大学任职以后的思想。因而这个学派的成员一般都把自己的任务设定为对于黑格尔成熟时期思想的阐发和宣传,其中比较具体的工作就是编撰黑格尔全集,尤其是在黑格尔已经出版的著作之外,整理和出版黑格尔的讲座和演讲,比如《哲学史讲演录》、《宗教哲学讲演录》等等,都是由老年黑格尔派

---

① 参见《马克思恩格斯文集》第 4 卷,第 275 页。
② 参见戴维·麦克莱伦:《青年黑格尔派与马克思》,夏威仪、陈启伟、金海民译,商务印书馆,1982 年,第 2—48 页。

成员整理出版的。在老年黑格尔派的思想家们那里，人类最后一个哲学体系就是黑格尔哲学，历史在黑格尔那里"终结"，因而黑格尔之后的哲学家的任务就是对黑格尔的著作进行整理，并在黑格尔哲学的框架下对哲学史进行梳理，同时在现实世界宣传黑格尔哲学的基本理念，把现实世界引导向黑格尔哲学的最高理念。

这种立场受到激进的青年黑格尔派的挑战。青年黑格尔主义者在很大程度上继承了黑格尔青年时代的思想，将宗教问题和政治问题当作考察的核心，试图变革现实宗教与政治。

这个工作首先由大卫·施特劳斯展开。他在《耶稣传》中对《新约》的四个福音书中关于耶稣的生平，特别是其种种"神迹"的描述进行了分析，认为福音书中的作为"人类典范"的理想的耶稣形象并不是作为历史人物的耶稣的真实形象，而是早期基督教团体无意识创作的产物。《耶稣传》出版之后，引起了黑格尔主义者们的强烈反响，人们的理论兴趣转向宗教批判，认为只有沿着大卫·施特劳斯的道路前进才能真正继承黑格尔精神，才能使得黑格尔思想世界化。在当时对大卫·施特劳斯进行评论的思想家中，最出色的一位就是布鲁诺·鲍威尔，他认为大卫·施特劳斯的著作在宗教批判方面取得了巨大成就，但后者对基督教的批判路径有问题：大卫·施特劳斯把福音书的各部分内容视为并列的，并且将这些部分理解为基本上是具有同等地位的集体意识的产物；而在鲍威尔看来，福音书实际上是某些天才的"艺术家"甚至"骗子手"对于发展至一定阶段的人类的自我意识的表达，而在这些自我意识的表达中，经过这些天才们的巧妙掩饰，福音书的主体性色彩被掩盖了，进而被基督徒当成直接来自于神的启示。在鲍威尔看来，宗教批判的关键，是把宗教尤其是福音书还原为自我意识不断的创造。

在这场黑格尔内部的争论中，出现了一个了不起的活动家：卢格。卢格在1837年创办了一本重要的杂志《德意志科学和艺术哈雷年鉴》（后人一般简称为《哈雷年鉴》），这个刊物是青年黑格尔派作为一个学派甚至是一个松散的"党派"形成的重要标志。卢格组织了一百多位作者为杂志撰稿，几乎囊括了德国当时最重要的作家，这些作者虽然立场不尽相同，但基本上都是黑格尔主义的同情者，也基本上同意大卫·施特劳斯所开辟的在宗教批判基础上阐发黑格尔主义的路线。这本杂志直接介入了当时德国现实的宗教和政治争论。当时虽然是弗里德里希·威廉三世执政，而他是一位相对开明、甚至具有某种程度的自由主义色彩的君主，但他的一些基本做法仍然没有跳出当时的局限,比如国家与宗教之间的关系即谁服从谁、谁支配谁的问题仍未厘清。于是,国家和宗教之间的关系在当时成了重要的焦点问题,《哈雷年鉴》的作者们就这一问题展开了激烈讨论。在当时王权与神权的斗争中,《哈雷年鉴》的作者们站在王权一边批判神权,从某种角度上看,这种批判与他们站在自由主义立场上对浪漫主义批判密切相联。

弗里德里希·威廉三世同情自由主义,但作为封建君主他却又本能地对自由的声音和批判比较反感和抵触,1839年以后他开始收紧对于报刊的控制,主要体现为新闻检查日趋严格。《哈雷年鉴》的作者们开始反弹,从而使《哈雷年鉴》逐渐政治化。卢格和他周围的青年黑格尔分子不仅批判宗教,而且批判的矛头越来越多地指向国家。

《哈雷年鉴》是青年黑格尔派的一个主要线索,但这毕竟是在柏林之外的哈雷。在柏林还有另外一条青年黑格尔派的线索:1837年成立于柏林大学的"博士俱乐部"。这个组织主要由柏林大学的青年教师和大学生(比如马克思)组成,早期的活跃人物主要是布鲁诺·鲍威尔以及一些中学教师,马克思后来才参加进来。起初,博士俱乐部的积极分子们受到大卫·施特劳斯和鲍威尔宗教批判的影响,主要关注宗教批判问题。由于他们中的大部分都是《哈雷年鉴》的作者,于是博士俱乐部和《哈雷年鉴》开始融合并组成共同的思想阵地,对宗教展开批判,随后一同进行政治批判。在1840年,情况出现了转折。弗里德里希·威廉四世登基以后,采取了和他父亲完全不同的做法。如果说弗里德里希·威廉三世在思想上倾向于自由主义,但实际做法上却是加强书报检查的话,那么弗里德里希·威廉四世正好相反,他在思想上倾向于浪漫主义,比较同情天主教而不是新教,但是却在1840年到1842年放宽了书报检查。在新国王刚刚上台,政治上还比较开明的一段时间里,青年黑格尔派也开始进入到最活跃的时候,他们不但进行直接的宗教批判,而且继续进行政治批判。此时青年黑格尔派的政治批判已经不再遮遮掩掩,而是已经公开化。1841年,《莱茵报》创刊。在马克思加盟《莱茵报》之前,这份报纸就是很重要的青年黑格尔主义的阵地,它最初打的旗号是反对教皇的极权主义,因而得到普鲁士国家的默许,希望它能与支持教皇的《科隆日报》相抗衡。在1840到1842年之间,大批青年黑格尔主义者的著作发表,如布鲁诺·鲍威尔、费尔巴哈、施蒂纳、科斯等都在这一时期发表了他们重要的著作。这些思想家们的立场越来越极端,并且越来越多元:有人主张民族主义政治改革,如卢格;有人主张无政府主义,比如施蒂纳;有人主张纯粹理论的批判或"彻底的批判",如布鲁诺·鲍威尔;还有人主张社会革命,比如青年马克思,以及埃德加·鲍威尔和科斯。这些青年黑格尔分子的立场越来越对立,越来越无法彼此相容,这个松散的学派于是在思想上开始走向瓦解。与此同时,弗里德里希·威廉四世逐渐收紧了对于思想界的控制。1843年,普鲁士政府查封了已于两年前由《哈雷年鉴》更名为《德国年鉴》的卢格的刊物,并继而查封了《莱茵报》。如果说两年多的激烈争论已使青年黑格尔派在思想上瓦解了的话,随着《德国年鉴》和《莱茵保》的关停,以及马克思被基佐政府驱逐出巴黎、鲍威尔兄弟的刊物《文学总汇报》停止出版,青年黑格尔派正式偃旗息鼓。麦克莱伦的看法是:"这样,到1844年末,青年黑格尔派运动作为一支首尾一致的力量已经不复存在了。"①

麦克莱伦在为我们勾勒这一历史轮廓时,给了我们一个有别于恩格斯的叙述框架。这一叙述框架的特色在于,将青年黑格尔派的出现、发展和解体与那个时代的政治活动紧密联系在一起。在这一框架中,我们看到了青年黑格尔派借助现实政治而发展、随着政治势力的变化而分裂、随着政治压迫的强化而瓦解的过程。这个解释框架解决了一些恩格斯的解释框架所没有说明的问题,特别是说明了,青年黑格尔派成员之间的理论立场的差异,并不是主观任意的结果,而是很大程度上可被理解为不同思想家面对共同的外部政治力量和政治行动时所提出的应对方案的差异。尤其是,这些不同的应对方案都自认为是在黑格尔哲学的语境中提出的,于是,按照这种解读框架,青年黑格尔派的历史地位就在于,它不仅体现了哲学与政治之间的内在关系,更体现了黑格尔哲学之现实化的困境,或者说,体现了黑格尔哲学的非现实性。

虽然这个解释框架比较具体,但仍然没有办法解释黑格尔派内在的思想逻辑,我们还是不明白为什么在不同时期青年黑格尔主义会有不同的问题域,这个问题域的变化与其内在的思想资源比如黑格尔主义有何种内在关联,我们也看不出在这个方向之后为什么会引出一个马克思哲学,这样的解释框架也无法让我们感到完全满意,我们需要一个新框架。

哈贝马斯为我们提供了一个从思想层面理解青年黑格尔派的解体的叙述框架②,这是一个从"现代性"着手的框架。

---

① 戴维·麦克莱伦:《青年黑格尔派与马克思》,夏威仪、陈启伟、金海民译,第48页。
② 参见于尔根·哈贝马斯:《现代性的哲学话语》,曹卫东等译,第59—68页。

按照哈贝马斯的看法,"黑格尔不是第一位现代性哲学家,但他是第一位意识到现代性问题的哲学家。"① 而要理解"现代性"概念,首先要了解黑格尔对于"现代"的理解。在黑格尔那里,"现代"有两个方面的内涵。一个方面就是指与过去相区分的当下。这是在实存的方面上讨论的内容,在实存的方面上我们不能否定其存在本身,但也无法确定其真理性,因为具有真理性的东西不仅有实存性而且还要合乎本质或者理性。所谓"现实的就是合乎理性"的,就是指现实的不能仅是现存的,它还得是合乎理性的。因此,"现代"概念的第二个方面就是与过去形成区分的当下这个时代所具有的普遍性。我们只有从这个角度来理解现代历史之实存,才能真正实现绝对的真理性,即是说,真理性应体现在逻辑学和精神哲学中,而我们可以借此对现代之所以为现代做出判断。这样,现代不仅仅是当下,更具有普遍性,是和过去统一在一起的,因此现代内在地属于具有统一性和普遍性的人类历史。

黑格尔的"现代"概念开启了一个巨大的视野,对此哈贝马斯说:"他(指黑格尔——引者注)把时代历史提升到哲学的高度,同时把永恒与短暂、永恒与现实等联系起来,进而以前所未有的方式改变了哲学的特征。"② 而这首先就意味着,"现代不能或不愿再从其他时代样本那里借用其发展趋向的准则,而必须自力更生,自己替自己制定规范。"③ 因此,现代就面临着自我确证的问题。而主体性就这样成为现代之为现代的前提。但问题是,主体性原则的贯彻又有导致"实证性"即产生某种规制性力量从而瓦解主体性自身的危险,因而现代如何能够不自我瓦解从而保持自身的统一性的问题就成为一个关键问题。这样,哈贝马斯所理解的黑格尔所提出的现代性问题,根本上来说就是实存与本质如何实现统一的问题。

现代性问题即实存与本质如何实现统一的问题只有在现代才能被提出来,这是因为,只有在现代,实存才能被理解为与本质相统一的,也就是说,真理才在实存中直接展现自身。在黑格尔那里,理念统一实存自然是这一统一的应有之义。但问题是,如果不说明本质如何内在于实存之中,这种统一性又是无法理解的。这个问题后来在波德莱尔那里以一种直接的方式被提出。

---

① 参见于尔根·哈贝马斯:《现代性的哲学话语》,曹卫东等译,第51页。
② 同上书,第59页。
③ 同上书,第8页。

波德莱尔意识到,现时代是个分裂的时代:一方面,这个时代到处是个体性和断裂,但另一方面又呈现出整体性和普遍性,那么,个别性何以可能直接与普遍性相统一?后来本雅明也不断回到这个问题。

从维科开始,历史就已经成为科学的对象,但历史真正成为哲学的对象,还是在黑格尔这里。历史成为哲学的对象,这是黑格尔哲学的内在要求,因为绝对唯心主义所要求的彻底的普遍性和彻底的必然性不能局限于理念世界,人类经验所及的一切领域都应当内在地合乎理性。但经验之物不断变换,它们并不完美,也不和谐,这些经验之物如何能够与理性统一在一起并具有真理性?黑格尔并未充分回答这些问题。而这就是黑格尔在1831年匆匆离世之后他的学生们面对的最主要的问题。

对于上述问题的回答,黑格尔后学大致有两种思考路向:第一种路向是从理念出发,将实存的理性化视为理念进入实存的过程;第二种路向是从实存出发,在实存内彰显理念,从而证实实存与本质的统一。前者是老年黑格尔派的路向,而后者则是青年黑格尔派的路向。当然,也有试图走中间路线的中间派,其代表人物是罗森·克兰茨,但这条中庸之路在哲学史上没有留下太深的痕迹。

正是由于老年黑格尔派思想家们要由从理念进入实存的角度把握实存与本质的统一,他们才格外重视对黑格尔晚期著作特别是精神哲学的整理,比如《历史哲学讲演录》、《美学讲演录》、《宗教哲学讲演录》以及《哲学史讲演录》等。在他们看来,理念和实存相统一的关键,就是将理念贯彻到现实的精神生活中,从而使实存得以理性化。

而青年黑格尔派则正好相反,他们要从实存出发并在实存之内彰显理念。值得注意的是,青年黑格尔派的成员们选择作为出发点的实存领域基本都是宗教。既然实存包含诸多方面,为什么青年黑格尔派要选择宗教批判而非对于其他领域的批判为开端?如果我们既不是从偶然的政治事件(如弗里德里希·威廉三世与教皇的斗争)或偶然的思想事件(如大卫·施特劳斯的《耶稣传》出版)出发,也不是从某种主观性(如知识分子的"软弱性")出发,而是从思想内部的联系来看的话,青年黑格尔派之所以选择从宗教批判出发,实际上与黑格尔思想本身有着内在联系。因为黑格尔那里,宗教被赋予了一种独特的现实性。宗教属于现实领域,但与一般实存之物不同,因为正如哈贝马斯所指出的那样,黑格尔那里,"宗教是实现和确证由理性所赋予的权利的力量"①。不过这种力量无法抽象地起作用,宗教只有进入现实生活中才能产生力量:"但是,只有当宗教侵入个体的灵魂和民族的道德之中,只有当宗教存在于国家机构和社会实践中,只有当宗教使得人们的思维模式和行为动机感受到实践理性的律令并将之牢记在心,上帝的观念才能获得这样一种力量。宗教只有作为公众生活的一部分,才能赋予理性以实践力量。"②正是由于黑格尔赋予宗教以及宗教之进入生活这么重大的意义,当青年黑格尔派试图从实存内部彰显理念和本质,自然就无法绕开宗教。但对待宗教可以有多种态度,可以如晚年黑格尔那样,采取国家和宗教调和的态度,也可以如青年黑格尔那样进行宗教批判。为什么在青年黑格尔派那里,他们的基本态度更接近青年黑格尔而不是晚年黑格尔?因为在他们看来,宗教,尤其是基督教在这个时代出了问题,也就是说,在19世纪30年代,德国基督教由于受到浪漫主义的影响,并没有显示理性的力量,显示出的倒主要是迷信的力量。实际上这个问题在黑格尔那里已被提出来,在黑格尔《精神现象学》和《小逻辑》的导言中,黑格尔都对浪漫主义进行了批判。浪漫主义和理性主义相对立,前者认为达到真理的方法是通过天启与上帝直接融合,黑格尔对此是坚决反对的。在黑格尔去世以后,浪漫主义并没有衰微。在1840年弗里德里希·威廉四世继任普鲁士国王之后,他所支持的主要思想运动就是浪漫主义,当时已经转向彻底浪漫主义的谢林代替了黑格尔,成为普鲁士的官方哲学家。因此青年黑格尔派此时遇到的主要思想对手就是浪漫主义。在青年黑格尔派思想家们看来,在浪漫主义那里找不到真理,不仅如此,宗教本身有可能展现出的真理性被浪漫主义完全掩盖,所以青年黑格尔派没有采取晚年黑格尔的宗教和国家相调和的立场,而是采取了宗教批判立场。宗教批判最主要的任务,就是探讨如何能够使宗教真正具有理性的力量。在青年黑格尔派的宗教批判的开端,他们的目的就是纯化宗教思想,把宗教思想中与真理无关或遮蔽真理的东西清除出去。

在这一背景下,大卫·施特劳斯是位绕不过去的人物。他开启了这场思想运动,也是一定时期内的领袖人物。大卫·施特劳斯的《耶稣传》的目标是把福音书看作理性的产物,而不是天启的产物,是人的创造而不是神的创造。在他看来,只有把神的创造物还原为人的创造物,基督教才能显示出自己是

---

① 于尔根·哈贝马斯:《现代性的哲学话语》,曹卫东等译,第29页。
② 同上书,第29—30页。

理性的宗教,才能真正展现其理性力量。这种理性力量是通过早期基督教团体的集体意识展现其自身的。

布鲁诺·鲍威尔在基本路线上是赞成大卫·施特劳斯的,即前者也认为宗教需要受到批判,但在具体批判过程中却逐渐走到后者的反面。布鲁诺·鲍威尔在对福音书进行考察之后发现,福音书并不是集体意识的产物,而是由四位作者分别创造出来,最后通过各种方式把个体色彩抹掉,就成了似乎是上帝通过天启直接展示给人的东西。这样的创作过程展现了自我意识的活动,而这种活动就是理性的体现。自我意识在自身的发展和自我批判中展现出真正的普遍性,从而自己就是理性本身。

在布鲁诺·鲍威尔从自我意识的角度对基督教进行批判之后,最令人瞩目的对基督教的批判是由费尔巴哈完成的。在费尔巴哈那里,尽管基督教的确包含有理性的东西,但这种理性的东西并不是基督教本身就有的,而是来自于人,因为上帝就是人的本质的异化。当我们对自己的本质力量无法把握时,这种本质力量就异化于人之外,作为和人对立甚至压迫人的上帝而存在。尽管费尔巴哈批判基督教,但他并不反对宗教。因为在人的全面能力中需要有一种收回自己全部本质的能力,这种能力不仅包括一般的思维能力,而且还包括宗教能力。费尔巴哈的目标是建立真正能够与人的本质相统一的理性的宗教,这种理性的宗教不与人的本质相对立,而是要把人建立为统一的人。

在1841年费尔巴哈的《基督教的本质》出版之后,青年黑格尔派的主要工作就转向了政治批判。这种转向之所以出现,固然有其社会历史原因,但从思想背景看,这一转向与费尔巴哈的宗教批判不无关系。费尔巴哈的宗教批判使人们从宗教领域转向人本主义领域也即人的现实生活本身。这一思路影响了一大批青年黑格尔派成员。比如马克思的《〈黑格尔法哲学批判〉导言》就能看出费尔巴哈所开启的这一思路的深刻影响。

随着所关注的领域从宗教转向人的现实生活,青年黑格尔派的思想呈现出越来越多元化的趋向。布鲁诺·鲍威尔对政治进行的批判越来越走向对自我意识的发展和创造的论述;施蒂纳走向唯一者哲学;而赫斯则给出了一种行动哲学的方案并最终走向共产主义,要求从无产阶级的现实运动来寻找共产主义的可能性,而共产主义在赫斯那里就是实存和本质的统一。在这种多元化发展中,青年黑格尔派的思想家们之间的思想冲突越来越多,而思想交集越来越少,最终导致这一学派的解体。

这就是按照哈贝马斯的现代性话语框架所梳理的青年黑格尔派从出现到解体的过程。无论是进行政治批判还是进行宗教批判，无论对宗教持有限保留态度还是持彻底否定态度，无论在政治领域持无政府主义立场还是改良立场，青年黑格尔派的思考的出发点是一致的，用哈贝马斯的说法就是，青年黑格尔派的工作是试图把历史上积累起来并等待释放的理性潜能动员起来。从这一角度来看，青年黑格尔派的工作就是将黑格尔的现代性思想彻底化，而这一工作一直持续到今天也并未完结。在这个意义上可以说，青年黑格尔派是我们的"当代同人"。

但可以看到，这里还有一些问题存在。比如，在讨论宗教问题时，青年黑格尔分子虽然进行宗教批判的出发点颇有出入，但对现存宗教尤其是基督教所持的批判态度则基本相同，对于从基督教的事实性存在出发寻找真理之物这条道路也没有太大分歧。但是，在进行政治批判的时候，青年黑格尔派出现了巨大分歧，居然一下子出现了多种彼此对立的立场，如鲍威尔的彻底批判的立场，施蒂那的无政府主义立场，卢格的政治改良立场，马克思、赫斯和埃德加·鲍威尔的社会革命的立场，这些不同的立场最后导致了青年黑格尔派走向瓦解。然而，哈贝马斯的解释框架无法回答青年黑格尔派为什么在政治批判的问题上立场彼此对立并最终走向瓦解的问题。

事实上，由哈贝马斯所揭示的黑格尔哲学中对现代性的理解本身就隐藏着另一个问题。

当黑格尔把现实理解为本质和实存的统一的时候，他的实存概念实际上在两个维度上展开：一个维度是时间，另一个维度是空间。在黑格尔著作中，尤其是在《精神现象学》中，这两个维度不断显现，并且不断相互交织。黑格尔的真理观将真理性理解为绝对的普遍性和绝对的必然性，并且在黑格尔那里，这种绝对的必然性和绝对的普遍性要求本质不仅以概念方式展现自身，而且还要以实存的方式展现自身，而这就意味着要在时间和空间两个维度上表现自身。

按照哈贝马斯的解释路线，时间问题至关重要。哈贝马斯试图从现代性角度解释黑格尔，就是要把现代理解为既与过去不同又和过去相统一的"当下"。但其中有一个潜在的问题，时间不仅包含现在和过去，还包含未来，这样真理的普遍化，就不仅意味着现在和过去具有真理性，未来也应当具有真理性，也即理性的力量应当延展到未来。但在黑格尔哲学中，未来的真理性维度是缺失的。提出并阐发未来的真理性问题的，是波兰人契希考夫斯基。

契希考夫斯基没有进入哈贝马斯的视野，但却是一个十分重要的人物。契希考夫斯基是没落波兰贵族后裔，他在波兰的政治斗争中不断思考波兰未来的命运问题。他接受了黑格尔的主要观念，但也发现黑格尔哲学中缺少未来维度，于是他试图扩展黑格尔的绝对唯心主义，以使未来可以像过去和现在一样被理性化。未来如何被理性化？契希考夫斯基提出一个重要概念"行动"，行动和时间的统一被称为"实践"。在契希考夫斯基那里，实践就意味着以行动的方式使未来理性化。如何确保我们对于未来的创造是朝着使未来理性化的方向发展？这里的关键，正如利比希所言，在于"创造历史的个人不是时代的囚徒——相反，他自觉地创造着他的时代"①，而个人可以通过特定的历史性行动来实现他的目标，也即从过去各个历史时期出发，来构造与未来有关的总体性。于是，契希考夫斯基就为青年黑格尔派的发展埋下一条重要线索，就是从过去到现在再到未来的时间维度。

契希考夫斯基的这种意识也可被称为历史意识，这种意识首先影响到了布鲁诺·鲍威尔。在后者那里，对于未来的理性化创造不是来自政治行动，而是来自自我意识的彻底批判。正是从时间维度出发，布鲁诺·鲍威尔在理解福音书时，与大卫·施特劳斯走上了完全不同的道路：将福音书理解为人类历史不同阶段的自我意识的产物。这条道路是鲍威尔对于契希考夫斯基的路线的延伸，但并不是这条路线的彻底化。因为按照黑格尔的绝对唯心主义路线，真理应当是彻底的，这种彻底化的绝对唯心主义的内在要求是，如果我们对未来有理性化预期，这种理性化就不能够仅仅停留在自我意识的自我批判上，它还应当表现在外在的具体的经验事物中。这种彻底化的时间路线在赫斯的思想中体现出来，不过赫斯要求的不仅是思想革命，更是社会革命。

以上就是青年黑格尔派的一条线索：在时间的维度上将理性主义绝对化，把理性主义的视野从过去和现在延展到未来；不仅是在思想内部，而且还要在现实世界中实现未来的理性化，而这就是要求在市民社会掀起一场真正的社会革命。

除了鲍威尔的路线，还有另外一条更早出现的、从施特劳斯开始的路线，这条路线不是从时间的维度，而是试图从空间的维度将黑格尔哲学彻底化。大卫·施特劳斯把《圣经》的神秘主义来历还原到一个具体的社会团体的创

---

① André Liebich, *Between Ideology and Utopia: The Politics and Philosophy of August Cieszkowski*, Dordrecht, Boston, Lonon: D. Reidel Publishing Company, 1979, p.41.

造中去,并将四个福音的地位视为彼此并列的,这些看法都体现了大卫·施特劳斯的空间意识。在大卫·施特劳斯那里,重要的不是自我意识如何不断创造自身,而是表面上自在存在的东西的本质被归于另一种东西:福音书和早期基督教团体之间的关系就被理解为这种关系。

费尔巴哈沿着这种带有空间特征的分析路径继续前行。在《基督教的本质》中,费尔巴哈指出上帝的本质就是人的本质的异化。这样,不仅在《圣经》及其作者之间有空间的断裂,而且在基督教所宣扬的信条和人的本质本身之间也有割裂,而费尔巴哈要打破这种割裂,将神本主义还原为人本主义,这正是大卫·施特劳斯空间意识的进一步延伸。

如果说施特劳斯揭示了《圣经》的作者与其作品之间的断裂,要求作品回归到作者即集体意识,而费尔巴哈要求将上帝的本质归于人的本质,因而体现了某种程度的空间意识的话,施蒂纳则试图在其思考中实现空间意识的彻底化。在施蒂纳看来,不管是大卫·施特劳斯还是费尔巴哈的宗教批判,都未能克服矛盾和对立而使理性主义彻底化。施蒂纳举例说:"譬如费尔巴哈就认为:如果他把神的东西人化了,那么他就找到了真理。不,如果说神折磨了我们,那么'人'就有能力将我们压榨得更加残酷"[①],这是因为,"人"只是作为"特性"与我相关,当人们尊重"我"之为"人"时,其实只是尊重我的特性,而非尊重我本身。施蒂纳要求把人类社会的所有创造物全部还原为唯一者即作为个人的"我"的创造,因此,个人的存在本身为自身赋予意义,而不需要向外寻求"使命"或"观念":"如果在存在和使命之间,即在实际上的我和应该成为那样的我之间的紧张关系消失了,那么基督教魔法圈就要破除了。"[②]施蒂那的无政府主义即与对这种唯一者及其所有物的强调有关。

卢格同样从空间维度展开思考。但他的空间意识要求走出施蒂纳的个体局限性,要求不仅把与个人相对的外部实存理解为有待理性化的,而且还要求把整个社会存在,或整个现实的经济、政治和社会领域理解为需要理性化的,而这种理性化首先是指将被割裂的东西统一在一起,因此卢格呼吁政治改革,而不是如赫斯那样要求以政治革命的方式创造未来。关于这一点,詹姆斯·摩尔评论道:"他是一个科学家……科学不谴责自己的对手,而是去

---

① 麦克斯·施蒂纳:《唯一者及其所有物》,金海民译,商务印书馆,1997 年,第 187 页。
② 同上书,第 406 页。

理解他们"①,因此"他的写作不是希望写作带来革命,他不使用"革命"一词,也不煽动任何暴力反抗。"②

这样我们就可以回答前面提出的问题:为什么青年黑格尔派在宗教批判上保持一致,但一进入政治批判马上分崩离析?我们的回答是,这正是黑格尔哲学内部矛盾的体现。这种矛盾不仅体现为具有绝对性质的本质与具有经验性质的实存如何统一的问题,还体现为实存的两个维度即空间和时间如何统一的问题。

从某种意义上讲,我们自然可以说,第二个矛盾建基于第一个矛盾:正是因为有限的经验时空无法和理念真正统一在一起,从而才会产生在实存内部我们如何可能将时间和空间统一在一起的问题。而青年黑格尔派的一个先行设定是第一个矛盾并不存在,也就是说,普遍永恒的本质和经验有限的实存被认为能够并且必然会统一,并在这个前提之下讨论本质和实存如何统一的问题。这种思路必定会触及第二个矛盾,也就是时间和空间的统一问题。在青年黑格尔派的发展脉络上,从一开始就形成了两条线索,一些人以时间为线索把握实存与本质的统一,而另一些人则试图从空间角度把握实存与本质的统一。这两条脉络在宗教批判问题上没有明确展现出来,因为这一层面的争论还没有表现出其现实后果。而到了对现实政治问题进行意见和见解的表达的时候,早已潜在的分裂就成为了现实。而这就是为什么青年黑格尔派一进入政治批判就不是完整的思想团体和党派,而是马上分裂并走向瓦解。

从这一解释框架来看,青年黑格尔派的思想史意义就不仅在于展现了黑格尔现代性思想的彻底化,更在于呈现了黑格尔思想的内在矛盾。

不过,黑格尔思想的内在矛盾在青年黑格尔派思想中的呈现,严格来讲已无法包含于黑格尔思想体系之内了,因为从实存出发来理解实存与本质的统一,实际上只是一个从逻辑上讲黑格尔似乎应该提到但却并没有提出、更没有回答的问题。进一步说,这一问题本身事实上无法被容纳在黑格尔的绝对唯心主义体系之内,这是由于,黑格尔在论及"实存"问题时,其实并未将时间和空间的维度引入其中,因为实存本身乃是本质的绝对外在化,故而实际上与经验形式相关联的时间和空间是无法包含在实存之内的。因此,青年黑

---

① James Willard Moore, *Arnold Ruge, A Study in Democratic*, 1977, Ph. D dissertation to University of California, Berkeley, pp. 143 - 144.
② 同上书,第143页。

格尔派事实上开启了一个独立于黑格尔思想的新的问题域。

在某种意义上可以说,正是青年黑格尔派的这种相对于黑格尔思想的独立性,呈现了这一"学派"的不可能性。也就是说,尽管这些思想家的出发点和问题意识有某种"家族相似",但由于现实领域的多维性,因而他们实际上考察的基本上都是各自独立的问题。因此,无论在方法上还是目标上都并不具有一个"学派"的统一性。

不过,即便青年黑格尔派的思想很大程度上是彼此独立的,他们之间观点的冲突还是最大限度呈现了他们的思想的局限性。时代呼唤一种能恰切把握现实的思想出现,而这就需要一种思想变革。这种变革的必要性清楚地体现在马克思的早期思想演变中。马克思早年受到布鲁诺·鲍威尔思想的影响,从自我意识的角度研究古希腊哲学随后又受到赫斯的影响,政治立场走向激进;而几乎与此同时,马克思在哲学上又受到费尔巴哈的方法的影响,这种影响在《1844年经济学—哲学手稿》关于异化劳动的分析中表现得淋漓尽致,但也正是在这一手稿中,马克思所使用的空间方法与时间维度的矛盾也毕现无疑,而这正是马克思重铸思想立场、进行哲学革命的一个重要契机。

从这个角度看,青年黑格尔派当然可被视为"马克思哲学的前奏"。但鉴于马克思的哲学革命不是某些青年黑格尔派分子的某些思想要素的重新组合,而是一种在问题域和思考范式上的根本变革,因而这一前奏不能被简单地理解为"黑格尔向马克思的过渡",而是实际上既超出黑格尔哲学的范围,也并不与马克思的思想构成必然的逻辑顺承关系的、具有相当程度的独立性的思想流派,关于这一思想流派的真正意义和价值,有待于我们摘掉各种有色眼镜的具体分析和深入考察。

四、恩格斯论"哲学基本问题"

在《路德维希·费尔巴哈与德国古典哲学》的第二节中,恩格斯提出了他的著名命题:"全部哲学,特别是近代哲学的重大的基本问题,是思维和存在的关系问题。"[①]按照恩格斯的分析,哲学基本问题又有两个方面,第一个方面是思维与存在谁是本原或谁是第一性的问题,第二个方面是思维和存在的同

---

① 《马克思恩格斯文集》第4卷,第277页。

一性问题。

恩格斯的这种二分法意义深远。如果细究一下就会发现，这里隐含着一些问题。比如，该如何界定恩格斯所使用的"思维"和"存在"概念？

在恩格斯那里，思维可以分为三个层次。第一个层次是主观意识。主观意识包括主观思维和感觉：所谓主观思维，就是和理性活动有关的思维；而感觉则是通过感官所获得的外知觉和内知觉的总和。思维的第二个层次被恩格斯称为"灵魂"。灵魂是人的主观意识和感觉的客观化和抽象化。思维的第三个层面是"神"。恩格斯所说的"神"，固然有作为世界的造物主的人格神的含义，但总体来看，他更关注的是"神"这一概念所包含的绝对性的内容，也即把具有主观性的东西和与感觉相关的东西全部滤掉后所剩下的那部分内容，其实就是世界的理性结构本身或客观思维。从恩格斯的思路来看，思维的前两个层次最终被并入第三个层次，也就是说，分析前两个层次是为了说明客观思维的来历。

至于恩格斯所说的"存在"，可以将之理解为外在于思维的客观性要素的总和。鉴于这种"存在"基本就与"自然界"同义，我们就能理解，恩格斯在谈到存在时何以会将之与自然界并举。而与精神相对立者就是精神，因此恩格斯又把思维与存在的关系诠释为精神与自然界的关系。

对于恩格斯来说，思维和存在之间的关系只有两种可能，即，要么把思维看作存在的本原（或者说精神对于自然界来说是本原），要么把存在看作思维的本原（或者说自然界对于精神来说是本原）。恩格斯说："哲学家依照他们如何回答这个问题而分成了两大阵营。凡是断定精神对自然界来说是本原的，从而归根到底承认某种创世说的人（而创世说在哲学家那里，例如在黑格尔那里，往往比在基督教那里还要繁杂和荒唐得多），组成唯心主义阵营。凡是认为自然界是本原的，则属于唯物主义的各种学派。"① 显然，在这里，恩格斯不再强调思维与存在的问题与近代哲学的关联了，而是试图按照对于"哲学基本问题"的回答将哲学史上的全部哲学家分成两大阵营。

但问题在于：第一，如何理解"本原"一词？第二，是不是所有哲学家都讨论本原问题？第三，讨论恩格斯意义上的"本原"问题的哲学家们是不是可以被分为两个阵营？

从思想史的角度看，"本原"一词有多层意思。第一个意思是生成之源，

---

① 《马克思恩格斯文集》第 4 卷，第 278 页。

第二层意思是根本的原因或推动力量,第三层意思是根本原则。那么恩格斯所说的究竟是何种意义上的"本原"呢? 当恩格斯提到"凡是断定精神对自然界说来是本原的,从而归根到底承认某种创世说的人"时,我们有理由相信,恩格斯所说的"本原"指的实际上是上述三种含义中的第一种,即生成之源意义上的本原。这种"本原"所强调的是"从无到有"的生成。

我们接着可以问,这一意义上的本原问题能否被当成全部哲学史的线索? 事实上这是无法成立的,因为这个线索只是理性神学所提供的线索,我们可以循着这一线索追溯到基督教哲学、教父哲学,但无法将之扩展为整个哲学史的线索。从泰勒斯开始的古希腊哲学关于本原问题的讨论,基本上在世界的原则或本质层面上、而不是在生成或来历的意义上来展开的。产生或来历意义上的本原,是在后来特别是基督教产生之后才进入哲学领域的。

进一步说,我们即便不将本原理解为生成或来历,本原问题也无法被当作全部哲学的基本问题。我们即便从世界的根本原则这层意义上来理解本原,也可以说,本原问题是哲学的一个非常重要的问题,但不是全部的问题。也就是说,既不是全部的哲学家都在讨论这一问题,也并非哲学家们的全部讨论都是围绕着这个问题。本原问题是本体论的核心问题,但在本体论之外,毕竟还有认识论、自然哲学、伦理学和政治哲学等等,这些领域的问题都不能简单地归结为一般的本原问题,更不能被简单地归结为恩格斯意义上的产生或来历意义上的本原问题。

再者,即便有思想家按照恩格斯对本原问题的解释路线来讨论本原问题,他们的讨论是否要么站在唯物主义一边,要么站在唯心主义一边? 恐怕并非如此。比如那些为基督教辩护的哲学家,以及受到理性神学或中世纪教父哲学影响的哲学家,与批判基督教或理性神学的思想家,当然可以说分别隶属于两个阵营:前者的立场是上帝创造世界,后者的立场则是无神论。但是也有一些探讨世界本原问题的哲学家,即便他们从来历或者产生的角度来理解本原,甚至从神的角度来讨论本体论问题,其立场也未必就是在唯物主义和唯心主义两个"阵营"之间做一个非此即彼的选择。比如斯宾诺莎的泛神论,我们应该将之视为唯心主义的还是唯物主义的呢? 尽管人们往往倾向于后者,但这一问题远比人们所想象的要复杂。事实上,这历来都是学者们争论不休的难题——更何况斯宾诺莎自己也从未承认自己是无神论者。

与恩格斯关于思维和存在谁是本原这一问题相联系的,是他对哲学基本问题的第二个方面即思维与存在的同一性的分析。如果说思维在恩格斯那里就是指人的主观性的要素的总和,而存在就是指与思维相对立的全部客观性要素的总和,那么对于恩格斯来说,二者之间的所谓同一性问题,就是人的主观性要素如何能够把与之相对立的客观性要素统一在一起的问题。人们在遇到这一问题时,很自然地会想到,主观与客观的统一可以有多重路径和方式的:比如这种统一可以通过认识的方式实现,也可以通过行动的方式去实现,即在行动中把主体的因素灌输到客体的因素中,还可以通过信仰的方式,将主体自身融入对象中。但在恩格斯这里,思维和存在的同一性问题被片面化了,它只被理解为认识问题。而这意味着:第一,主观性因素和客观性因素的根本关系被理解为认识关系;第二,这种认识关系,是由主体向客体发出的;第三,这种由主体向客体发出的认识关系,是一种非此即彼的关系,即要么认识能够完全实现,要么完全无法实现。

与恩格斯关于哲学基本问题的第一个方面的分析一样,恩格斯关于思维与存在的同一性问题的分析也体现出其思想立场的局限性。首先,他站在近代主体性哲学的立场上,将这一立场事实上作为自己讨论问题的基础,因为把主体和客体的二分当作哲学的前提,只有在笛卡尔以来的近代主体性哲学的框架中才能成立。其次,恩格斯在其讨论中非常自觉地将自己放在理性神学和基督教神学的对立面。但这同时也就意味着他在讨论哲学基本问题时视野被后二者所限制。第三,恩格斯在近代主体性哲学的思想武库中所选取的对抗理性神学和基督教神学的武器是简化版本的近代经验论哲学,这一点可以在恩格斯的"我们能不能在我们关于现实世界的表象和概念中正确地反映现实?"[①]这样的典型的经验主义哲学话语中看出来。

简单地说,恩格斯站在近代主体性哲学的角度上,对主体和客体进行二元划分,然后又把自己的立场设定为理性神学的对立面,并且把自己的认识论路线设定为经验主义。这一思想路线是如何提出来的?究竟该如何理解其内在理路?

从思想史的角度来看,恩格斯关于思维和存在关系问题的讨论与黑格尔哲学有内在关联。黑格尔在《哲学史演讲录》的第四部分讨论近代哲学时提到了思维与存在关系的问题。黑格尔考察了近代哲学的"具体形式",即自为思维的出现。在黑格尔看来,具有这种形式的近代哲学所要实现的根本目

---

① 《马克思恩格斯文集》第 4 卷,第 278 页。

标,就是思维和存在的对立之克服。① 黑格尔将"近代哲学"界定为从培根开始、由笛卡尔确立并到康德为止的这一段欧洲哲学。从黑格尔的立场来看,思维和存在的关系问题只能被限定在近代哲学的范围内,而不能被推广到古代哲学和中世纪。黑格尔对思维和存在的关系问题的设定包含着四个环节:

第一,黑格尔的基本判断是,在近代哲学中,思维和存在出现了分裂和对立,"我们在这里应当考察近代哲学的具体形式,即自为思维的出现。这种思维的出现,主要是随同着人们对自在存在的反思,是一种主观的东西,因此它一般地与存在有一种对立。"②自为思维为自身规定同一性,这就是说,它全部规定性的同一性之根据都在于自身。全部的近代哲学中的思维的自为性质是使得近代哲学成为近代哲学的根本原因。而与此同时,正是这种自为思维,为其自身设立了一个对立面,即自在存在。自为思维之所以会为自身设立一个对立面,是因为自为思维是反思性的思维,即以反思的形式展开自身的思维。所谓反思,就必须要有内外之分,因此自为思维在为自身规定了内在性之后,必定要规定一个外在性,否则无法建立自身。这样黑格尔就表明,全部近代哲学的起点就是自为思维,而由于自为思维的反思性,使得其为自身设立了一个成为对立面的自在存在,而这内外两者的区别就是近代哲学所要面对的最高分裂,这种最高分裂所带来的就是最高的对立。

第二,这种最高的分裂之所以是最高的,就在于它是最抽象的对立。这里"抽象"和无限有关,只有无限的东西才能被称为抽象的。按照黑格尔的看法,精神和自然,思维和存在,乃是理念的两个无限的方面。这马上让我们想起前述恩格斯的观点。不过,恩格斯意义上的精神和自然,事实上是诸多个体的总和,而不是某种抽象的同一体。当恩格斯将周遭世界的全部客观之物的总和概括为自然界、并将与此相对立的主观性要素的总和称为精神时,他所说的自然和精神显然并不是黑格尔所讲的自然和精神。对于黑格尔来说,理念就是完全展开自身的理性,作为理念的理性完全以概念的形式展现自身,因此,如果说精神和自然是理念的两个无限的方面的话,那么精神就是与思维相联系的精神,自然就是与存在相联系的自然。一方面,精神就不再是各种主观之物的统一体,而是指以思维为内在本质的精神。另一方面,自然也不再是各种客观之物的统一体,而是与存在相一致的自然。

---

① 见黑格尔:《哲学史讲演录》第4卷,贺麟、王太庆译,商务印书馆,1981年,第7页。
② 同上书,第6页。

第三,近代哲学能够意识到思维和存在的对立,并且试图通过思维来克服这种对立。在黑格尔看来,全部近代哲学都是在解决思维和存在的关系问题,也就是主体和客体的关系问题。这种主体和客体的分裂是由近代哲学所意识到的,因而近代哲学很清楚自己的使命。这一问题的解决,是通过思维来实现的,因此全部近代哲学的出发点都是思维。思维为自己设定了对立,然后思维又要去克服这种对立。这样,思维和存在的关系问题就是主体如何把实体认作自身,思维和存在的和解就是认识到实体即主体。在黑格尔看来,近代哲学提出了这个问题,但是没有把思维和存在真正地统一在一起,所以二者的和解问题才成为一个问题。黑格尔相信,这一工作在自己的哲学体系中将得以完成。简言之,黑格尔所提出的思维和存在的关系问题的实质,就是精神的最高的内在性如何能够把世界的本质理解为自身的问题。

第四,近代哲学不仅意识到了思维和存在的对立,并通过思维来解决这一问题,而且思维总是宣称自己能够成功地把握自己和自然从而实现二者的统一。几乎所有的近代哲学家,哪怕是休谟那样的怀疑主义者,实际上都宣称自己达到了对于自己和自然的本质的理解,都宣称实现了思维和存在的和解。比如,休谟是通过怀疑的方式来实现的,他的怀疑主义的结论是对自己的怀疑的肯定。几乎全部的近代哲学家都以认识论的方式确认思维是能够把握自己和自然的本质的。

这样的一种思维与本质的和解,在黑格尔所谓的近代哲学中,是一种单向度的和解,是思维通过自己来把握对象,来克服自己和对象的对立的,这是理解黑格尔的思维与存在的关系问题的关键。按照黑格尔自己的说法:"那独立自由的思维应当发挥作用,应当得到承认。"[1]全部近代哲学都认可这个出发点,而这也就意味着近代主体性原则的确立。黑格尔说:"这一点,这有通过我的自由思索,才能在我心中证实,才能向我证实。也就是说,这种思维是全世界每一个人的共同事业、共同原则;凡是应当在世界上起作用的、得到确认的东西,人一定要通过自己的思想去洞察;凡是应当被认为确实可靠的东西,一定要通过思维去证实。"[2]这段话再明确不过表明,在近代哲学中,事实上并不存在恩格斯意义上的唯物主义与唯心主义的对立的问题。如果按照恩格斯的立场,那恐怕全部的近代哲学都是唯心主义,因为全部近代哲学

---

[1] 黑格尔:《哲学史讲演录》第4卷,贺麟、王太庆译,第60页。
[2] 同上。

的起点都是思维。这里不存在"我"要把自己放在恩格斯意义上的唯心主义还是唯物主义立场上的问题。我们不得不说,恩格斯所借用的黑格尔的思维和存在关系的讨论框架的本身,就已经预设了恩格斯意义上的唯心主义和唯物主义的对立无法在这一框架中讨论。

如果从恩格斯探讨"哲学基本问题"的理论动机来看,他最为关注的,显然是这一问题所蕴含的唯物主义问题。

尽管黑格尔在《哲学史讲演录》第四卷中,确实讨论过唯物主义问题,或更确切地说,明确地把某种哲学称作"唯物主义",但这种唯物主义并不同于恩格斯意义上的唯物主义。

关于法国唯物主义,黑格尔是将其放在启蒙运动的框架中进行讨论的。黑格尔将启蒙运动归为一种过渡时期的哲学,即在十七世纪的形而上学和十八世纪末的德国观念论之间的哲学,主要包括贝克莱为代表的"唯心主义"和休谟为代表的怀疑主义、苏格兰哲学、法国哲学即启蒙运动,以及德国启蒙思想。在黑格尔看来,这一段过渡时期的哲学,不论是唯心主义还是唯物主义,不论是可知论还是怀疑论,都属于"思想衰落的情况"①。

关于这一时期的哲学,黑格尔的看法是:第一,这个时期的哲学家的根本特征,是提出了一些内在于精神的固定原则。但这一时期的精神就是个体的人,因此,这一时期哲学家们都在为自己、为作为个体的人的意识提供固定的原则。第二,这些固定的原则都是此岸的和解,具有此岸的独立性。所谓此岸,就是指自我意识。这一时期的哲学家们都把自我意识当作固定的原则的出发点,而他们所做的思维和存在的和解,实际上是自我意识内部的和解。第三,过渡时期的思想家们所提出的原则,反对的是纯属人为的理智,即不是自然赋予我们,而是生生造出来的理智,比如彼岸的形而上学,或上帝的观念等。其中最突出的表现就是启蒙运动。第四,这些原则被认为来自健全理智,因而是此岸的理智根据。就是说这种理智是自然的,是主体意识中本来就有的,而不是后天的权威造就的。第五,所谓健全理智就无非是自然的情感和自然的认识。第六,这些健全理智往往会把植根于自然人的心灵的东西当作内容和原则。自然人就是作为肉体的人,在自然经验中存在的人,而他们的心灵就是自我意识。

按照黑格尔的看法,法国的启蒙主义者基本上可以分为两派,一派是所

---

① 黑格尔:《哲学史讲演录》第 4 卷,贺麟、王太庆译,第 196 页。

谓的唯物主义者，另一派是泛神论者。唯物主义者包括霍尔巴赫、拉美特利、狄德罗等思想家。黑格尔概括了唯物主义者的共同特征：

第一，在这些思想家那里，他们的逻辑起点是本质，但本质被主体性的思维认为只是在进行否定性的概念运动。否定性的概念运动就是不断变化、不断否定自身的概念运动。这就是说，本质在十八世纪唯物主义者那里事实上不是被理解为一种肯定性的东西，而是被理解为一种否定性的东西。本质之否定性的根据在于自我意识中，因为自我意识被理解为自然的意识，在经验中不断流变的自然情感，如果以此为依据或原则来看待对象，那么对象也只能够具有否定性。

第二，在本质中全部内容都消失在否定性中，因此本质内部实际上就并没有区分也没有内容，从而这种否定性就表现为抽象的普遍性。由于唯物主义者把所有头脑中接收到的感性材料都看作本质，所以他们认为本质就是不断展开的否定性，这样本质就成为纯粹的否定性自身。而就这种纯粹的否定性自身之为纯粹的否定性而言，这种没有内容的否定性又成为一种抽象的肯定性。对于这种空洞的本质，我们事实上什么都不能说。

第三，这种空洞的本质就其与一般意识相对立而言，就是物质。作为空洞的本质的物质不仅与一般意识即我们的自我意识相对立，并且物质也在这种对立中被自我意识表象为存在。

第四，自我意识之外的东西和"彼岸的"东西实际上全都消失了，只剩下自我意识所能把握的当前的、现实的东西。关于这一点，黑格尔说："一方面，在这个否定性的运动中，一切把精神设想为自我意识的彼岸的规定都消失了，尤其是各种对于精神的规定，以及那些把精神陈述为精神的规定，主要是信仰精神、认为精神存在于自我意识本身以外的各种想法，以及一切传统的东西、由权威强加于人的东西，全都消失了。剩下的只是当前的、现实的东西。"①物质概念是自我意识通过纯粹的否定性构造出来的，但物质概念本身也带来作为纯粹否定性的肯定的东西，如果用这种观念来理解我们所接受的对象，那它们只能是当前的现实的东西，而后者乃是在经验中不断流变的东西。

第五，自我意识会发现自己也是物质。按照黑格尔的说法："我是在当前现实中意识到我的实在性的；于是自我意识就很顺当地发现自己是物

---

① 黑格尔：《哲学史讲演录》第 4 卷，贺麟、王太庆译，第 216 页。

质，——灵魂是物质性的，观念是外界感觉印象在脑子这个内部器官中所引起的运动和变化。"①自我意识为自己设立了物质概念，而这个物质概念通过自我反思告诉自我意识，自己所能够把握到的只能够是当下的东西，经验的不断流变的东西，因而也能够告诉自己，自己也是不断流变的，也是在不断地进行否定性的运动的，所以自我意识自身也是物质的。而这就意味着，全部世界都是由物质构成的。

概言之，在法国唯物主义者那里，自我意识首先为自己设定一个原则，就是只有健全的理智、自然的认识才是可靠的，而健全的理智和自然的认识所得到的是不断流变、不断否定自身的经验现象，从而自我意识告诉自己，对象的本质就是否定性的概念运动，对象是自己否定自己的。如果对象具有自身否定性，那么这种纯粹的否定性的领域，就可被称为物质领域。具有纯粹否定性的物质领域作为肯定性被自我意识所接受时候，后者就意识到，只有当前的现实的东西才是可靠的。如果自我意识用这样一个观点来审视其自身，那么它本身也是只具有当下性的东西，或不断地流变的、具有否定性的东西。它自身的肯定性和普遍性已经无法看到，因为它是通过有色眼镜来看自身的，但它并不知道这个有色眼镜是它自己创造出来的，还以为这是本来就有的"自然"之物。自我意识从纯粹否定性所具有的抽象肯定性的层面来理解物质，并最终将整个世界都理解为物质性的，因而物质就成为具有本原性的了。

黑格尔对法国启蒙主义者的讨论，事实上分为两个方面：法国唯物主义和泛神论。这体现了黑格尔对启蒙主义的理解。在黑格尔那里，唯物主义与泛神论之间有着非常明确的内在关系，这主要体现在，泛神论者也是从本质出发的，他们把本质看成为绝对本体，把这种绝对本体说成是自我意识的彼岸，并且将其当作是物质。但泛神论的物质同唯物论者所讨论的物质是不一样的：在唯物主义者那里，物质是通过对绝对的否定性进行肯定性反思而达到的，即把绝对的否定性或不断展开的流变性加以抽象并规定其为物质；而在泛神论者这里恰好相反，物质不再是抽象的否定性，而是抽象的肯定性，也就是说，这种肯定不是对物质的不断变动的内容的肯定，而是对于它的对象性的肯定，即主观思维肯定在其之外有一个对象，并将之规定为物质。这样，泛神论与唯物主义都将主观性的自我意识当作起点，只不过在唯物主义那

---

① 黑格尔：《哲学史讲演录》第4卷，贺麟、王太庆译，第216—217页。

里,作为自然认识的自我意识在面对对象时所意识到的是对象的不断流变,而在泛神论那里自我意识所意识到的是对象与自我意识的对立。根本上说,二者是联系在一起的:如果对象不自我意识对立,后者就不知道对象是不断流变的。

如果说唯物主义者抓住了事情的一个方面即对象的否定性的话,那么泛神论者抓住的则是对象的另一个方面即对象性。在黑格尔看来,泛神论所把握的其实是一种空洞的对象性,这种空洞的对象性被规定为绝对本体,而这种绝对本体又被规定为泛神论意义上的物质。有了这种空洞的对象性,那么就会出现一个问题,即自我意识面前所设定的物质的根本属性是自我意识的彼岸性,它是自我之外存在的另一个东西,而如果说物质是"绝对本体"的话,那么这种绝对本体实际上就是外在于认识主体的。

在黑格尔看来,当自我意识在自己的对方形成了一个只有空洞的对象性的物质作为自己的对象时,如果说自我意识内部具有各种必然联系的话,那么这些必然联系只是因为自我意识与其对象之间的联系才得以建立起来。尽管自我意识不知道对象是什么东西,但它知道这种对象是自己的对象,这种认识本身就是一种对于自己与对象的关系的必然性的确认,而这正是自我意识自身内部诸必然联系的前提。不过这种联系并不是一种积极联系,自我意识只不过将自己当作个别事物加以扬弃。这是因为,自我意识在与抽象的普遍性或空洞的对象性建立联系之后,会通过反思发现自我其实是个别之物,而在抽象的普遍性视野之下,这种个别之物应由于自己的个别性而被否定,因而最终自我应当被扬弃。

在这里,黑格尔用自己的辩证法的方式梳理了泛神论的理路。通过这一分析我们看到,泛神论者提出了同唯物主义者完全不同的另一个问题,即不是像后者那样用物质的物质性来统摄思维和存在,而是要寻找自我认识和对象之间的同一性。概言之,自我意识要探寻自己同对象之间的内在关联或同一性,而这种内在关联被设定为对象性,对象性的抽象化就是绝对本体即物质,当物质作为抽象的对象性和自我意识相面对的时候,后者发现自己与物质的联系,而在这种对象性的联系中,自我意识发现自己是个体性的而对象是普遍性的,为了自身和对象相统一,自我意识就要对自身进行否定。这就是思维和存在的同一性问题。

这样,恩格斯所说的哲学基本问题的两个方面,事实上都可以在黑格尔的分析中找到对应的讨论(尽管恩格斯选择了黑格尔的术语"存在"和"自然界"取代了启蒙主义者的"物质"概念)。但问题是,若细加考察的话,会发现后者对前者是具有颠覆性的,也就是说,从黑格尔的意义上来说,恩格斯关于哲学基本问题的两方面讨论都是成问题的。这是因为:第一,黑格尔所讨论的唯物主义的问题,如果能够和恩格斯所讨论的哲学基本问题的第一个方面相比较的话,那么我们会看到,恩格斯的问题在黑格尔那里已被表达为唯物主义者的经验性的自我意识的自我设定问题:物质世界本身就是由自我意识设定的,而自我意识本身的物质性也是其自我运动的辩证法所设定的。第二,黑格尔对泛神论的讨论则表明,恩格斯所讨论的思维和存在的同一性的问题是启蒙主义者的问题,而其中根本的问题不在于选择可知论的立场还是选择不可知论的立场,而在于经验性的自我意识如何对待自己与自己所设定的对象之间的关系。总而言之,正如俞吾金先生所指出的那样:"在《终结》(指《路德维希·费尔巴哈和德国古典哲学的终结》——引者注)中,恩格斯对思维与存在或精神与自然界关系的思考始终蕴含着一个传统唯物主义的本体论立场。按照这一立场,与人的实践活动相分离的存在或自然界是第一性的。"① 毫无疑问,这种立场恰好是黑格尔所反对的。

由上述讨论,我们自然可以得出结论,恩格斯对于"哲学基本问题"的讨论不仅借用了黑格尔的概念,还使用了黑格尔的讨论形式,但如果站在黑格尔的立场上看,恩格斯对黑格尔的借用是无法成立的。但问题是,恩格斯为什么要从黑格尔那里借用这些概念和讨论形式?

这仍与黑格尔哲学本身的相关分析有关。具体说来,黑格尔在对法国启蒙主义的讨论过程中区分了后者的"积极"方面和"消极"方面,那些"积极"方面在很大程度上是被黑格尔所否定的,而其"消极"方面则更多地被黑格尔所肯定。所谓"消极"方面就是"否定"的方面:不论是体现在法国唯物主义那里的对于否定性的直接认定,还是在泛神论那里的自我意识由于要和对象实现同一而对自我实现的否定,两者都包含着否定的环节。而所谓积极的方面就是"肯定"的方面或试图"建立"的东西。关于法国唯物主义者和泛神论所要建立起来的东西,黑格尔讨论了两个方面,一个是物理方面,即自然观,另一个是伦理方面,即伦理和政治观。在黑格尔看来,无论在物理方面还是伦理方面,法国唯物主义和无神论都有对其原则的积极发挥,即提出了一些具体

---

① 俞吾金:《重新理解马克思:对马克思哲学的基础理论和当代意义的反思》,北京师范大学出版社,2005年,第93页。

的观点。黑格尔之所以"消极地"看待这些"积极"的成果,是因为"概念仅仅是以消极的形式存在着,所以积极的发挥是仍然没有概念的;它采取着自然的形式、存在物的形式,无论在物理方面,或是在伦理方面,都是这样"①。所谓"自然的形式",就是自然而然的形式,也就是自我意识直接获得的东西,即经验现象。黑格尔的意思是,法国唯物主义和无神论的理论所采用的是自然的形式或存在物的形式,其所获得的结论只具有经验直接性而没有概念,因此没有能够真正上升到普遍性和必然性的东西。对于黑格尔来说,无法上升到普遍性和必然性的东西就是不具有确定性的东西,这些东西无法得到理解。比如在伦理学方面,法国的启蒙主义者往往把人归结为各种自然欲望和倾向,但自然欲望虽被解放出来,这种自然欲望之中却是没有任何真理性可言的,我们只能将之理解为人自身的一种纯粹主观性的表达。不仅如此,黑格尔还批评了唯物主义和无神论的"积极"成果的经验主义来源。黑格尔认为法国启蒙主义者的观念的形而上学也即对于观念的根本的理解的基础是洛克的经验主义。按照黑格尔的看法,这种经验主义的基本立场是在通过个别意识而指认观念的起源,而建立在这种理论基础之上的法国启蒙主义者的观念的形而上学的基本内容是"个别的意识从无意识状态中产生出来,诞生在世界上,作为感性意识学习者"②,也就是说不断通过自我意识来学习,不断要求获得经验内容,其根本缺陷在于,"他们把这种外在的起源和发生与事物的生成和概念混淆起来了"③。基于这种理解,黑格尔对法国启蒙主义者所提出的具体理论基本都持批评态度:"对于这种肯定的法国哲学我们是无话可说的。"④

在某种意义上说,恩格斯之所以发挥了黑格尔关于思维和存在的关系的讨论,根本上并不在于黑格尔对启蒙主义的积极的或肯定性成果的否定,而在于黑格尔对于启蒙主义的消极方面的肯定。不论是唯物主义还是泛神论都内在地将否定性包含在自己的原则之中,而这种否定性本身正是黑格尔所欣赏的。"法国哲学著作在启蒙思想中占重要地位,这些著作中值得佩服的是那种反对现状、反对信仰、反对数千年来的一切权威势力的惊人魄力。值得注意的是这样一个特点,即反对一切有势力的东西、与自我意识格格不入

---

① 黑格尔:《哲学史讲演录》第4卷,贺麟、王太庆译,第217—218页。
② 同上书,第218页。
③ 同上。
④ 同上。

的东西、不愿与自我意识共存的东西、自我意识在其中找不到自己的东西的那种深恶痛绝的感情;——这是一种对于理性真理的确信,这种理性真理与全部遥远的灵明世界较量,并且确信可以把它摧毁掉。它把各种成见统统打碎了,并且取得了对这些成见的胜利。"①这样我们就能看到,黑格尔对法国启蒙主义的消极方面的持积极肯定的根本原因在于,在后者中蕴藏着一种彻底地打破现存观念的力量。法国唯物主义所内在具有的朝气蓬勃的否定性,使得黑格尔在对法国启蒙主义的哲学观点总体上予以批评的同时也部分予以肯定。而这也正是我们理解恩格斯哲学基本问题的一个重要的基点:唯物主义之为唯物主义,根本上说并不在于建立某种"积极"的结论,如存在是本原还是思维是本原,思维和存在具有同一性还是不具有同一性,等等,而在于打破各种先入为主之见,直面"事情本身",按照恩格斯自己在《路德维希·费尔巴哈和德国古典哲学的终结》中的说法就是:"人们决心在理解现实世界(自然界和历史)时按照它本身在每一个不以先入为主的唯心主义怪想来对待它的人面前所呈现的那样来理解;他们决心毫不怜惜地抛弃一切同事实(从事实本身的联系而不是从幻想的联系来把握的事实)不相符合的唯心主义怪想。"②不过令人遗憾的是,恩格斯这一对于唯物主义的"消极"的界定并没有他为唯物主义所做的"积极"的界定(将存在和自然界作为思维和精神的本原)对后世的影响大,从而使得马克思主义哲学在很长时期内被理解为机械唯物主义的升级版本。

  同时我们也应该看到,黑格尔对法国启蒙主义的消极方面所给予的肯定,仍是有保留的肯定,即他认为这种打破现状的革命性仍然是有局限性的,因为启蒙主义者对一切权威势力的否定,所否定的只是一切权威的形式。之所以从形式的层面上否定权威是不够的,是由于这种形式本身是属于理智的东西,而对于理智的东西的否定仍然是理智的东西,而不是理性的东西。因此黑格尔说:"对于理智来说,指出那种只能用思辨去把握的东西的最后基础相矛盾,是很容易的事。"③黑格尔的意思是,用理智的东西来否定思辨的东西是很容易的,因为理智无法理解思辨,或者说,用知性的方式是无法来理解理性的东西的。人们有理由相信,这也正是为什么恩格斯最终会将辩证法视为

---

① 黑格尔:《哲学史讲演录》第4卷,贺麟、王太庆译,第218—219页。
② 《马克思恩格斯文集》第4卷,第297页。
③ 黑格尔:《哲学史讲演录》第4卷,贺麟、王太庆译,第221页。

真正意义上的唯物主义的核心要素的原因。在恩格斯看来,资本主义时代的生产力发展和19世纪以来人类在科学上的伟大发现特别是细胞学说、能量守恒定律和进化论"三大发现",使得人们有可能打破对于事物的片面理解,而建立关于发展过程和普遍联系的整体性的世界观。恩格斯相信,这种世界观的建立与黑格尔的辩证法思想密切相关,后者是"一个伟大的基本思想,即认为世界不是既成**事物**的集合体,而是**过程**的集合体,其中各个似乎稳定的事物同它们在我们头脑中的思想映像即概念一样都处在生成和灭亡的不断变化中,在这种变化中,尽管有种种表面的偶然性,尽管有种种暂时的倒退,前进的发展终究会实现——这个伟大的基本思想,特别是从黑格尔以来,已经成了一般人的意识,以致它在这种一般形式中未必会遭到反对了"①。这样,我们也就能够明白,为什么恩格斯尽管对"唯物主义"一词有着如此好感,并对法国唯物主义的"积极"成果如此同情,但却选择了黑格尔的术语体系表达自己关于"哲学基本问题"的理解。

但问题是,当恩格斯试图将黑格尔的辩证法思想与存在和自然界的本原性问题结合在一起的时候,后一问题事实上已经被形而上学(在与"辩证法"相对的意义上)化了。正如卡弗所评论的那样,在《路德维希·费尔巴哈和德国古典哲学的终结》中,恩格斯"对所有概念所做的形而上学证明,是基于对固定不变的事物的信念,并且运用了非辩证的思维(根据他的辩证的观点)"②。

五、实践如何证实思维与存在的同一性?

在《路德维希·费尔巴哈和德国古典哲学的终结》的第二节中,恩格斯将实践问题与哲学基本问题联系起来,具体说来,就是将实践和思维与存在获得同一性的可能方式联系在一起。

恩格斯提出这一问题的语境是对于认为思维与存在不具有同一性的不可知论(特别是休谟和康德的不可知论)观点所进行的批判:"对这些以及其

---

① 《马克思恩格斯文集》第4卷,第298页。
② 特雷尔·卡弗:《马克思与恩格斯:学术思想关系》,姜海波、王贵贤等译,中国人民大学出版社,2008年,第127—128页。

他一些哲学上的怪论的最令人信服的驳斥是实践,即实验和工业。既然我们自己能够制造出某一自然过程,按照它的条件把它生产出来,并使它为我们的目的服务,从而证明我们对这一过程的理解是正确的,那么康德的不可捉摸的'自在之物'就完结了。"①这段话非常有名,今天人们在谈到认识问题时,经常将之同实践问题联系在一起,其理论根据往往就是恩格斯的这段话。初看上去,这段话没什么问题,很符合我们的常识。但若对恩格斯的文本作一深入分析的话,就会发现问题远非如此简单。事实上,在恩格斯的表述中,实践概念不仅和认识问题相关联,而且与思维和存在的同一性问题相关联,也就是说,这一问题不是简单的常识问题,而是与哲学基本问题相关的哲学问题。

在恩格斯所设定的实践概念中,有两个方面的基本内涵:第一个方面,是实践具有目的性,也即实践的基本朝向是"为我们服务";第二个方面,是实践的变革性,即对于对象的改变,也就是"制造"和"生产";要理解恩格斯实践概念的这两个内涵,就不能忽视恩格斯关于这一问题的另一个重要判断:"对驳斥这一观点具有决定性的东西,凡是从唯心主义观点出发所能说的,黑格尔都已经说了;费尔巴哈所增加的唯物主义的东西,与其说是深刻的,不如说是机智的。"②这表明:首先,恩格斯认为黑格尔对于不可知论的驳斥相较于费尔巴哈而言更加深刻;其次,顺理成章地,恩格斯将继承黑格尔思想中深刻的东西,而改造其中的唯心主义的东西。既然恩格斯的这种继承和改造最终集中在"实践"问题上,就需要审视一下,在恩格在将实践问题与思维和存在的同一性问题联系在一起时,恩格斯在何种意义上继承了黑格尔关于实践的思想,又对后者做出了怎样的改造。

恩格斯关于实践具有目的性的观点与黑格尔是一脉相承的。

按照黑格尔的看法:"人**以实践态度**对待自然,这时自然是作为一种直接的和外在的东西,他自己是作为一种直接外在的、因而是感性的个体,不过这种个体也有理由把自己规定成为同自然对象对立的**目的**。按这种方法考察自然,就产生有限**目的论**的观点。"③因此,目的性是黑格尔的实践概念中的重要一维。而目的性问题正是黑格尔在《逻辑学》中的"概念论"中着重分析的

---

① 《马克思恩格斯文集》第4卷,第279页。
② 同上。
③ 黑格尔:《自然哲学》,梁志学、薛华、钱广华、沈真译,商务印书馆,1980年,第6页。

一个重要问题。

"概念论"分为三个环节,即主观概念、客体、理念,而客体又被分为机械性、化学性和目的性的。按照黑格尔的说法,机械性所展现的是一种具有客观性的概念,但是这种概念内在的要素之间是彼此不相关的,彼此居于外在性;而在化学性的环节中,概念之间的各个要素被有机地整合在一起,成为中和的,就类似于氢气和氧气反应中和成水;到了目的性的阶段,在机械性中被理解为一种抽象的外在性的普遍性,和在化学性中通过中和作用所实现的特殊性结合在一起成为个体性,而这种个体性在概念论中的客体中的表现就是目的性。目的性被置于此,就体现了黑格尔对目的性的理解首先在于,目的性超越了机械性,也超越了化学性,在某种程度上是机械性和化学性的统一,也就是具有抽象的普遍性的客体性和具有特殊性的客体性的统一。作为机械性和化学性的统一的目的性也就意味着对于对象及其自身的抽象的外在性以及它的从类上对自身所作的界定的超越。也就是说在目的性中,概念所要实现的,既不是一种抽象的存在性或抽象的对于自我的同一性的确认,也不是对些微具体但仍然不是很具体的那种范围性的确定,比如人对于自己的身体,固然不能够仅仅将其理解为机器或外在的被组合在一起的东西,生命被理解为机器是机械性的即把器官看成是抽象的普遍性的观点,我们应当首先把身体看成是有内在统一性的整体,有一定的内在关联性的包括手脚的配合以及心脏和眼睛相关联的整体,即从化学性来理解,但是身体还具有超越出简单的同一性的维度,这个维度就是目的性的,比如身体是实现更好的生活的工具,应当让人生活得更幸福。这样目的性首先就内在地包含着一个效果的概念,目的是为了达到某个效果,如果目的不包含效果,那么这种目的就是没有意义的目的。因此黑格尔对目的性的界定是,超越了机械性的抽象普遍性和化学性的特殊性的具有实效性的客体性要素。

这样,在黑格尔那里,在概念论的客体阶段展现出来的第三个环节即目的性实际上就是一种有限的目的论。我们在这里看到的目的就是有限的目的,而这种有限的目的,乃是由人的利己的欲望和利益所决定的。也就是说,在看待超越了机械性和化学性的目的性的时候,一方面我们要看到它要超越抽象的普遍性和特殊性而达到具体的个别性,但是另一方面又要看到这种个别性的达到所要实现的效果实际上是由没有作为真理的完全的展现的局限性的东西即认定欲望和利益所限定的。

在《自然哲学》中,黑格尔分析了这种具有目的性的实践态度的三个特点：第一，这种实践态度只是同自然的个别产物有关或者说是同这些产物的个别方面有关，因为我们在实践中所持有的目的并不是和我们的全部理念有关系，而仅仅同个别对象有关，因为我们出发的前提就是有限的，而利己的欲望不可能成为所有人的欲望，个人的利益不可能成为全部人的利益，每个人都是按照自己对于利益的界定来设定自己在实践中的对象的。所以，在实践中对象是具有个别性的，是自然的个别产物或者说是物的个别的方面。第二，黑格尔指出："实践态度的另一特点在于，这里的终极东西是我们的目的，而不是自然事物本身，我们把这些事物变成手段，其使命不取决于它们，而取决于我们。"①自然事物是我们的目的，并且这种目的并不是直接的目的，只是手段，我们的最终目的在于我们的利益、利己的欲望。表面上我们的目的朝向自然事物，但是我们的最终目的是要超越它，这种超越不是我们在真理的层面上扬弃了个别之物达到真正的普遍性，而是我们仅仅把对象作为手段将其消灭掉，我们所否定的所扬弃的是实现我们最终目的的手段的自然之物。如果我们把人当作对象，人就成为了手段，就是不是把人当作最终的目的而是手段，对自然来说，也是如此。第三，这样产生的结果是我们的满足感，是一种自我感觉。把表面的目的设定为对象，但其实际上是手段，于是我们的最终目的所产生的最终结果是我们的满足感。

因此，对于黑格尔来说，朝向对象、以目的论的方式来完成的实践本身并不是最终目的，或者说，真正的目的论的考察并不在此，因为在此我们所获得的满足感仍然是有限的，而真理并不是抽象的有局限性的作为个别之物的自我意识的满足感，而是真正的普遍性和必然性。在黑格尔看来，真正的目的论考察在于"把自然看做在其特有的生命活动内是自由的，这种考察是最高的"②。

总而言之，黑格尔对实践中的目的性维度持有限肯定的态度，认为有目的性的实践的出发点只是有限的个人，其所要达到的目的也只是有限的个人的有限的欲望，而中介只是把有限之物当作自己的有限的对象。所以这样的活动与真理相距甚远，并没有达到真正的自由，而自由，在黑格尔那里就意味着达到真正的普遍性和必然性。

在恩格斯的"实践"概念中，除了"目的性"之外，还有"改变对象"的维度，

---

① 黑格尔：《自然哲学》，梁志学、薛华、钱广华、沈真译，第7页。
② 同上书，第8页。

而这个维度在黑格尔的"实践"概念中同样存在。

在《小逻辑》的概念论的最后一部分,黑格尔区分了三个层次:生命、认识、绝对理念。生命已经是一种具有抽象的普遍性的理念,因为生命的背后是灵魂,正是因为灵魂是其本质,生命才具有内在的统一性。这种内在的统一性在理念的阶段相对于认识和绝对理念,是一种抽象的具有普遍性的理念,比如人的肉体的生命。而我们的生命对于与自己相关联的对象的规定就是认识,黑格尔说,"理性出现在世界上,具有绝对信心去建立主观性和客观世界的同一,并能够提高这种确信使成为**真理**。……这种过程概括说来就是认识。"①

黑格尔又进一步将认识区分为两类活动:一是理念的理论活动,即认知真理的冲力;二是理念的实践活动,即实现善的冲力。

理论活动指的是将主体性的认识过程置入到对于对象的把握过程,即通过客观性的方式来把握主观性。在这里对象不被改变,而只被静态地把握,因为一旦对象被改变,客观性就不再是客观性了。对于这种理论的态度,黑格尔在《自然哲学》中有一段评价:"通过理论的考察,会给我们显示出一种矛盾,这种矛盾将从第三方面把我们引向我们的观点。"②"理论的考察"就是对待自然界的静观的无能为力的态度,这是一种认为自己除了静态地把握对象之外其他的什么都不能做的态度。通过这样的态度考察自然,有一种矛盾会显示出来,这种矛盾与如何建立主体同对象之间的统一性这一问题有关:对象是静态的,不可改变的,而主体的认识又要进入对象,把握其内部结构,但主体一旦进入对象的内部中就对对象造成了改变,这就是理论态度本身的矛盾。而这种矛盾将"从第三方面把我们引向我们的观点",所谓"第三方面",就是既不是原初的主体性,也不是原初的客体性,而是由原初的主体性试图进入原初的客体性所引出的一个新的方面,即我试图解决这个矛盾,这就引向了我们自己,因为这是主体性试图进入客体性所引发的矛盾,这个矛盾是主体引发的,所以其解决仍然是要靠主体,要么我来撤销我试图进入客体性的意愿,要么我改变我的方式,这就出现了第三方面。这表明了黑格尔认为理论态度对于对象来说是无能为力的。

与这种理论的态度相对立的是实践的态度,即在理论的实践活动中展现

---

① 黑格尔:《小逻辑》,贺麟译,第410页。
② 黑格尔:《自然哲学》,梁志学、薛华、钱广华、沈真译,第6页。

出来的态度,这是一种与理论的态度不具有内在相关性、但与其有外在相关性的态度。当认识以理论的态度对待自然界时,会遇到自然界的客观性在遇到主观性时是否要保持自身的矛盾,"为了解决这一矛盾,我们必须附加实践关系所特有的东西,这样,实践关系就同理论关系统一起来,聚合为总体"①。这说明为了解决理论态度所产生的问题,黑格尔认为必须引入一种新的路径来把握对象,这种新的路径就是实践的关系。实践的态度之所以能够解决理论态度在面对自然界的时候所产生的问题,是因为在理论的态度中,主观性和客观世界的关系是静态的,主观性无法进入到客观世界中,而实践活动是直接地以打破对象当下的存在为目标的。当下的存在就意味着在实践活动中内在贯穿的一种冲力,黑格尔认为这种冲力来自于意志,即主体性的意志。在人和自然界相面对的时候,人自身的意志就是产生这种冲力的根本条件。这种意志的功能首先就是为自己设定方向,为自己设定了方向才能有实现自己的力的目标,也才会有自己的动力,即目的因和动力因的统一,即目标。这个目标首先在于改变对象,而最终的目标是利己的欲望和利益。

正因为实践是一种主观的理念,所以它是藐视客体的,它不像理念态度那样把客体看成是具有纯粹的客观性的东西,因此对客体采取敬畏的矛盾的不知进退的态度。黑格尔说,"据说自然事物是与我们僵硬对立的,是我们无法透彻认识的,理论意识的这一难题或片面假定直接为实践态度所驳斥。"②在理论态度那里,对象之物被理解成与我们僵硬对立的,客观性和主观性是僵硬对立的,所以我们无法透彻地认识,无法将主观性完全置入于客观性之中。我们既然试图把握对象,又无法进入对象,这是一个难题,它在实践态度中直接的被揭示。实践态度从主体性出发,从主观的理念所具有的意志性出发,从主观的理念为主体性所设定的善出发,直接要求改变对象。黑格尔说"实践态度包含有这样一种绝对唯心论的信念:个别事物本身是不足道的,欲望所具有的缺点从其对事物的态度这一方面来看,并不在于它对事物是实在论的,而在于它对事物太唯心论了。"③从某种意义上看,说实践态度包含一种绝对的唯心论是对实践态度的赞扬,因为这符合黑格尔绝对唯心主义的立场,在这个立场上,实践态度体现了其相对于理论态度而言的优越性,即个别

---

① 黑格尔:《自然哲学》,梁志学、薛华、钱广华、沈真译,第6页。
② 同上书,第12页。
③ 同上书,第12—13页。

事物本身是不足道的,个别事物是可以也应当被消灭的。我们和对象的关系并不是基于我们同对象之间静态的对立。如果说在实践中体现了人的欲望,人的欲望由于其经验性质所设定的只是个别的对象,因而这种欲望也是具有局限性的,那么这种局限性也并不在于它以实在论的方式看待事物,而是它对事物太唯心了。太唯心,指的就是过于主观主义地对待了客体,从而不得不把对象看成是个别之物。

因而这里体现出黑格尔对于"实践"通过改变对象的方式而获得对于对象的认识这一方式的审慎态度:一方面实践活动对于理论活动而言有它的优越性,这种优越性就在于,不把个别之物看作是静态之物,不可消灭之物,而是可改变之物,从而摒弃了理论活动的彷徨不前和无所作为的矛盾态度;但另一方面,实践活动仍然具有内在的缺陷,即仅仅从个别性的角度来看待个别之物,因此具有某种主观性。

这样我们看到,在黑格尔那里,不仅实践的目的性维度有局限性,而且对于事物的改变这一维度也是有局限性的。

如果说恩格斯继承了黑格尔的实践概念的两个基本维度即"目的性"和"对于对象的改变"的话,那么当恩格斯将实践概念与思维和存在的同一性这样的根本性的哲学问题联系在一起时,他无疑就改造了黑格尔的"实践"概念,也就是说,这一概念中的局限性在恩格斯那里似乎不再存在。

六、恩格斯论费尔巴哈的唯物主义

在《路德维希·费尔巴哈和德国古典哲学的终结》中,唯物主义问题显然是恩格斯探讨的重点。大致来看,恩格斯的讨论包括四个方面的内容。第一个方面是,恩格斯将唯物主义各学派的基本特征确定为"认为自然界是本原的"[①]。第二个方面是,恩格斯借助对费尔巴哈的讨论来阐述他对唯物主义的基本见解,认为费尔巴哈是一个唯物主义者,但只是一个半截的唯物主义者。第三个方面是,恩格斯借用费尔巴哈的讨论进一步对唯物主义做了一个内涵上的区分,即把唯物主义区分为机械唯物主义和新唯物主义,这主要是指十八世纪之后的唯物主义,恩格斯将十八世纪的唯物主义和费尔巴哈的唯物主

---

① 《马克思恩格斯文集》第4卷,第278页。

义都划入机械唯物主义,而把历史唯物主义称为新唯物主义,并进一步界定了机械唯物主义的特征,这也就同时界定了新唯物主义的特征。恩格斯为机械唯物主义规定了两个特征:第一个特征是"仅仅用力学的尺度来衡量化学性质和有机性质的过程"①;第二个特征是"不把世界理解为一个过程,理解为一种处于历史不断发展中的物质"②。也就是说机械唯物主义不能够全面地发展地理解世界。在恩格斯看来,费尔巴哈的唯物主义也基本上具有这样的两个特征。第四个方面是,在恩格斯看来,费尔巴哈之所以会陷入半截的唯物主义,并且这种半截的唯物主义也不是纯粹的唯物主义中,有两个原因,其一是在费尔巴哈创造力最旺盛的时候,自然科学还没有向他展示出像在十九世纪后半叶所能够给予人们的那样丰富的成果,因此他没能形成历史的自然观,其二是费尔巴哈在他的生活的大部分时间里脱离社会生活,在乡间孤寂地生活,因此他没能把唯物主义与社会历史问题有机地统一在一起。第五个方面是,恩格斯借助对施达克的批判,讨论了唯心主义和唯物主义的区别问题。施达克把唯心主义与追求进步和理想的意图联系在一起,反过来也就认为唯物主义没有对于理想和进步的追求。恩格斯批评了施达克的这种看法,指出施达克在这里所讨论的唯心主义,实际上最多只能够跟康德的先验唯心主义和绝对命令有所联系,但是康德关于先验唯心主义要比施达克深刻的多,而施达克对于唯物主义的讨论只不过是庸人对于唯物主义的理解。

如果将这些问题总括起来,可以看出,在这里恩格斯所做的是这样的工作:批判旧唯物主义以及从旧唯物主义的视角对于唯物主义本身的理解,并试图阐发对唯物主义的新理解。

按照恩格斯的概括,费尔巴哈的唯物主义立场体现为:"他势所必然地终于认识到,黑格尔的'绝对观念'之先于世界的存在,在世界之前就有的'逻辑范畴的预先存在',不外是对世界之外的造物主的信仰的虚幻残余;我们自己所属的物质的、可以感知的世界,是唯一现实的;而我们的意识和思维,不论它看起来是多么超感觉的,总是物质的、肉体的器官即人脑的产物。物质不是精神的产物,而精神本身只是物质的最高产物。"③费尔巴哈不仅是十九世纪上半叶德国重要的思想家,而且是直接对马克思和恩格斯的新唯物主义的

---

① 《马克思恩格斯文集》第 4 卷,第 282 页。
② 同上。
③ 同上书,第 281 页。

建立起到关键作用的人物。相较于费尔巴哈的重要历史地位,恩格斯的概括显得简单了些。

费尔巴哈是作为青年黑格尔分子进入那段思想史舞台的,他的活动的开端是在十九世纪三十年代,那时费尔巴哈还是作为一个黑格尔学派的年轻学者进行思想活动。费尔巴哈之进行独立思考是从批判黑格尔哲学开始的。关于这一点,恩格斯说:"费尔巴哈的发展进程是一个黑格尔主义者(诚然,他从来不是完全正统的黑格尔主义者)走向唯物主义的发展进程,这一发展使他在一定阶段上同自己的这位先驱者的唯心主义体系完全决裂了。"① 如果说费尔巴哈在我们今天的思想史的视野中是作为唯物主义者的形象出现的,那么这是基于费尔巴哈对于黑格尔的批判而树立起来的。那么我们就来考察一下费尔巴哈是如何对黑格尔哲学进行批判的以及这种批判对于其唯物主义观点的建立有着怎样的关联。

费尔巴哈对黑格尔的批判大致包括如下几个方面:

第一,在《黑格尔哲学批判》中,费尔巴哈开门见山地批判黑格尔以时间来排斥空间。"黑格尔的观点和他的方法所采取的形式本身只是排他的时间,而并非同时是宽容空间,黑格尔的体系只知道从属和继承,而不知道任何并列和共存。"② 费尔巴哈在这里不仅是批评黑格尔的立足点,而且是其全部哲学的基础。他批评黑格尔以时间的形式排斥了空间的形式,也就是说黑格尔哲学以不同的概念之间相互从属和演绎的方式,通过肯定、否定和否定之否定的发展过程,忽视和碾压了各个概念所具有的个体性。所以在黑格尔那里时间是排他的。而在费尔巴哈看来,空间则是更为宽容的,在空间的原则之下,每一个个体、每一个概念、每一个环节都有独立自存的权利。这是费尔巴哈在自己独立思考的开端为自己所确立的原则。

第二,费尔巴哈批判黑格尔以具有经验性质的个别哲学形态宣称自身具有绝对性。在黑格尔哲学中所宣称的绝对性只有在黑格尔哲学本身才具有,其他一切哲学都只不过作为环节内在地包含在黑格尔哲学中,但黑格尔哲学也只是经验时间内存在的具有个别性的哲学。这种哲学以自己所具有的经验性的形态而宣称自己具有哲学性,这是一种悖论。费尔巴哈说,"类在一个个体中得到完满无疑的体现乃是一件绝对的奇迹,乃是现实界一切规律和原

---

① 《马克思恩格斯文集》第 4 卷,第 281 页。
② 《费尔巴哈哲学著作选集》上卷,荣震华、王太庆、刘磊译,商务印书馆,1984 年,第 46 页。

则的勉强取消,实际上也就是世界的毁灭。"① 每一个个体都不能完全地把一个类的基本内涵展现出来,最多只是从自己的一个侧面展现类的形象,而不可能完满地体现自己的类。"如果黑格尔哲学是哲学理念的绝对现实性的话,那么黑格尔哲学的理性的性质就必然要以时间的性质为结果,因为时间以后如果和以前一样继续它的可悲的进程,黑格尔哲学就不可避免地要失去'绝对性'这个名词了。"② 黑格尔哲学一方面宣称自己是具有绝对性的哲学,另一方面又是在经验的时间和经验的空间内存在的一种特定的哲学。黑格尔去世后,哲学仍然在进展,仍然会有人不断地思考,时间没有停止,所以黑格尔哲学宣称绝对性就包含在自身之内是荒谬的。

第三,费尔巴哈批判黑格尔哲学是从一个抽象的开端,而不是一个现实的存在开始哲学研究的。如果没有这样一个开端的话,黑格尔哲学的展开就没有了基础,这个基石不包含其他的概念,否则就不能成为直接的起点。在《逻辑学》中存在就是一个起点,而在《精神现象学》中也是一样,具有直接性的没有反思的"这一个"成为绝对的起点。但费尔巴哈认为这样的起点实际上并不是仅仅具有纯粹的同一性,因而并不是绝对的起点,存在已经被规定为抽象的"同一性",而这种抽象的同一性本身就是一个概念。不仅如此,在黑格尔哲学的开端中我们还能够看到费希特的知识学的影子。在费尔巴哈看来,费希特的知识学才是黑格尔哲学的真正的起点,这意味着黑格尔在其哲学的起点处所设定的开端实际上就是费希特已经达到的成果,并且黑格尔试图达到的哲学的最终目标与费希特在知识学所要实现的目标也完全一致。因此黑格尔哲学,尤其是《逻辑学》中的所谓纯粹的开端根本就不是一个纯粹的开端,而是一个有着先入之见的、以各种各样的条件和前提作为基础的开端,但它却要冒充为绝对的无条件的开端。

第四,费尔巴哈批判黑格尔把证明和推论当作自在的理性形式,从而把形式当作本质。证明和推论在黑格尔那里主要体现为从肯定到否定再到否定之否定的三段论形式。费尔巴哈对这种形式的批评是,黑格尔把这种形式的证明和推论当成是思想自身的言说,而不是把思想传达给别人的手段;并且黑格尔把主观性和客观性的思想混淆了,把自己的主观性的思想理解为客观的思想,没有把客观的思想理解为对于所有人都有效的思想,而是仅仅把

---

① 《费尔巴哈哲学著作选集》上卷,荣震华、王太庆、刘磊译,商务印书馆,1984年,第48页。
② 同上书,第49页。

它理解为对于自己有效的思想。与黑格尔这种倾向相对,费尔巴哈提出关于"类"的思想:衡量真理的标准在于普遍性,而这种普遍性的体现正在于对于每一个人都有效,或每一个人都认可。人能够通过客观性的思想被联结起来成为一个类。与此相关的是,费尔巴哈对"第一性"的存在者和"第二性"的存在者进行了区分。所谓第一性的东西,比如原始的直接的物质,是能够使人聚为类的、在类的出现方面具有普遍性效果的存在者,而作为表达的中介性的思维则是第二性的东西,它以第一性的存在者为界限,是作为本质的后者的形式,是对于原初的物质的存在者的表达。

第五,费尔巴哈批判黑格尔哲学为自己预设了一个没有被证明,也无法被证明的绝对理念当作前提。关于这一点,费尔巴哈说:"绝对理念在得到形式上的证明以前,实质上已经得到了证明,因此它是永远不能被证明的。对于另外一个人来说,永远是主观的,因为那个人在理念的对方中已经建造了一个前提,这个前提是理念自己预先提出来的。理念的外化可以说只是一种伪装,它只是这样做,但这对于它来说,并不是认真的事,它只是在表演。"①比如在《逻辑学》的推演中,人们会问,为什么黑格尔一定要这样的顺序进行推演,它为什么不能按照别的顺序来推演,而事实上对黑格尔哲学来说,这种推演的必然性不在于概念自身,而仅仅在于不这样推演就到不了绝对理念。

第六,费尔巴哈基于他自己的哲学立场,批判黑格尔哲学与感性直观直接分裂,从而假定了哲学。假定了哲学,就是说黑格尔哲学同感性世界毫无关系,同真实的东西毫无关系。费尔巴哈说:"但是现在所说的证明不是别的,就是将一个可能的或现实的另外一个东西带到我自己的信念中来。真理只在于你和我的联合,但是纯粹思维的对方一般就是感性的理智,因此哲学范围内的证明旨在于克服感性的理智对于纯粹思想的矛盾。思想不仅对自身是真实的,而且对于它的对方是真实的。"②这就是说,黑格尔的哲学是没有对方的,它把自身当作一个绝对的存在者,即没有把思想之物本身和思想之物的表达看作是同时存在的,而是片面地把思维看作是没有对方的思维。而在费尔巴哈看来,真理只在于"你"和"我"的联合。正是在这里费尔巴哈说:"感性的个别的存在的实在性,对我们来说,是一个用我们的鲜血来打图章担

---

① 《费尔巴哈哲学著作选集》上卷,荣震华、王太庆、刘磊译,第 65 页。
② 同上书,第 66 页。

保的真理。"①这句话的语境是,费尔巴哈批评黑格尔的哲学把一种和它的对象相割裂的行为当作是一种真理自身的体现。与此相对的是,费尔巴哈把真理理解为那种对于"你"和"我"都有效的,或"你"和"我"共同认可的真实的东西,正是这种东西把我们联合在一起而成为一个类。对真理进行表达的并不是黑格尔意义的抽象思维,而是"感性意识"。关于感性意识,费尔巴哈说:"对于感性意识来说,语言正是不实在的东西,虚无的东西。"②语言当然是可以成为感性之物的表达,我们对于这样的一种感性之物的表达,当然可以是从形式上来讲对于对象的一种展开,但是这种感性意识,是对于感性之物的具有真理性的表达,而不是像语言那样只是一种形式上的表达。这种感性意识的功能就是获得每一个人的认可从而使你和我能够联系起来,成为一个类。而在黑格尔哲学中,感性意识是没有地位的,他关于自我意识的讨论,也只是关于一种只具有纯粹主观性的意识的讨论。

第七,费尔巴哈批判黑格尔哲学的基础,是主观与客观的统一。近代哲学割裂了主观和客观、思维和存在,而黑格尔哲学则试图建立主观和客观、思维和存在的统一。但费尔巴哈认为,这样一种把主观和客观看作统一之物的原则,会让我们丧失对真理的追求所必须拥有的一个基础,这就是费尔巴哈所说的"发生学"。发生学对于一个由表象提供的对象,并不急于下判断和进行证明,而是研究其起源,分析对象是否一个真实对象,还是只是一个表象或一个心理现象。因此它严格地对主观之物和客观之物、表象和表象的起源进行区分。而黑格尔的问题则在于,他把表达之物与被表达之物混淆在一起了,从而把主观和客观理解为能够进行统一的。

第八,费尔巴哈批判黑格尔哲学所涉及到的所有的对象和概念,往往都是从一种超批判的主观主义的极端进展到一种无批判的客观主义的极端。即是说在黑格尔哲学中,所有的对象和概念在一开始都是根据黑格尔的主观设定来安排的,所以它超然于批判之外。但黑格尔这样一种超批判的主观主义的极端,会变成一种无批判的客观主义的极端。因为黑格尔的所有的概念发展到最后要被当作真理的东西宣讲出来。在这里费尔巴哈举了一个例子,就是黑格尔的"无"的概念。"无"的概念在费尔巴哈看来非常重要。对黑格尔来说不重要,是因为在黑格尔的逻辑学中,"无"不过是一个非常不起眼的

---

① 《费尔巴哈哲学著作选集》上卷,荣震华、王太庆、刘磊译,第68页。
② 同上。

环节。在费尔巴哈看来,黑格尔全部哲学的内在的核心,所有的环节之所以能够被前后连贯在一起就是因为有这个"无"。而费尔巴哈认为,"无"是理性的界限,那么如果我们去思考"无",这样的一种哲学就是非理性的。如果我们要去思维"无",那么"无"就是作为思维的对立面而存在的,那么这无就是可以被思维的,是应当可以被思维的,而可以被思维的东西,它是应当透明的东西,具有真理性的东西,是能够被言说的东西,是能够在人与人的交往中被言说被传达的东西,能够使我们的类成为类的那个东西。

第九,费尔巴哈批判黑格尔思辨哲学的秘密是神学,指责黑格尔的绝对唯心主义是基督教神学的最后的避难所。这个批判分成为四个层次。第一个层次是,费尔巴哈批评黑格尔把在神学中所表达的神圣的实体,转移到了此岸世界,并以哲学的方式来表达。也就是说,在费尔巴哈看来,黑格尔哲学所要表达的那个绝对理念和绝对精神,只不过就是基督教哲学的上帝。费尔巴哈认为,思辨神学与普通神学的不同之处,就在于它将普通神学由于畏惧和无知而远远放到彼岸世界的神圣实体移至此岸世界,也即将其现实化了。具体来说,就是上帝在基督教中被远远放在彼岸世界的东西被黑格尔请回此岸世界。第二个层次是,黑格尔不仅把绝对精神本身就当作上帝,而且进一步把意识当作这一神圣实体的本质。上帝不再是人格神,而是作为意识而存在的。所以黑格尔全部的哲学都是在讲作为上帝的自我意识如何能够把自己理解为自我意识或如何能够发现和理解自身。第三个层次是,在黑格尔哲学中被理解为实体的那个上帝,实际上只是人的本质的异化。神学的本质是被排除在人之外的人的本质,而黑格尔的逻辑学的本质是超越的思维,是被看成在人之外的人的思维,因此黑格尔哲学的本质跟神学的本质是一回事。如果说神学的本质是把人的本质抽象出来放到一个上帝身上,并且使这种具有人的本质的上帝与人相对立的话,那么黑格尔的逻辑学就是把人的思维看成是外在于人的思维,与人无关的思维,因而是超越的思维或超越了人的生活的思维。第四个层次是,由于费尔巴哈认为思辨哲学尤其是黑格尔哲学的秘密是神学,所以思辨哲学必定最后会把一种脱离时间的绝对形式当作自己哲学的最终结果。尽管费尔巴哈反对黑格尔哲学中所内在包含的时间原则,但费尔巴哈并不反对具体的经验时间,因为具体的经验时间和具体的经验空间一样,是感性之物存在的条件。黑格尔的思辨哲学之所以在这里受到批判,一方面是因为思辨哲学以时间为原则进行演绎,进行论证和环节的展开,另一方面是因为思辨哲学发展的结果是一个试图超越具体的经验时间的绝对者，也就是上帝本身。

从上面的讨论中，我们可以看出，费尔巴哈对于唯物主义原则的建立，基本上都在对于黑格尔的批判的基础之上。费尔巴哈之所以批判黑格尔，根本的原因在于费尔巴哈不同意黑格尔哲学中的基本原则，也即时间原则。在费尔巴哈看来，正是由于黑格尔只重视时间的原则而没有重视空间的原则，所以黑格尔才在他的哲学中体现出这样两种严重的缺陷：

第一种缺陷，就是把空间理解成一个具有局限性的空间。总的来说，黑格尔在空间上的理解是有局限性的理解，从而把空间理解为一个有局限性的空间。具体的表现有两个方面：第一个表现就是，黑格尔哲学局限于自身，因此没有把他的哲学理解成对于能够使人成为类的那种真理的表达，而仅仅把他自身理解为真理。所以在这里，唯心主义尤其是绝对唯心主义的一个重要的局限性就体现为没有对类予以足够的关注。真理仅仅被理解为在黑格尔体系之内的那个被表达出来的对象，而没有被理解为所有人都认可，从而使"你"和"我"也即每一个人都能够被联系起来的类。第二个表现是，由于黑格尔没有使每一个人被联合起来成为一个类作为他的哲学的基本事业，所以黑格尔的哲学局限于主观性，而无视感性对象的客观性，也即没有看到，在自己的哲学的对方还有一个自然，而这个自然正好就是对所有人都有效的那个东西。

第二种缺陷是，由于黑格尔在他的哲学中以时间作为原则，并且以时间原则意义上的普遍性作为真理的标准，所以黑格尔的哲学就造成了空间的分裂。这种空间的分裂就体现为他将超越的思维视为独立于人的思维。人的思维本来是人本身的思维，但是人本身的思维却被置于人之外并被视为与感性的人无关，因而成了一种没有对象也没有来历的纯思维。

总而言之，黑格尔哲学过于注重了时间的原则而忽视了空间的原则，从而导致了空间在黑格尔的哲学中成为有局限性的断裂的空间。

与此相应，费尔巴哈试图修正黑格尔的哲学，并试图建立一种新哲学，这种新哲学，被恩格斯理解为费尔巴哈的唯物主义。这种哲学的要点如下：

第一个要点是，人与人之间具有统一性。新哲学的立足点在于空间的重新建立，而这种空间的重新建立主要指的是人与人的统一性的建立。人与人的统一形成类。类或人与人的统一是费尔巴哈人本学的根本要旨。

第二个要点是，人与人的统一的前提是人自身具有统一性。具有统一性的人就是具有人的本质的人。而这种人的本质应该是一方面具有感性能力，另一方面又具有理性能力。在《基督教的本质》中费尔巴哈也从意志、理性和爱三个方面理解人的本质。具有这样的本质或这样的统一性的人才能够被统一在一起。

第三个要点是，感性世界具有优先性。具有统一性的人之能够被统一在一起的现实前提，其前提正在于感性世界的优先性。事实上，对于费尔巴哈来说，正是由于感性世界是对于所有个体而言都具有真实性的东西，因而它不仅是人与人能够统一在一起的现实前提，甚至也是个体具有内在的统一性的前提。

第四个要点是，思维不再是一种由感性世界所产生出来因而在时间上居后的东西，而是和感性世界相并列的、对于感性世界的表达，只是在空间的位置中它是第二性的而非第一性的。

这样我们就得到了费尔巴哈的唯物主义的来历。

我们再来看在前述恩格斯对费尔巴哈的评论中所体现的关于唯物主义的观念。对于恩格斯来说，一种可被称为唯物主义的思想，内在地包含三个问题。第一个问题是思维与身体的关系问题。唯物主义的立场是将意识和思维视为人脑的产物。第二个问题就是在于思维和物质世界的关系问题。物质世界（对于恩格斯来说主要是工业）对于思维产生根本性的推动力量。第三个问题是人类对物质世界的思维与思维的其他形式之间的关系。我们有很多思维的形式，但是我们对物质世界的思维，比如自然科学，相对于其他形式，比如哲学，是具有优先性的。因此即便像费尔巴哈这样的杰出思想家，也会由于不关注自然科学的进展而在哲学上陷入形而上学。

如果我们仔细考察一下恩格斯关于费尔巴哈的唯物主义的评论的话就会发现，他实际上是以一种持有特定的立场的唯物主义来看待另外一种持有特定立场的唯物主义。在以上恩格斯对于唯物主义的理解中所体现的三个层次即思维和身体的关系、思维和物质世界的关系、自然科学和其他思维形式之间的关系，似乎都是合理的，但在这里恩格斯的讨论事实上以唯物主义的形式重新引入了费尔巴哈所批判的原则即时间原则，具体说来，是经验时间原则。

在以经验时间作为原则的基础上，恩格斯对唯心主义进行了批判。这一批判也包含两个层次：第一个层次是，他指责唯心主义，尤其是黑格尔的绝对唯心主义，颠倒了生成的时间次序。在恩格斯看来，唯心主义把精神看作自然的本原，而他认为唯物主义则正好相反，将自然界看作精神的本原，把存在看作思维的本原。不过,在论及自然界的规律以及人类社会的规律时,恩格斯似乎又将这些规律理解为超时间的规律。这样,恩格斯就一方面以经验时间为原则,但另一方面又试图越出经验时间之外达到超时间的规律层面。这样恩格斯似乎就显然到一种矛盾状态:一方面,不具有经验时间的维度的静态之物只是一种抽象物,因而并不具有真理性,另一方面,仅仅停留于这种经验时间内的东西也是不具有真理性的,这样真理性的东西就必须既与经验时间有关同时又超出经验时间。恩格斯对唯心主义的批判的第二个层次是,唯心主义尤其是黑格尔的绝对唯心主义忽视感性时间。黑格尔哲学中虽然以时间为自身原则,但这种时间却是黑格尔哲学自己的时间,而不是感性时间。而恩格斯要强调的是感性时间原则:一方面要把所有的存在之物理解为感性时间内的存在之物,另一方面又要从这种经验时间之内的存在之物抽绎出他们的具有永恒性和普遍性的运动规律。

这样,恩格斯所理解的唯物主义立场中最重要的是这样两点:第一,物质世界在时间意义上的本原方面具有在先性。这个在先性指的是就时间上的生成而言的在先性,而不是像费尔巴哈所讲的在空间上与表达并列的表达对象的相对于前者的在先性;第二,恩格斯强调的是物质世界在变动中的统一性,而在恩格斯看来,这种变动中的统一性就是世界的辩证本性,而要对这一问题展开讨论,最有效的工具非黑格尔的辩证法莫属。

总而言之,恩格斯对费尔巴哈的批判,似乎就是基于经验时间的原则建立起来的唯物主义对于以空间为原则建立起来的唯物主义的批判。果真如此的话,那么恩格斯所表达的这种唯物主义就只是黑格尔哲学的否定的一面,而不是对黑格尔哲学的本身的否定,因为它依然是利用黑格尔哲学内在包含的一个原则即时间作为自己的原则来展开的唯物主义。

七、恩格斯论费尔巴哈的实践哲学

《路德维希·费尔巴哈和德国古典哲学的终结》第三节的主要内容是对费尔巴哈的实践哲学展开批判。费尔巴哈的实践哲学主要体现在宗教哲学和道德哲学中,所以恩格斯的批判主要就分为两部分。第一部分是对费尔巴哈的宗教哲学进行批判,第二部分是对费尔巴哈的道德哲学进行批判。

恩格斯对费尔巴哈的宗教哲学的批判,主要是从以下几点展开的。首先，恩格斯批评费尔巴哈对宗教的理解，即把宗教理解为人与人之间的感情的关系、心灵的关系。进一步，恩格斯认为，这种人与人之间的感情的关系、心灵的关系主要指的是两性之间的关系。接下去恩格斯谈到，费尔巴哈的唯心主义主要就体现在，他不是从这些关系的本来的面目来看待它们，而是只能以宗教为中介即只有在宗教的视野中被神圣化之后才获得自己完整的意义。最后，恩格斯批评费尔巴哈以宗教为视角来理解人类历史的发展。恩格斯批评费尔巴哈忽视了一个问题，那就是，并不是宗教决定了人类的历史发展进程，而是恰好相反。在现代社会即现代资本主义社会中，人同其他人交往时表现出来纯粹的人类感情的可能性已被我们不得不生活于其中的以阶级对立和阶级统治为基础的社会破坏得差不多了。这样，费尔巴哈的这个所谓宗教的视角在现实生活中实际上是一个抽象的、虚幻的视角。

恩格斯对费尔巴哈的道德哲学的批评主要表现在下面几个方面。首先，恩格斯批判费尔巴哈所看到的人与人之间的关系只是道德关系，这就是说，宗教关系中的抽象的人和人的关系如果能够具体化的话，那么这种具体化只体现为道德关系。进一步说，费尔巴哈视野中的道德关系对于人类历史来讲，是一种抽象的、没有任何力量的关系。事实上，这种关系主要体现为爱，而忽视了恶在历史发展中的动力。另外，费尔巴哈在道德哲学中引入的核心概念是幸福，幸福是我们自爱和爱人的依据和目标。而以追求幸福的欲望作为衡量道德法则是否能够成立的标准，这恩格斯所无法接受的。因为在恩格斯看来，这最终将会还原为一种绝对的自利主义。还有，恩格斯批评费尔巴哈，如果我们承认彼此追求幸福的平等权利，那么在费尔巴哈那里，这种平等权利也是抽象的，是忽视了现实的社会历史生活的一种抽象的产物。最后，费尔巴哈的道德哲学最终只是为证券交易所的道德进行辩护，因此费尔巴哈的道德是完全适合于现代资本主义社会的。

在恩格斯看来，费尔巴哈的实践哲学的根本问题就在于预设了抽象的人，把抽象的人视为全部讨论的起点、立足点和最终的归宿，而忽视了现实的人及其历史发展。

现在让我们来考察一下恩格斯的这一批判。

在恩格斯的批判中，所谓抽象的人的问题是一个核心问题。但有趣的是，在《神圣家族》中，马克思对费尔巴哈的评论恰好与这里恩格斯的评论是截然相反的，马克思不仅没有批判费尔巴哈的起点是抽象的人，而恰好相反，认为费尔巴哈的起点正好就是与青年黑格尔派，尤其是布鲁诺·鲍威尔的哲学的起点即抽象的人相对立的现实的人。并且马克思非常有意思地把他所理解的作为费尔巴哈起点的那个现实的人和自己对于人和人之间的物质关系问题以及无产阶级问题的思考联系在一起。这一事实表明,费尔巴哈与"抽象的人"这一问题的关系恐怕并不那么简单。

事实上,在费尔巴哈哲学中,"人"无疑是最重要的概念之一。在费尔巴哈那里,他的哲学的基本方法就是首先把人作为基点,从这个基点上来看所有的自然事物或者自然本身,其次再以自然为支点把所有的超自然的事物还原为人,这是费尔巴哈的哲学的方法。

关于人,费尔巴哈说:"人这个名称的意义一般只是指带有他的需要、感觉、心思的人,只是作为个人的人,异于他的精神,一般地说异于他的一般社会性质,例如异于艺术家、思想家、著作家、法官,似乎人所特具的基本特性并不在于他是思想家、艺术家、法官等等,似乎艺术界、科学界各界的人是在他之外的,而思辨哲学在理论上确定了这种主要特征和人的分离,从而完全将抽象的性质神圣化为独立的实体。"①就费尔巴哈的理论意图来说,他并不是想把"人"做成一个抽象概念,他也并不是想把"人"当成一种只具有抽象性质的主体。"人"这个概念在费尔巴哈的哲学中主要是为了和思辨哲学相对抗。在费尔巴哈看来,思辨哲学的基石才是抽象的人,因为它把人理解为一种和肉体的人相区分的进行思维的人,所以这种人在费尔巴哈看来是一种片面的人,从而也就是抽象的人。费尔巴哈说:"如果将新哲学的名称、人这个名称翻译成自我意识,那就是以旧哲学的意识翻译成新哲学,将它又推回到旧的观点上去,因为旧哲学的自我意识是与人分离的,乃是一种无实在性的抽象。"②这就是说,费尔巴哈拒绝把人和他的实在性相区分,而这种实在性就意味着在空间和时间中的存在性。费尔巴哈所了解的人,它的基本特征是感性的人或人的感性,这种感性是人的全部的感官所能够接受的对象的总和。就他的全部哲学的出发点来说,就他为了将自己的哲学和旧哲学即思辨哲学相对立而建立一种新哲学也就是人本学来讲,费尔巴哈试图从一种全新的、完全不同于思辨哲学的意义上来理解人的含义。

在费尔巴哈看来,黑格尔哲学最大的问题就在于对于空间的忽视,费尔巴哈对于黑格尔哲学的批评,全部的立足点就在于此。所以我们要理解费尔

---

① 《费尔巴哈哲学著作选集》上卷,荣震华、王太庆、刘磊译,第117页。
② 同上。

巴哈的所谓现实的人恐怕也不能够离开这一点。

正是因为在费尔巴哈那里人应该是现实的人和具有空间性的人，所以这样的人：第一，他不能将自己和自己的对象割裂开来；第二，他不能把自己和他人割裂开来；第三，他也不能把自己的当下和自己在时间中的变动割裂开来。这三点都是针对黑格尔的思辨哲学的。在费尔巴哈看来，黑格尔哲学中的根本问题之一就在于把思维和思维的对象割裂开来。如果说黑格尔所讨论的绝对精神只是他自己的思维的产物的话，那么这样一种绝对精神跟他所要表达的感性世界之间就被划了一条鸿沟。而在费尔巴哈看来，如果这样的一条鸿沟能够成立的话，那么在黑格尔哲学中所宣称的那种真理的绝对性实际上就没有办法实现。此外，在黑格尔哲学中作为人的个体和作为他人的个体之间也存在着一条鸿沟。比如，从费尔巴哈的立场来看，黑格尔哲学关于这个世界和关于人的讨论并不和其他的人共享同一理解基础，也无法提供在我与你之间共同被接受从而成为人们彼此之间相互联系的纽带的东西，因此在黑格尔哲学中实际上是没有真正"类"的概念的位置的。最后，在黑格尔哲学中，由于黑格尔的辩证法不断强调后面的环节对前面环节的扬弃，所以在黑格尔的辩证法中人的思维的当下性和他的在时间中的另外一种面目是异质的。只有前面的环节被扬弃了才能够引出后面的环节。所以在费尔巴哈的视野中，黑格尔哲学是一种对于空间完全漠视，从而没有能够真正实现其所追求的绝对性的哲学。

与此相反，费尔巴哈的哲学要求以人作为思考的起点和立足点，并且把人作为全部问题的归宿，因此"人"就应当摆脱思辨哲学所施加的这种人的概念的缺陷。在费尔巴哈人本学中，"人"的概念有三个维度。第一个维度是空间性。人应当同自己的对象统一，而不应当与自己的对象分裂，这就是说，空间不应当仅仅局限于个人之中，而应当扩展到对象之中。第二个维度是统一性。人的空间也不应当仅仅局限于作为自我的，或者说具有自我意识的个人的范围中，而应当走出个人，和他人形成一个统一体，展现人和人之间的普遍性，就是所谓"类"；第三个维度是同质性。人不应当由于时间的变化而否定自己的本质。

第一个维度即空间性是费尔巴哈人本学中的"人"的概念的最重要的维度。

费尔巴哈也经常提到时间，在他的著作中，时间和空间往往是被同时提及的。在费尔巴哈那里，不在时间中的人就不是现实的人，不在时间中实际地存在的对象就不是真实的对象。这些表述当然可以理解为费尔巴哈更多地是在一种"唯物主义"的立场上来讨论人,但事实上真正的问题在于,费尔巴哈在这里所讨论的时间是无法与空间相并列的。更进一步说,在费尔巴哈那里,时间实际上是空间化的时间。这体现在费尔巴哈对于时间的当下性的强调:如果从时间的本质来看,实际上只有时间的当下性才最具直接意义,而这种直接意义就在于它实际上就是将人的整体性体现在当下性之中。这样一种理解实际上就是把时间理解为一种空间化的时间,或者说时间的空间化的本质才是时间最重要的本质。因此,要理解费尔巴哈的"人"的概念,根本上说应该从空间的视角来理解它。

恩格斯在这里给我们提供的对费尔巴哈的理解显然是抽象的。在这里,恩格斯并没有具体讨论费尔巴哈所谓的"人"究竟是怎样的人,也没有讨论费尔巴哈在什么情况下,在什么语境中提出了这样的"人"的概念。如果恩格斯的唯物主义实际上本身就建立于经验时间原则基础上的话,那么这一思想也基本上是像费尔巴哈所批评的那样,是没有空间的维度的。所以,在恩格斯对费尔巴哈进行批评的同时,如果从费尔巴哈的角度来看,似乎也可以对恩格斯作出反批评。

在费尔巴哈哲学中,人的空间化或具有空间性的人有多种具体内涵。如果说费尔巴哈想在现实的而非抽象的维度来讨论人,那么费尔巴哈就是对人的空间化进行具体的讨论。费尔巴哈的讨论有三个方面,这三个方面是彼此关联的。第一个方面就是,人的本质就是人的表现。这是费尔巴哈所理解的人的空间性的第一个维度。所谓本质即其表现,其含义有三:第一,如果人有本质,那么他的本质就不应仅仅是一种潜在的、隐藏在现象背后的抽象之物,它必定能够表达自身;第二,这种表达要在空间中展开;第三,在空间中被表现出来的本质,是以感性的方式展现自身的。

本质要被表达出来,这就意味着我们实际上没有任何理由把本质理解为一种神秘的、个体化的、没有任何道路可以通达的抽象之物。这一点和柏拉图相对立。在柏拉图那里本质即理念和个体之物之间的关系是神秘的,理念与现实的个别之物和经验之物之间的对应关系可被理解为分有和摹写的关系,但这种分有的关系或摹写的关系是如何实现的却是神秘的。我们当然可以通过现实之物达到理念世界,但这件事在一般人那里是做不到的,只有哲学家才能达到理念。而在费尔巴哈那里,本质不是这种理念,它不是只有哲学家才能达到的,不是那种需要完全异于常人的智慧才能够为我们展示出来的,因为本质是自我表达的。本质的自我表达有这样几层含义。第一,这种本质不需要有任何思辨哲学作为前提,甚至不需要一般的哲学作为前提。哲学之为哲学在费尔巴哈看来主要是一种形而上学,而这种形而上学作为对一种最普遍的本质的表达,实际上在新哲学那里是非法的。他之所以把自己的哲学称为新哲学是因为他不仅要把思辨哲学即由谢林和黑格尔所代表的思辨哲学推翻,而且要把全部的形而上学都推翻。在费尔巴哈看来,全部的形而上学或全部的旧哲学都是没有根基的哲学,都是没有把本质理解为它的表现和表达的哲学。当然这个批评并不是说全部的旧哲学都没有在讨论费尔巴哈所讨论的本质的问题,而是说,全部旧哲学都没有能够使本质具有现实性,从而没有能够使本质获得其真理性。第二,更为极端地说,费尔巴哈的立场不仅消灭了旧哲学,而且消灭了全部哲学。费尔巴哈说:"我的第一个愿望是使哲学成为全人类的事,但谁若一旦走上这条道路谁就必然会得出这样的结论,哲学应该把人看作自己的事情而哲学本身却应该被放弃。因为只有当它不再是哲学时,它才是全人类的事。"①也就是说,不仅是旧哲学,而且哲学本身都应当被抛弃。因为如果本质即其表现,那么就不需要有哲学家来代替人类从事思考的工作,从事探讨所谓世界的本质的工作。人们会问,如果费尔巴哈要否定全部哲学,那么他又为什么要把自己的哲学称之为一种新哲学,而不是干脆不把自己的哲学称作哲学呢? 事实上,费尔巴哈一方面的确不希望把自己的哲学叫作哲学,他希望把自己的哲学叫作人本学,但另一方面,他又勉强地把自己的哲学称为哲学,因为他认为真正的哲学不是创作书,而是创作人,也就是说,在费尔巴哈那里,他的新哲学也仍然只有一种过渡的性质,他的书固然揭示了所谓的本质,但这种揭示实际上是没有意义的,因为本质就是它的表现,就是它自身的表达,我们最重要的工作不是为人类指出本质是什么和在哪里,而是要使得人能够成为一个类,通过类的方式来直接把握人类的真理和世界的本质。如果本质就是它的自我表达、自我表现,那么所有的哲学和哲学家最终都是没有作用的——如果还有一点作用的话,就是使得人能够认识到哲学家是没有意义的,使得人们认识到哲学之路是每一个人都可以走上的道路。

本质即其表现的第二个含义是,本质应当在一个空间中表达出来。本质要把自己表现出来这个观点是黑格尔也赞成的,但关于这种表现的方式,费

---

① 《费尔巴哈哲学著作选集》上卷,荣震华、王太庆、刘磊译,第250页。

尔巴哈与黑格尔有着根本的不同。在费尔巴哈那里,本质即其表现就意味着本质必须在一个空间的领域中表现出来,而不能以流变的意识的方式表现出来。这种空间是具有经验空间性质的空间。经验空间的本质是共时性,以及在共时性基础上的并列性。物和物之间的并列关系有可能是前后关系、左右关系或上下关系,总之是一种抽去了时间维度的没有变化的空间关系。这样一种空间的维度对于本质的自我表达的内在意义就在于,空间中的对于本质的展现能够使本质的全体得到表达,而不是部分得到表达,进一步说,是使全体一下子表达出来,而不是一点一点地在一个时间性的维度上被表达出来。在费尔巴哈看来,在旧哲学中尤其在黑格尔的思辨哲学中本质或真理不能直接表达自己的根本原因就在于,旧哲学没有能够找到本质之所以能够完全地表达自己的方式和条件。旧哲学过于关注时间,从而使得对象的本质不能够成其为自身,也不能够作为总体表达出来。不能够作为总体表达自身的那个本质总是宣称自己是本质,但实际上它只是本质的个体化或片面化,因而它根本就不是本质。另外,由于旧哲学总是试图在时间的维度中表达本质,所以本质往往被理解为一种静态的东西,或一种在当前的状态之前已经形成的本质,它在一种时间性的维度中不断地、一点一点地把自己表现出来。当然这个问题在黑格尔哲学中试图被克服,但最终却没有被克服,因为黑格尔只不过是把这种永恒的、超时间的绝对精神的本质放在了全部哲学体系的最后而不是开始而已,这和柏拉图把永恒的真理也就是理念放在时间之外是一回事。那么我们到底是在时间性维度上来讨论本质问题,还是在时间性维度之外来讨论本质问题,这就成了旧哲学的两难。在费尔巴哈看来,解决这个问题的唯一途径,就在于从空间的维度而不是时间的维度来理解本质即其表现。

　　本质即其表现的第三个方面是,本质是通过感性的方式来表现自身的。说到这种感性的方式,人们自然马上就会想起马克思在《关于费尔巴哈的提纲》的第一条中对费尔巴哈的批评,也即费尔巴哈在直观的形式下来看待对象,而没有从感性的活动和实践方面去理解对象。马克思的批评无疑是有道理的。但问题是,费尔巴哈哲学的基石是"人",而不是感性。在他那里,感性是为了说明本质尤其是人的本质的表现方式的一个概念。本质如果就是其表现,并且本质又只能够在空间中对自身有所表现,而这种空间实际上具体来说是感性的空间的话,那么这就意味着,感性之物或感性的空间固然可以被理解为感官所能够把握的对象的总和,但更应被理解为感官所能够把握的对象的本质的表现的总和。就是说,感性之物不是与偶然性有关的,恰好相反,感性之物和本质之物有内在关联,因为感性之物所把握的正好就是本质的空间表现。这个感性之物如何能够成为能够被把握到的本质的空间表现的总和?这就是费尔巴哈要回到的地方,也就是所谓人。在费尔巴哈看来,感性的东西,即人通过感官所能够把握到的全部对象,恰好就是在空间维度上所展开的人的本质的自我表达。在费尔巴哈那里,空间之所以能够表达本质,或空间之所以能够成为真理的表达的总体性,正在于人的本质也是和空间联系在一起的,换句话说,具有空间性的本质的人以空间的方式把握其自身。

理解了费尔巴哈思想中的人的空间性的含义之后,我们就可以进入到他关于人的本质问题的讨论了。在《基督教的本质》中,费尔巴哈说:"理性、爱、意志力这就是完善性,这就是最高的力,这就是作为人的绝对的本质,这就是人生存的目的。"①我们似乎就此可以得出结论,费尔巴哈把人的本质归结为三个方面即理性、意志、爱,理性和思维相对应,意志和道德相对应,爱和心相对应。但如果进一步阅读费尔巴哈的著作,会发现问题并非如此简单。事实上,费尔巴哈之所以把人的本质规定为理性、意志和爱,正是因为在宗教的领域中人的本质被表现为这三个方面。这种表现体现为一种空间,尽管这种空间并不是人的生命的本质的意义上的那种空间,但这个空间仍然是感性的。这里的感性对象不是指与人的感官相联系的对象,而是指人能够为自己创造出来并以人格化的方式来讨论的感性空间,这就是上帝。人可以讨论它的存在、肉身、三位一体,人虽然不能直接看到它,但却能够以看到它的那种方式来讨论它,虽然不能触摸到它,但却能够以能够触摸到它的那种方式来讨论它,总之,虽然上帝不是人的感官能够感受到的对象,但人却能够以感性的方式来讨论它,这就为人构造出一个"空间"。上帝被称之为全知全能的,上帝被当作一个充满着智慧的,因而是具有理性的;充满了道德感和执行力,因而具有意志的;充满了对于人类的怜悯和爱的,因而具有心力。这样的一个上帝就是人用感性的方式来把握的上帝,是人用一种完备性的方式来把握的上帝,是人用创造性的方式来展开的空间。在这个领域中,人的本质被对象化,但是这个对象化,并不是指把人自身的本质对象化。虽然我们可以把上帝称之为是全知全能的,具有智慧、意志力、爱的对象,但是上帝本身并没有作为一种感性的、具有思维力、意志力和心的对象直接地向人表现。恰好相反,它

---

① 费尔巴哈:《基督教的本质》,荣震华译,商务印书馆,1984年,第31页。

是被人构造出来的,是在人构造它的过程中才被如此这般谈论的对象。所以上帝所拥有的这三种能力本身并不是人的本质的直接地体现,换句话说,人不能够直接在上帝身上指认我们的人的本质,而是相反,人在构建起人的宗教空间、在构建起人的上帝的形象的时候,人叙说它的方式、建构起这个空间的方式所展现出的人的三种能力。但是人认为自己所把握到的这三种能力不是自己的,而是上帝的。所以一方面,上帝或者说基督教是应当被赞扬的,因为它直接地表达了人的本质,而表达了人的本质并不是说把人的本质直接以对象的方式放在上帝身上,因为这个空间本身是被人建构出来的;另一方面,上帝这个对象所体现出来的全知全能,是以一种整体性的、不能够被分割的、不能够被明确指称的方式被给予的,所以我们无法在对于上帝的对象的讨论中分别指出我们的人的本质居于人的内心的什么地方,但是我们能够做到的是对我们建构起这个宗教领域的方式进行反思和考察,正是在对这样的一种方式的考察中,人的本质显现出来了。这样,人也就没有固定不变的本质。人的本质之所以能够被谈论,恰好是因为它在作为上帝而被建构的空间中表现出来了。而我们能够通过这个被建构起来的空间和空间被建构起来的过程来反思人的本质。

接下来讨论费尔巴哈人本学的"人"的概念的第二个方面:人的统一性。

如果说在费尔巴哈的人本学中空间实际上承担了使本质得以表现的功能,那么这样的一种表现要达到的根本目标就是统一性。这体现为两个层面。

第一个层面就是人自身的统一性。人自身的统一性这个问题和前文讨论的感性问题是联系在一起的。在费尔巴哈看来,黑格尔哲学,尤其是他的自然哲学和逻辑学,把人自身割裂开来,也即把人的思维和思维对象相割裂。而费尔巴哈就试图把被割裂的人还原为统一的人,他说:"把人分割为身体和灵魂,感性和非感性的本质,只不过是一种理论上的分割;在实践中,在生活中,我们否定这种分裂。"[①]理论上的分割就是指旧哲学的分割,而费尔巴哈强调的是实践和生活。当然这种实践和马克思所理解的实践不一样:在费尔巴哈的讨论中,实践就意味着生活,生活就是实践。实践在费尔巴哈那里就意味着以感性的方式展现人的本质。"实践"一词在费尔巴哈哲学中非常重要,因为把本质表现出来的那个空间正是在实践中被创造出来的。所以实践和感性联系在一起,同时又和空间联系在一起。费尔巴哈说:"把我们在实践中

---

① 《费尔巴哈哲学著作选集》上卷,荣震华、李金山等译,商务印书馆,1984年,第209页。

宣布为本质的东西,在理论中又仅仅当成现象,把在生活中对我们同一的本质,分解成两个异种的本质,这不是明显的矛盾吗?本质属于和现象截然不同的类是可能的吗?"①也就是说,人的统一性来自由实践所带来的统一性。他举了一个例子:"当我们拥抱一个心爱的人的时候,我们确信,我们拥抱着的不是它的器官或现象,而是它的本质自身,从而我们确信手具有先验的意义,手在实践的领域中,比之我们把本质,自在之物只推到宗教信仰或形而上学的概念上去的理论与抽象的领域中,达到的更远。"②我们不会把在生活中所遇到的各个对象理解为支离破碎的分裂的对象,而会把它们理解为统一的对象。因为实践通过感性的方式而进行的空间的开启这样一种活动,所开启的是一个具有完备性的空间。这一空间把这样一个过程中所展现出来的所有的本质性的力量都容纳在一起。

人的统一性还有第二个方面,就是人和他人的统一性。如果说人本身的统一性主要强调的是感性,那么人和他人的统一性强调的就是"爱"。关于"爱"的问题,费尔巴哈说:"真理所以能展现在我们面前,并非由于囿于自身的自我,而是由于别人给予我们的启发。别人的爱告诉你,你是什么;只有在爱者的手上、眼里才有被爱者的真正的本质。谁要认识人,谁就必须爱他。"③在这里费尔巴哈说了两层意思。第一层意思是,之所以爱是一个重要的概念甚至是一个核心的概念,并不是因为爱具有先验的力量,而是因为爱实际上是一个空间的开启过程,具体说来,就是一个把他人和自己的统一性的空间开启出来的过程。在这样一个统一性的空间的开启过程中,人的本质才能够展现出来。所以谁要去认识人就必须爱他,人的本质只有在爱开启的这个空间中才能够显现和展示出来。这是站在把作为类的人当作对象的立场上来看的。如果进入到人类的生活,审视作为个体的人和人的关系,爱也是第一位的,因为只有拥有爱人才能够了解人之为人的本质;只有去爱别人才能够了解他人的本质,而他人的本质实际上就是我们自己的本质。因为本质不是个体性,而是作为类、作为普遍性而存在的。所以在费尔巴哈那里,爱不是被作为一个形而上学概念或抽象原则而提出的,它是和本质和真理的显现和呈现相关的概念。费尔巴哈说:"只有爱给你解开不死之谜。"④这里不是单纯地

---

① 《费尔巴哈哲学著作选集》上卷,荣震华、李金山等译,商务印书馆,1984年,第210页。
② 同上书,第209页。
③ 同上书,第231页。
④ 同上书,第233页。

歌颂男女之间的爱,而是指以对待自己的方式去对待他人,把他人理解为自己,同时也就开启一个理解自身的,使自己的本质能够被开启的感性空间。爱是和真实的本质而不是臆造的本质联系在一起的:如果说臆造的本质是柏拉图意义上的本质的话,那么其基本特点就是它无法表现出来,而真实的本质在费尔巴哈看来则必须表现出来。这样的本质就是爱的对象,它就是能够通过像认识自己一样认识别人,像对待自己一样对待别人的方式来开启的人和人之间的空间。这样一种新的空间的开启是使得我们真实的本质能够被表现和显现出来的条件。也正是在这个意义上,费尔巴哈谈到了所谓爱的宗教。他说:"爱的宗教是怎样的一种心理,怎样的一种宗教呢?是这样的一种:它可以使人在爱中找到自己感情的满足,解开自己生命的谜,达到自己生命的终极目的,从而,在爱中获得那些基督徒在爱之外的信仰中所寻求的东西。"①如果我们能够以一种宗教的方式来看待爱,那么这种爱是什么呢?用宗教的方式看待爱,是否意味着只有借助于宗教才能够对人和人之间彼此之间的关系如性爱、友谊、同情、舍己精神等等来进行讨论呢?恰好相反。费尔巴哈在这里的努力,并不是试图把爱真的做成一种宗教,因为在费尔巴哈看来,宗教的本质固然是人本学,但它又是自己看成一个谜的人本学,因此宗教只是人类在童年时期对自己的本质的理解,也就是说宗教对于认识人的本质实际上是有阻碍作用的,所以费尔巴哈不可能把人和人的关系真的理解为宗教。但费尔巴哈之所以要在这里谈"爱的宗教",是因为在这里和宗教中一样,人也在爱中把自己的本质外化,但这种本质是可以收回的本质,而不是收不回来的本质。如果这样来看待爱的话,那么爱就是一种能解开生命之谜的活动。但我们就会问,这样的爱难道不是一种自利的爱吗?难道不是一种仅仅为了自己的幸福的目的而进行的活动吗?这种道德哲学难道不是为证券交易所中的人提供辩护的道德哲学吗?如果费尔巴哈有可能对这个问题进行回应的话,他或许会说:"你的第一个责任便是使自己幸福",费尔巴哈一点都不隐晦的,因为"你自己幸福,你也就能使别人幸福。幸福的人但愿在自己周围只能看到幸福的人。"②这是费尔巴哈对有可能指责他的道德哲学是利己主义的人们的反驳,也就是对潜在的恩格斯式的批评的反驳。固然爱首先是单方面的,首先满足自己的幸福,是从自己个人出发的爱。但是这种爱同时

---

① 《费尔巴哈哲学著作选集》上卷,荣震华、李金山等译,第242—243页。
② 同上书,第249页。

也会使别人幸福,因为他要找到自己的本质同时又把别人的本质和自己的本质看作同一个本质,所以他不可能在爱自己的同时不爱他人。这是费尔巴哈的第一个辩护。费尔巴哈的另一个辩护是说:"你若干脆否决利己主义即自爱,你就应该贯彻始终,把对别人的爱也否决掉。爱便是希望别人幸福,使别人幸福,从而也就是承认别人的利己主义就是合法的东西。那么为什么你想要在自己身上否定那你在别人身上所承认的东西呢?"①就是说,我们承认别人幸福就是承认别人的利己主义是合法的,而如果认为别人的利己主义是合法的,那么为自己的幸福和自己的利益去活动的利己主义就并非错误的。总之在费尔巴哈看来,幸福当然是和追求和需要相关的,是和自己的需要和追求即利己主义相关的,但是这种特殊的需要或者说利己主义的需要和人的本质相关。也就是说,特殊的需要和追求如果能被理解为一种利己主义的话,那么它最多只能说出发点是利己主义的,这个出发点不是归宿,而是起点。我们在讨论的起点上是从个人出发的,但是我们从个人出发并不是从非人的属性出发,而是从属人的属性出发,而属人的属性就是类。所以我们是从类出发,是着眼于类,只不过是从个体开始讨论的而已。如果要给费尔巴哈所讲的幸福、自利主义、利己主义寻找一个目标,那么它的目标就是建立新哲学。正是为了建立新哲学,具体说,正是为了使新哲学本身建立在空间性的原则之上,因此就需要有人和人之间的统一性,而人和人之间的统一性是需要爱作为实践的原则的,而爱的起点就是幸福,就是利己主义的自利,但这种自利只不过是起点上的要求,费尔巴哈的着眼点在于,如果没有人和人的统一性,没有由爱建立的有机空间,那么人的本质是不可能真正被建立和显现出来的。

费尔巴哈人本学的人的概念的第三个维度,就是人与对象的同质性。

人与对象的同质性又可以分成两层意思。第一层意思就是个体和它的类之间的同质性。如果把本质或者说作为普遍性的类视为为对象,那么个体和类就具有同质性。费尔巴哈说:"人本身,既是'我',又是'你',他能够将自己假设成别人,这正是因为他不仅把自己的个体性当作对象,而且也把自己的类、自己的本质当作对象。"②这就是说,个体的人既是我,但又不仅仅是我,因为在个体之为个体性的前提中我们看到的是类,类能够直接地成为人的对

---

① 《费尔巴哈哲学著作选集》上卷,荣震华、李金山等译,第249—250页。
② 同上书,第30页。

象正是因为人和作为类的对象是同质的,个体和作为类的对象是同质的。同质的意思就是能够直接同一,因此这是一个空间性的概念。人和对象的同质性的第二个方面是对象性。对象性简单来说就是表达自身的本质的主体必有一个对象。所以这是一个和本质的表达和显现相关联的概念。费尔巴哈说:"没有了对象,人就成了无。"① 这就是说,如果没有对象,人的本质就不能够展现。对象之所以和本质联系在一起,是因为本质之展现自身必定要有一个空间,而需要在空间中表达自身的本质就必定为自己设定一个对象。但这里还有另一层意思,就是如果对象和主体不同质,那么人在实践中所建构的这个空间就没有办法成为本质的表现。费尔巴哈的对象性原则一方面是为了他的空间的原则做论证而提出的,引出对象性原则是因为对象性这个原则可以说明对象和主体的同质性,而只有这种同质性才能够说明空间为什么是能够和本质联系在一起的。

按照这样的分析,可以看到,如果要批评费尔巴哈的人本学,我们事实上不能用抽象的方式批评费尔巴哈,而应该具体地去分析和批评费尔巴哈的"人"的概念。事实上,在费尔巴哈人本学关于人的讨论中,有两个重要缺陷,第一个缺陷就是对主体和客体的分裂的预设,第二个就是缺乏对于感性空间建构力量来源的讨论。而马克思主义的新唯物主义将克服这两个缺陷。

八、唯物主义何以可能"辩证法化"?

在《路德维希·费尔巴哈和德国古典哲学的终结》的第四节中,恩格斯的一个主要任务是概述新唯物主义的基本内容。主要包括对唯物主义辩证法、辩证的自然观和唯物主义的历史观的基本观点的阐述。只要对"传统马克思主义"的哲学体系有所了解的人,都不会对恩格斯所阐述的这些观点感到陌生。

事实上,人们也经常会将对于曾流行于一个特定时期的马克思主义哲学教科书体系(一种"教科书"化了的哲学,自然是缺少真正的批判内容的,因而几乎无法不是教条主义的和僵化的)的不满投射到恩格斯在此对唯物主义的辩证法、自然观和历史观所做的阐述之上。但问题是,在恩格斯1886年概述

---

① 《费尔巴哈哲学著作选集》上卷,荣震华、李金山等译,第32页。

这些观点的时候,马克思主义根本不是任何意义上的国家意识形态,甚至恩格斯撰写《路德维希·费尔巴哈和德国古典哲学的终结》的初衷也与马克思主义在当时受到的攻击有关。而这就意味着,恩格斯在这里更多地是要为马克思主义的"科学性"进行辩护,而不是直接宣布真理。因此,如果我们希望避免以某种先入为主的方式与恩格斯进行对话,那么我们首先不应将恩格斯的相关讨论理解为一种"教条",而是将之理解为一种"思想",也即理解为一种对于某种"问题"进行的"回答",人们即便仍不能全然赞同恩格斯,至少也应以同情之理解的态度,看看恩格斯在这里所要解决的究竟是一个什么问题,以及他的解决方案中是否包含着一些深层次的思考。

在恩格斯看来,青年黑格尔派如施特劳斯、鲍威尔、施蒂纳和费尔巴哈等人的工作,都没有真正超越黑格尔,但是,"从黑格尔学派的解体过程中还产生了另一个派别,唯一的真正结出果实的派别。这个派别主要是同马克思的名字联系在一起的"①。这个评价,恐怕并不仅仅出自恩格斯在经历了和马克思长达40年的合作之后对这一合作的成果的珍视,而更是一位62岁的长者在经历了数十年沧桑风雨后所作的一个判断。恩格斯所理解的"真正结出果实"是什么意思呢?

我们首先来看恩格斯对青年黑格尔派这几位代表人物的总的评价:"施特劳斯、鲍威尔、施蒂纳、费尔巴哈,就他们没有离开哲学这块土地来说,都是黑格尔哲学的分支。"②按照这个判断,我们就能理解接下去恩格斯关于施特劳斯、鲍威尔和施蒂纳的评论。恩格斯说:"施特劳斯写了《耶稣传》和《教义学》以后,就只从事写作勒南式的哲学和教会史的美文学作品;鲍威尔只是在基督教起源史方面做了一些事情,虽然他在这里所做的也是重要的;施蒂纳甚至在巴枯宁把他同蒲鲁东混合起来并且把这个混合物命名为'无政府主义'以后,依然是一个怪物"③。表面上看,恩格斯的这些评论显得有些刻薄,因为这里所列举的只是施特劳斯等人全部工作的一部分。事实上人们无法否认,在1844年青年黑格尔派解体之后,这些思想家在哲学领域之外也做出了许多重要的工作。不过,这显然并不是恩格斯对于施特劳斯等人"盖棺论定"式的全面评价(尽管这几位青年黑格尔派思想家其时都已去世),而只是

---

① 《马克思恩格斯文集》第4卷,第296页。
② 同上。
③ 同上。

就他们的哲学方面的工作来讲的。这一点在恩格斯评论费尔巴哈时体现得更加清楚:他对费尔巴哈的评论最具体,正是因为后者在哲学上的成就最大。不过,恩格斯尽管称赞费尔巴哈是一位"杰出的哲学家"①,但同时也对费尔巴哈提出了四点批评:第一,费尔巴哈没有在哲学与科学之间建立起真正的联系;第二,费尔巴哈的唯物主义不彻底;第三,费尔巴哈未能批判地克服黑格尔,而只是将黑格尔简单地抛在一边;第四,费尔巴哈除了爱的宗教和道德学说之外,无法拿出积极的东西。在这四点中,最后一点是对费尔巴哈思想的总的评价,而前三个方面则是对这一评价的前提性说明。恩格斯之所以认为费尔巴哈最终并未拿出真正积极的东西,这是因为,在他看来,费尔巴哈没能注重实证科学的进展,没能将唯物主义原则贯彻到底,也没能吸收黑格尔思想中的积极的东西。

这样,我们反过来就能知道,恩格斯之所以认为只有马克思主义"真正结出果实",他的理由正是下面三点:马克思主义重视实证科学的现实进展,并将唯物主义原则贯彻到底,而且吸收了黑格尔哲学中有价值的因素。

首先,对于恩格斯来说,实证科学绝不和哲学绝缘,相反,科学对于哲学家来说也至为重要:哲学家不仅应将科学家们的研究成果运用到自己的思考中,并且应将科学所提供的材料作为自己的研究对象,甚至哲学本身就应当成为一门科学。因此哲学不能是一门"凌驾于一切专门科学之上并把它们包罗在内的科学的科学"②,更不是"不可逾越的屏障,不可侵犯的圣物"③。

其次,与恩格斯在《路德维希·费尔巴哈和德国古典哲学的终结》的第二节中曾要求以对于存在相较于思维或自然界相较于精神的"本原"性的肯定为标准来判断"唯物主义"的立场相比,恩格斯在这里更加具体地阐明,他所理解的唯物主义有两个标准。第一个标准是肯定性的:"在理解现实世界(自然界和历史)时按照它本身在每一个不以先入为主的唯心主义怪想来对待它的人面前所呈现的那样来理解"④;第二个标准是否定性的:"毫不怜惜地抛弃一切同事实(从事实本身的联系而不是从幻想的联系来把握的事实)不相符合的唯心主义怪想"⑤。如果说唯物主义是一种"世界观"的话,重要的不是

---

① 《马克思恩格斯文集》第4卷,第296页。
② 同上。
③ 同上。
④ 同上书,第297页。
⑤ 同上。

"知道"这种世界观,而是"真正严肃的态度""彻底地"将这种世界观运用到"所研究的一切知识领域"①。

最后,黑格尔哲学中的"有用的东西",自然就是黑格尔的辩证法。在恩格斯看来,黑格尔的辩证法尽管根本上说是一种概念的辩证法,但作为"辩证方法"来说,这是黑格尔哲学的革命方面,而这正是由于,黑格尔以"意识形态上的颠倒"②方式表达为"概念的自己运动"③的辩证过程,其实是现实世界的辩证运动也即"在自然界和历史中所显现出来的辩证的发展"④的在人的头脑中的"自觉反映"。因此,这种"用头立地"的唯心主义辩证法可以被"倒转过来"成为"重新用脚立地"⑤的唯物主义辩证法,并被进一步"运用于每一个研究领域"⑥。

综合上面三个方面,我们可以看到,恩格斯之所以将马克思主义视为黑格尔学派解体过程中唯一的"真正结出果实"的思想派别,其理由可概括为:马克思主义彻底地贯彻了唯物主义世界观,将唯物主义辩证法运用于所有与专门科学的进展结合在一起的研究之中。

接下去恩格斯概述了马克思主义思想的基本理论成果,这就是辩证的自然观和唯物主义的历史观。

关于辩证的自然观,恩格斯将其成果与自然科学所获得的巨大成就联系在一起。恩格斯认为,正是由于十九世纪的自然科学在诸多领域的突破,特别是"三大发现",使得马克思主义的自然观有可能突破形而上学的研究方法和思维方法:"认为事物是既成的东西的旧形而上学,是从那种把非生物和生物当作既成事物来研究的自然科学中产生的。而当这种研究已经进展到可以向前迈出决定性的一步,即可以过渡到系统地研究这些事物在自然界本身中所发生的变化的时候,在哲学领域内也就响起了旧形而上学的丧钟。"⑦所谓"系统地"研究自然界中事物的变化,也就是建立起自然界各种运动形式间的总的联系。如果说这一任务过去由各种形式的"自然哲学"所承担,而其基本方式是通过想象和臆测、用观念的和幻想的联系来取代和建立尚不清楚的

---

① 《马克思恩格斯文集》第 4 卷,第 297 页。
② 同上书,第 298 页。
③ 同上。
④ 同上书,第 297—298 页。
⑤ 同上书,第 298 页。
⑥ 同上书,第 299 页。
⑦ 同上。

联系的话,那么在十九世纪之后,这些自然哲学完全可以被辩证的自然观所取代:"今天,当人们对自然研究的结果只有辩证地即从它们自身的联系进行考察,就可以制成一个在我们这个时代是令人满意的'自然体系'的时候,当这种联系的辩证性质,甚至违背自然科学家的意志,使他们受过形而上学的训练的头脑不得不承认的时候,自然哲学就最终被排除了。"①

相较于辩证的自然观,恩格斯讨论的重点在于唯物主义的历史观。恩格斯关于唯物主义历史观的阐述可以分为三个部分,我们可以分别称之为"历史规律论""历史动力论"和"上层建筑论"。

关于"历史规律论",恩格斯的主要观点是:第一,社会历史和自然领域一样,也存在着作为现实的联系的一般运动规律;第二,历史规律与靠盲目的动力为自己开辟道路的自然规律不同,它是通过有意识地追求自己目的的人的行动实现的;第三,尽管每一个人都试图在追求自己目的的活动中创造历史,但历史却在不以单个人的预期为转移,而是表现为一种"合力"也即"许多按不同方向活动的愿望及其对外部世界的各种各样作用的合力"②。

关于"历史动力论",恩格斯强调,唯物主义历史观要考察的历史的动力不是作为少数杰出人物的主观意志的动力,而是使广大群众以及整个的民族和整个的阶级行动起来的动力。恩格斯所阐发的唯物主义历史观关于这一问题的观点可被概述为:由生产力突破现存的生产秩序而导致的经济关系的变化所造就的资产阶级和无产阶级以及土地所有者这三个阶级的利益冲突和斗争是近代历史的动力。恩格斯所勾勒的近代以来的欧洲社会发展历程的基本框架是:在行会手工业中,越来越细的分工和许多局部工人在生产中的越来越多的联系不断造成新的生产力,当这种新的生产力和旧的生产秩序不相容之后,资产阶级所代表的新生产力就起来反抗旧的生产秩序,封建桎梏就被打碎了;而随着工场手工业发展为机器大工业以及大工业走向成熟,生产力和生产秩序的冲突再次出现:"被这种秩序、被资本主义生产方式的狭隘范围所束缚的大工业,一方面使全体广大人民群众越来越无产阶级化,另一方面生产出越来越多的没有销路的产品。生产过剩和大众的贫困,两者互为因果,这就是大工业所陷入的荒谬的矛盾,这个矛盾比如要求通过改变生

---

① 《马克思恩格斯文集》第 4 卷,第 301 页。
② 同上书,第 302 页。

产方式来使生产力摆脱桎梏。"①

关于"上层建筑论",恩格斯从国家、私法和意识形态(包括国家意识形态、法的意识形态、哲学和宗教)三个方面展开讨论。恩格斯关于上层建筑的问题的基本看法是,这一领域是由经济关系决定的。比如,关于国家,恩格斯说:"因此,在现代历史中至少已经证明,一切政治斗争都是阶级斗争,而一切争取解放的阶级斗争,尽管它必然地具有政治的形式(因为一切阶级斗争都是政治斗争),归根到底都是围绕着**经济**解放进行的。因此,至少在这里,国家、政治制度是从属的东西,而市民社会、经济关系的领域是决定性的因素。"②恩格斯对于私法和意识形态领域的理解也采用同样的方式,如在谈到哲学和宗教等距离物质经济基础较远的意识形态领域时,恩格斯说:"更高的即更远离物质经济基础的意识形态,采取了哲学和宗教的形式。在这里,观念同自己的物质存在条件的联系,越来越错综复杂,越来越被一些中间环节弄模糊了。但是这一联系是存在着的。"③而在具体讨论宗教问题时,恩格斯更进一步明确,这种"联系",其实就是物质生活条件对意识形态的"决定"关系。

恩格斯这里的讨论所涉及的核心问题,就是建立一个辩证的唯物主义体系的问题。在某种意义上,恩格斯的意图并不难理解:一方面人们对于现实世界的理解往往无法说明世界的整体联系和发展趋势,而另一方面黑格尔的辩证法正好以某种方式给上述问题的解答提供了方法,因此这两个方面可以结合在一起。但这里显然马上就会出现一个问题:既然唯物主义的根本要义在于按照事物本身的联系来理解现实世界,而黑格尔的辩证法则是与其绝对唯心主义体系密切相联的对于绝对精神的自身运动所做的特定描述,相对于"世界本身"而言,黑格尔的辩证法无疑是一种"认识成果",在逻辑上将是在后的,二者何以可能联系在一起?或者说,唯物主义何以可能"辩证法化"?

或许人们会说,恩格斯在这里陷入了逻辑上的悖论,因而这个问题实际上是没有意义的,是一个应被直接忽略的问题。但是,如果我们注意到这一问题在二十一世纪的今天以某种方式重新出现——特别是当前中国的马克思主义思想界在某种程度上出现了黑格尔哲学的"复兴",而其实质正在于要

---

① 《马克思恩格斯文集》第 4 卷,第 305—306 页。
② 同上书,第 306 页。
③ 同上书,第 308 页。

求将黑格尔的辩证法与对于当代现实生活的理解结合在一起——的话,就不应简单地视这一问题为无意义的问题,而应当正视这一问题的真正内涵,探究我们尚未把握的内在逻辑和意义。

或许,人们也可以找到许多理由像卡弗那样,用"此时的恩格斯与他写作《德意志意识形态》时的思想相比是退步了"[1]这样的"批评"取代进一步的分析。但这样的批评显然并不具有建设性。如果恩格斯的思想中真的有一种前后期的变化的话,对于这种变化,我们也不能轻描淡写地用"进步"或"退步"这样的语词来进行评价,正如我们不能说黑格尔或谢林晚年的思想变化是一种"进步"或"退步"一样,而应具体探讨这种变化的根源和意义。

事实上,我们只有将这一问题放在恩格斯的思想发展历程中加以理解,才能真切地把握其意义。现在,让我们回到恩格斯思想的起点,来看一下他最初的问题意识是什么,以及这种问题意识的表现形式是如何发生变化的。

---

[1] 特雷尔·卡弗:《马克思与恩格斯:学术思想关系》,姜海波、王贵贤等译,第126—127页。

第二章　恩格斯最初的问题意识：青年黑格尔派、黑格尔与费尔巴哈

一、从青年德意志到青年黑格尔派

众所周知,恩格斯早年从"青年德意志"转向青年黑格尔派时就阅读过黑格尔本人的作品,从此以后黑格尔的影子在恩格斯的思想中从未真正离开过。我们首先要问的是:黑格尔的思想对于恩格斯来说具有什么意义?

恩格斯在青年时代从对于文学领域的关注而走向关注思想领域的动向。他所关注的谷兹科、蒙特、博伊尔曼以及奎那等"青年德意志"运动中的德国作家在作品中所宣扬的一些观点,如实行立宪制度、宗教自由、妇女解放等,都是恩格斯所支持的。在恩格斯看来,受到海涅和白尔尼影响的青年德意志运动,其目标是他们所意识到的"时代观念":"这些本世纪的观念(奎那和蒙特就是这样说的)并不像人们污蔑的那样,是某种蛊惑人心的或反基督教的东西;它们建筑在每个人的天赋人权之上,并且涉及现代关系中同这种权利相矛盾的一切事物。"①作为一个思想敏感的青年,恩格斯所直接看到的"同这种权利相矛盾"的事物,就是宗教领域的现存状况,具体说来,就是他的家乡巴门以及整个伍珀河谷地区的虔诚主义氛围。如果说"青年德意志"运动为恩格斯提供了质疑虔诚主义的思想前提的话,那么青年黑格尔派的思想工作则为恩格斯提供了思想武器。对恩格斯影响最大的,是大卫·施特劳斯的《耶稣传》。对于恩格斯来说,《耶稣传》的意义在于提出并运用了"关于基督教的神话起源的观念"②,并由此揭示了基督教的人性基础。正是在施特劳斯

---

① 《马克思恩格斯全集》第47卷,人民出版社,2004年,第135页。
② 同上书,第224页。

的影响下,青年恩格斯的思想发生了剧烈变动。如果说在青年德意志派的影响下,恩格斯从一个"神秘主义者"转变为一个"自由主义的超自然主义者"①的话,那么正是施特劳斯的著作使恩格斯又从"自由主义的超自然主义"转向一个黑格尔主义。

恩格斯所谓的"神秘主义",主要特征是盲目信仰未经理性省视的教条,特别是《圣经》中的教条。所谓"自由主义的超自然主义",则是以自由为原则、由理性引导信仰。值得注意的是,出于对伍珀河谷地区的虔诚主义的思想束缚的反感,在青年恩格斯的价值观中,"自由"一度占据着核心位置。青年德意志派的作品中最吸引恩格斯的,正是对于自由的热爱。合乎逻辑的是,如果自由是核心价值,那么就不应对自由的理性思考进行限制,因此理性与自由就联系在一起了。比如他在1839年7月给友人的一封信中写道:"我现在的处境同谷兹科一样;要是有人傲慢地对实证的基督教采取不理不睬的态度,我就起来捍卫这个教义,因为它出自人的本性的最强烈的要求,出自通过上帝的恩惠来赎罪的渴望。但是如果问题涉及理性的自由时,我将抗议任何强制。……人生来是自由的,他就是自由的!"②但恩格斯很快就发现,文学所擅长的,是呈现人的"本性",但却并不擅长进行理智的分析。在青年德意志派内部的争论特别是谷兹科和蒙特的争论中,恩格斯看到,他曾崇敬的谷兹科尽管既有理智力量又有激情,但是,"看来,谷兹科至今还没有使他思想上的这两个方面统一起来。除思想上的这两个方面,他还有一种不可遏制的追求独立的欲望。他容不得一点儿束缚,无论是铁一般的束缚,还是蜘蛛网般的束缚,不冲破这种束缚,他不会罢休。"③恩格斯甚至转而同情谷兹科的对手蒙特:"谷兹科向我们显示的是十分独特的性格,而在蒙特那里我们发现一切精神力量的可喜的和谐,这种和谐是一个幽默作家所具备的首要条件:冷静的理智,德国人善良的心底以及必不可少的想象力。"④恩格斯之逐渐远离谷兹科,与其被理解为一种思想立场的变化,不如被视为恩格斯对自己理论旨趣的重新理解:他所真正追求的,其实并不是绝对的自由,而是自由与必然的统一,或自律与他律的统一。正是在这一背景下,我们才能理解何以施特劳斯关于福音书的研究如此大地影响了恩格斯。

---

① 《马克思恩格斯全集》第47卷,人民出版社,2004年,第139页。
② 同上书,第186—187页。
③ 《马克思恩格斯全集》第2卷,人民出版社,2005年,第132页。
④ 同上。

对于恩格斯来说，施特劳斯的意义首先在于，他击垮了宗教中的神秘主义。在 1839 年 10 月的一封信中，恩格斯热情地赞颂施特劳斯："你听听，这是个多了不起的人啊！这里有芜杂和离奇的四福音书；神秘主义拜倒在它们面前，对它们顶礼膜拜——看，大卫·施特劳斯像一位年轻的神一样出现了，他把乱七八糟的东西暴露在光天化日之下——永别了，宗教信仰！——它原来就像海绵一样漏洞百出。"①不过，恩格斯在阅读施特劳斯著作的过程中，恩格斯越来越多地把握到的，是后者所包含的肯定方面：在历史中理解精神自由的实现。在恩格斯写于 1842 年的《谢林与启示》中，他明确将施特劳斯思想的要义理解为，"教义通过本身的历史客观地在哲学思想中获得解答"②。这种"解答"，就是观念的内在本质的自我呈现。《圣经》在神秘主义那里被理解为关于神和基督的直接论说，在施特劳斯那里被下降为人的精神在自身的历史过程中的无意识创作。这样，"历史"就作为自由与必然的统一的中介进入恩格斯的视野。恩格斯通过对于施特劳斯（同时也包括借助于施特劳斯对施莱尔马赫的阅读）所获得的"历史"观念运用于对虔诚主义和神秘主义的批判中："凡被科学屏弃的东西——现在整个教会史都包括在科学的发展中，——在生活中也不应当继续存在，在神学的发展过程中，虔诚主义过去大概是一种历史的合理的因素；它获得了自己的权利，它过时了，现在也不应该拒不让位于思辨神学。"③但究竟该如何理解历史中的"合理"与"过时"呢？尽管恩格斯此时并没有清晰的答案，但他的大致思路是，从历史发展不同阶段所造成的不同条件出发来把握一种观念或事物的合理性和不合理性。比如，在讨论道德与罪恶的问题时，恩格斯认为，不同时期的尘世生活的各种条件会产生不同的恶，而道德的完善只有"随着一切其他精神力量的完善，随着同宇宙灵魂合为一体"④才能得到。正是在这里，恩格斯意识到，他已通过施特劳斯而走向黑格尔——"瞧，我又回到莱奥猛烈攻击的黑格尔学说上来了"⑤。不过此时恩格斯对黑格尔的思想显然只有比较表面的理解："话说回来，这最后一个形而上学的命题正是我自己也不知如何评价才好的一种结论。"⑥要回答历史的发展方向问题，黑格尔的历史哲学无论如何是绕不过去的。

---

① 《马克思恩格斯全集》第 47 卷，人民出版社，2004 年，第 205 页。
② 《马克思恩格斯全集》第 2 卷，人民出版社，2005 年，第 391 页。
③ 《马克思恩格斯全集》第 47 卷，人民出版社，2004 年，第 188 页。
④ 同上书，第 214 页。
⑤ 同上。
⑥ 同上。

1839年年底对于恩格斯的思想发展来说,是一个非常重要的时期。在当年 11 月恩格斯写给朋友威廉·格雷培的一封信中,他说:"我正处于要成为黑格尔主义者的时刻。我能否成为黑格尔主义者,当然还不知道,但施特劳斯帮助我了解了黑格尔的思想,因而这对我来说是完全可信的。何况他的(黑格尔的)历史哲学本来就写出了我的心里话。"①而在将近两个月以后写给弗里德里希·格雷培的信中,恩格斯又报道说:"此外,我正在钻研黑格尔的《历史哲学》,一部巨著;这本书我每晚必读,它的宏伟思想完全把我吸引住了。"②这些书信都表明,施特劳斯的著作已将恩格斯的目光引向黑格尔的《历史哲学》,后者已成为青年恩格斯的重要思想参照系。恩格斯对于《历史哲学》的阅读取得了那些成果呢?恩格斯在同一封信中的一段话值得重视:"通过施特劳斯,我现在走上了通向黑格尔主义的大道。我当然不会成为像欣里克斯等人那样的黑格尔主义者,但是我应当汲取这个博大精深的体系中的主要内容。黑格尔关于神的观念已经成了我的观念,所以,我加入了莱奥和亨斯滕贝格所谓的'现代泛神论者'的行列,我很清楚,光泛神论这个词本身就会引起没有思想的牧师们的极大反感。"③如果说恩格斯在这一时期所关注的是黑格尔关于神的观念的话,那么这一观念的核心内容是什么呢?

黑格尔对神或上帝的一般看法,可通过《小逻辑》导言中关于哲学与宗教的研究对象的关系的说明看出来:"哲学的对象与宗教的对象诚然大体上是相同的。两者皆以**真理**为对象——就真理的最高意义而言,**上帝**即是真理,而且**唯有**上帝才是真理。"④在黑格尔那里,所谓真理,就意味着客观性与概念相符合。因此,上帝之作为真理,就意味着上帝本身即是客观性与其概念的统一。但如果上帝只是通常意义上的"世界的造物主"的话,他的创造的结果,即世界,就将外在于他而与之对立,这样上帝就无法成为真理。对于黑格尔来说,上帝之能够作为真理,正在于上帝不仅是创造世界的活动,更是精神,而这就意味着上帝不仅自身是自在自为的,更将自己的产物即世界本身作为呈现自身的自在自为的中介:"但是在基督教中,我们极少仅仅把上帝了解为创造性的活动,而不把他了解为精神;毋宁说对这种宗教来说,存在着这样一种得到了阐明的意识,那就是,上帝即是精神,其独特之处在于,上帝正好如其自在自为

---

① 《马克思恩格斯全集》第 47 卷,人民出版社,2004 年,第 224 页。
② 同上书,第 230 页。
③ 同上书,第 228 页。
④ 黑格尔:《小逻辑》,贺麟译,商务印书馆,1996 年,第 37 页。

地存在那样,对自己采取的态度作为对他(称为圣子)的他者采取的态度,他自身就作为爱在其自身中,作为这种对自身的中介而是本质的。上帝也许是世界的创造者,而且因此得到了充分规定;但是,上帝更多地作为这而存在,真正的上帝就是,他是他对自身的中介,是这种爱。"①这就意味着,上帝不仅在自身中,而且也在世界之中,上帝作为绝对精神自在自为地永恒运动。

尽管人类的精神总是以有限性的形式表现出来,但黑格尔坚信人类精神是能够通过自身把握上帝的。而这正是哲学的目标。如果说从形式上来看,哲学的工作就在于通过思维和概念的形式阐明宗教只有在表象中才能把握的真理的话,那么就内容来说,"应将哲学的内容理解为属于活生生的精神的范围、属于原始创造的和自身产生的精神所形成的**世界**,亦即属于意识所形成的外在和内心的世界。简言之,哲学的内容就是**现实**"②。对于黑格尔来说,在哲学的建构过程中起到关键作用的人类的"精神",是比作为认识能力的知性和理性更高的一种能力,是"知性的理性或理性的知性"③,它能够在自身的运动中推动着认识的不断前进,也即不仅将知性与理性的认识成果统一在一起,而且更把前一阶段所获得的成果纳入自我认识的过程之中,从而不断从抽象走向具体。黑格尔对精神运动的这一过程的描述是:"这种精神的运动,从单纯性中给予自己以规定性,又从这个规定性给自己以自身同一性,因此,精神的运动就是概念的内在发展:它乃是认识的绝对方法,同时也是内容本身的内在灵魂。"④黑格尔确信,精神运动的这一过程最终将实现对于作为绝对精神的上帝的把握,因为精神作为"知着自己本身的现实的理念"⑤,通过自身特有的"观念性"也即对于理念的异在的扬弃和对于自身的回复而最终通过哲学的思维把握作为各种事物的共同原则在具体事物中呈现自己的各种方式,实现精神与自身的绝对统一,这种统一不是"抽象的统一",正是"具体的统一":"哲学诚然是和统一有关,但它并不是和抽象的统一、单纯的同一性和空洞的绝对有关,而是与具体的统一(概念)有关,并且在它的全部进程中完全只与具体的统一有关,——它的进展的每一个阶段都是这个具体

---

① 黑格尔:《宗教哲学讲演录Ⅱ》,《黑格尔著作集》第17卷,燕宏远、张松、郭成译,人民出版社,2015年,第272页。
② 黑格尔:《小逻辑》,贺麟译,第43页。
③ 黑格尔:《逻辑学》上卷,杨一之译,商务印书馆,1982年,第4页。
④ 同上书,第5页。
⑤ 黑格尔:《哲学科学百科全书Ⅲ精神哲学》,《黑格尔著作集》第10卷,杨祖陶译,人民出版社,2015年,第9页。

统一的特有的规定,而统一的诸规定的最深刻的和最终的规定就是绝对精神的规定。"①这些最终的规定之所以是绝对精神的规定,正在于精神最终将"成为完满地把握住自己本身的现实的理念,并因而成为绝对精神"②。

如果说绝对精神是精神发展的最高阶段,也即是精神解放的实现的话,那么黑格尔并不认为这种解放是一种从未完成过并需要无止境地追求的解放,相反,精神能够通过自身的活动将自己从他物或对于自己的限制中解放出来,成为真正具有无限性的自为存在。这里的关键在于,黑格尔认为,人的精神活动的方向与上帝的自我运动的方向是一致的,因而人的精神是能够达到绝对精神的高度的。比如,在1812年10月纽伦堡高级中学的授课笔记中,黑格尔写到:"宗教的精神东西在于,人使自身与绝对存在者相联系,力求产生他与绝对存在者的统一,并意识到这种统一。"③而这种联系与统一,不是仅仅来自人自身的努力,也并非源于上帝的自我运动,而是两方面共同作用的结果,按照黑格尔的说法就是:"这种活动不是单方面的,宗教不仅以来自人的方面的一种主观升华[和]崇拜为前提,而且以上帝从他那方面不断接近人为前提,因而是对上帝仁慈的一种信赖。"④宗教用表象的方式把握真理,而这就意味着真理被把握在"单纯的、精神的直观"⑤里,但鉴于这种单纯的直观无法系统呈现绝对精神本身的具体内容,因而无法展现绝对精神何以是自由的,就需要哲学通过思维的方式对之进行阐明。哲学的这一工作不能一蹴而就,而是要通过哲学史的不断进展而实现。在黑格尔看来,从一方面来看,人类的哲学思考从一开始就是对于"普遍者"的思考,而另一方面,这种对于"普遍者"的思考本身就是对于思想本身的思考,而这正是哲学这一科学的特殊之处:"哲学真正的起始是从这里出发:即绝对已不复是表象,自由思想不仅思维那绝对,而是把握住绝对的理念了:这就是说,思想认识思想这样的存在是事物的本质,是绝对的全体,是一切事物的内在本质。这本质一方面好像是一外在的存在,但另一方面却被认作思想。"⑥这样,哲学就不仅应被视为仅仅

---

① 黑格尔:《哲学科学百科全书Ⅲ精神哲学》,《黑格尔著作集》第10卷,杨祖陶译,人民出版社,2015年,第345—346页。
② 同上书,第13页。
③ 黑格尔:《纽伦堡高级中学教程和讲话(1808—1816)》,《黑格尔全集》第10卷,张东辉、户晓辉译,梁志学、李理校,商务印书馆,2012年,第191页。
④ 同上。
⑤ 黑格尔:《哲学科学百科全书Ⅲ精神哲学》,《黑格尔著作集》第10卷,杨祖陶译,第335页。
⑥ 黑格尔:《哲学史讲演录》第1卷,贺麟、王太庆译,商务印书馆,1981年,第93页。

是哲学家个人的思想活动,而更应被视为"理解自己的思想"①的活动。哲学家作为全体中的部分,在内在于全体中的精神的驱使下进行思考,而在黑格尔的时代,"在概念式的思维里,精神宇宙与自然宇宙互相浸透成为一个谐和的宇宙,这宇宙深入于自身之内,绝对在它的各方面发展成为全体,正是这样,绝对才在各个方面的统一里、在思想里被意识到了。"②只有在此语境中,我们才能理解,何以一方面,"在哲学中更进一步认识到,上帝与世界的关系是由对上帝的本性的规定所决定的"③,另一方面,如果将上帝当作本质而与现象分开的话,上帝的本性将无法理解——这就是说,哲学主动去认识作为真理的上帝,但同上又只有主动进入上帝的精神运动之内才能真正具体地认识上帝,而这种自觉只有在黑格尔本人的哲学中才能达到。也只有在这里,我们才能明白为什么黑格尔能够将哲学称为"真正的神正论"④。

在黑格尔关于上帝的观念中,我们可以清晰地看到两个运思方向,一个方向可称为"横向"思考,另一个方向可称为"纵向"思考。所谓"横向"思考,就是对上帝或绝对精神的特定的显现形式的思考;而所谓"纵向"思考,则是对这些具体的显现形式之间彼此关系的思考。当黑格尔探讨绝对精神的自我认识过程中出现的各种"显像"与实体之间的内在关系时,他借助于第一种思考,而当他探讨绝对精神的运动方向时,又借助于第二种思考。黑格尔的哲学体系的三个组成部分即逻辑学、自然哲学和精神哲学,都由不同的横向思考和纵向思考交织而成。在黑格尔那里,这两种思考方向是一致的:如果说实体与其显像的关系是内在统一的,那么这种统一性正是在不断发展中最终实现的。不过,尽管二者是统一在一起的,黑格尔在具体论述中还是对这两种运思方向进行了一定的区分。比如,黑格尔在论述其哲学体系的基本原则时说:"根据我的认识——这个认识必须紧紧通过体系本身的呈现才得到捍卫——,一切的关键在于,不仅把真相理解和表述为一个**实体**,而且同样也理解和表述为一个**主体**。同时需要指出的是,实体性的内部不仅包含着一个普遍者,亦即**知识本身的直接性**,而且包含着一个**存在**,亦即知识的**对象**的直接性。"⑤这一说明不仅包含了人们通常称之为"实体即主体"的原则,还包含

---

① 黑格尔:《哲学史讲演录》第 4 卷,贺麟、王太庆译,商务印书馆,1981 年,第 373 页。
② 同上。
③ 黑格尔:《哲学科学百科全书Ⅲ精神哲学》,《黑格尔著作集》第 10 卷,杨祖陶译,第 345 页。
④ 黑格尔:《哲学史讲演录》第 4 卷,贺麟、王太庆译,第 372 页。
⑤ 黑格尔:《精神现象学》,《黑格尔著作集》第 3 卷,先刚译,人民出版社,2015 年,第 11 页。

了"概念与客观性统一"的原则。如果说前一个原则可称为绝对精神的"活动性"原则的话,那么后一个原则可被称为绝对精神的"现实性"原则。在黑格尔建构其哲学体系的过程中,他尝试从多个角度对绝对精神的规定性进行阐述:当涉及绝对精神的自我认识的对象问题时,他多将绝对精神称为"概念";当涉及绝对精神自我认识的根据问题时,他将绝对精神称为"理念";当涉及绝对精神自我认识中的同一性问题时,绝对精神被称为"精神";而当涉及绝对精神自我认识中的普遍性问题时,绝对精神又被称为"理性"。不论"概念""理念""精神"还是"理性",都是从上述所谓"横向"角度来理解绝对精神。而关于绝对精神的自我运动或"纵向"发展,黑格尔的用语则比较统一,这就是"辩证法"。

当恩格斯在1840年1月21日写给弗里德里希·格雷培的信中谈及在阅读黑格尔《历史哲学》的过程中接受了其关于上帝的观念时,他所论及的,应当是《历史哲学》中黑格尔将上帝理解为处于最具体的形式中的理性的相关表述[①]。如果说在这里理性被视为完全自由地自己决定自己的思想,它既是宇宙的实体,也是无限的力量的话,那么黑格尔在这里所强调的,正是与历史中的各种偶然性相对的历史中的普遍性或规律性。对于黑格尔来说,"理性"这一概念的核心要义就是要在人类历史中领悟上帝的神圣工作,而这就意味着,不能仅就历史中的各种具体的和偶然的社会现象本身来理解历史,而应从普遍性的角度来理解历史。黑格尔以宗教和道德领域为例来说明这一点:"但是讲到各种宗教的、伦常的和道德的目的,以及一般的社会状态的腐败没落,我们必须声明:它们在本质上是无限的、永恒的;然而它们所取的方式也许是有限制的一种,而且受机会和偶然的影响。它们容易消灭,容易腐败,就是这个原故。宗教和道德——在本身中普遍的本质——它们具有在个人灵魂内出现的特质,这种特质,依照它的概念出现,因此是真真实实地出现。"[②]所谓宗教和道德依照其"概念"出现,是指现实中具有偶然性的宗教现象和道德现象并不能取消宗教和道德本身的普遍性维度。不过,这并不意味着偶然性的历史现象本身中就直接隐藏着普遍性的东西,相反,普遍性的东西是"世界精神"借助着一定的手段实现的:"简单地,抽象地说来,这个实现的过程包括多数个人的活动,而'理性'则出现在他们当中,做他们在本身存在的实体

[①] 黑格尔:《历史哲学》,王造时译,上海书店出版社,2001年,第36—37页。
[②] 同上书,第37页。

的本质。"①这便是黑格尔著名的"理性的狡计"的思想。每个个人、哪怕是作为"世界历史个人"的伟大人物,都是出于特定的利益诉求而行动的,在利益的推动下,人们产生行动的兴趣和热情,伴随着人们的行动而出现的,并不是只有人们所期望的结果,而是同时出现了在他们的愿望之外的其他结果:"就是在历史里面,人类行动除掉产生它们目的在取得的那种结果——除掉他们直接知道欲望的那种结果之外,通常又产生一种附加的结果。他们满足了他们自己的利益,但是还有潜伏在这些行动中的某种东西,虽然它们没有呈现在他们的意识中,而且也并不包括在题目的企图中,却也一起完成了。"②黑格尔直截了当地将这种"潜伏"的东西理解为一定社会所需要的"公理"和"秩序"。人类历史就是不断走向具有普遍性的善的原则之实现的过程。之所以会有这样的趋势,正在于"人类自身具有目的,就是因为他自身中具有'神圣'的东西,——那就是我们从开始就称做'理性'的东西"③。

在上述恩格斯给弗里德里希·格雷培的信中,他提到了黑格尔哲学中的两个问题,一个是"黑格尔关于人和上帝本质上是同一的这一原则"④,另一个是"黑格尔是把总体和不完整的个别极严格地区别开来"⑤。这两个问题显然都是《历史哲学》的基本问题:前者涉及人类历史的普遍性方向,后者则涉及世界历史实现自己的普遍性目标所采取的手段。这样,我们可以看到,恩格斯从黑格尔的《历史哲学》中所接受的上帝观念,正是这种从"理性"或普遍性角度被理解的上帝。

二、理性与个体行动

事实上,从恩格斯的早期思想来看,"理性"正是其核心概念之一。

恩格斯最早使用的"理性"概念与其对于宗教虔诚主义的批判联系在一起。在写于1839年初的《伍珀河谷来信》中,恩格斯在抨击虔诚主义时认为,后者的整个教义都是建立在一种假定基础之上,即人期望幸福的能力是神的

---

① 黑格尔:《历史哲学》,王造时译,上海书店出版社,2001年,第38页。
② 同上书,第27页。
③ 同上书,第34页。
④ 《马克思恩格斯全集》第47卷,人民出版社,2004年,第230页。
⑤ 同上。

意志随心所欲地赋予人的,只有少数人才能获得这种能力,而为了"上帝的荣耀",基督徒不能为自己作任何辩解,甚至还要使自己尽量荒唐:"圣经还说:上帝的英明对尘世圣贤来说就是愚蠢;神秘主义者把这句话理解成一道命令,即必须使自己的教理尽量荒唐,这样才能实现这条格言。"①如果说虔诚主义也主张借助心灵的理性理解上帝的话,那么这种"理性"恰好只是它的反面即愚昧的一种体现:"这一切怎能同使徒们所主张的礼拜仪式和福音的理性养料的教义相吻合呢,这是一个秘密,这对理性来说是太神妙了。"②在一首讽刺诗中,恩格斯讽刺虔诚主义者所宣扬的理性只是"心灵的声音"所包含的一种"语词":"人必须谛听心灵的声音,听不明白就会走向沉沦之境。心灵之声含有深刻的意蕴,其中最深刻的语词是人的理性。"③在白尔尼和青年德意志派的影响下,恩格斯用启蒙主义的"理性"取代虔诚主义的"理性":"还有,彼得提到福音的理性的、纯净的灵奶。这一点我不懂。人们告诉我,这是开明的理性。那就给我看看明白这一点的开明的理性吧。知道现在我们还没有遇到一个这样的理性,甚至对天使们说来这也是一个'高度的秘密'。"④在一封信里,恩格斯说:"我只能直率地告诉你,现在我已得出这样的结论:只有能够经受理性检验的学说,才可以算作神的学说。"⑤这种启蒙主义的理性观念以及在这一观念指导下的宗教批判是恩格斯走向大卫·施特劳斯的宗教批判的思想前提。不过施特劳斯的宗教批判却不是一般意义上的启蒙主义的产物,而是受到黑格尔绝对唯心主义的强烈影响的产生的理论成果。在恩格斯通过施特劳斯走向黑格尔哲学之后,青年德意志派的影响就逐渐减弱了。施特劳斯在《耶稣传》中区分了作为历史人物的基督和由人类理性所建立的基督,将后者视为"神话"的产物,并明确地将这一区分视为"近代精神"发展的结果:"这种在历史的基督同存在于人类理性中、注定作为人类典范的理想的基督之间作出区分并从而把使人蒙福的信仰从前者转向后者的做法正是近代精神发展的不可避免的结果;这也是把基督的宗教向着目前人类最崇高的努力所指引的方向即人性的宗教推进了一步。"⑥施特劳斯这里所使用的"人类理性"一词所强调的正是"典范""理想"等普遍性维度,而将这一维度的

---

① 《马克思恩格斯全集》第 2 卷,人民出版社,2005 年,第 50 页。
② 同上书,第 50—51 页。
③ 同上书,第 68 页。
④ 《马克思恩格斯全集》第 47 卷,人民出版社,2004 年,第 186 页。
⑤ 同上书,第 184 页。
⑥ 大卫·弗里德里希·施特劳斯:《耶稣传》第二卷,吴永泉译,商务印书馆,1996 年,第 370 页。

出现与"近代精神"联系在一起,更是直接与黑格尔的《历史哲学》中关于"理性的最后目的"的讨论形成呼应。正是在施特劳斯及其所引向的黑格尔《历史哲学》的影响下,青年恩格斯开始注意到历史的发展进程问题。

在黑格尔那里,具有普遍性的理性本身是具有同一性的,也即是"精神":"'精神'在本性上不是给偶然事故任意摆布的,它却是万物的绝对的决定者。它全然不被偶然事故所动摇,而且它还利用它们、支配它们。"①不过,由于精神的特质在于其"观念性",即"理念的异在的扬弃、理念从它的他物向自身的回复和回复到了自身"②,也就是总要在对于他物的克服中保持自身的同一性,因而历史中的精神的自我实现就不能离开各种具体的和个体性的"意识"和"意志",这些意识和意志的目标并不在于理性的普遍性,而在于实现其自身的"自然的使命",因此"精神是和它自己斗争着,它自己可以说便是它的最可怕的障碍,它不得不克服它自己。它在'自然'界里和平生长发展,在'精神'中却是一种反抗它自己的艰苦剧烈的斗争"③,而其结果就是,"在世界历史上曾经有过许多重要的事情,在那些时期中,这些发展似乎是遭到了中断,在那些时期中,我们简直可以说,前代文化的全部巨大的收获,似乎已经整个儿摧毁了"④。在这种历史观的影响下,恩格斯形象地将历史比作"螺线",即历史的总体方向是前进和发展的,但在形式上却又似乎会回复到原来的地方:"历史从一个看不见的点徐徐开始自己的行程,围绕着这个点缓慢盘旋移动;但是,它的圈子越转越大,旋转越来越迅速、越来越灵活,最后,简直像明亮的彗星一样,从一个星球飞向另一个星球,时而擦过,时而穿插过它的旧轨道。而且,每转一圈就更加接近于无限。"⑤这种从黑格尔哲学借鉴来的历史观所直接带来的,自然是对于"新时代"之必将到来的信念,正如恩格斯在一首题为《傍晚》的诗中所写的那样:"但是,新太阳何时升起,/旧时代何时分崩离析?/我们已经目送旧太阳西沉,/但茫茫黑夜何时才现晨曦?/忧伤的月亮透过云层窥视大地,/浓重的云雾笼罩着幽深的谷底;/人间的一切都在云雾中沉睡,/只有我们醒着,/像盲人一样摸索途径。/要有耐心!/那包围月亮的乌云/将被初升的红日驱除干净;/那飘荡在幽谷的云雾/正是被晨风吹

---

① 黑格尔:《历史哲学》,王造时译,第 55 页。
② 黑格尔:《哲学科学百科全书Ⅲ 精神哲学》,《黑格尔著作集》第 10 卷,杨祖陶译,第 10 页。
③ 黑格尔:《历史哲学》,王造时译,第 56 页。
④ 同上。
⑤ 《马克思恩格斯全集》第 2 卷,人民出版社,2005 年,第 107 页。

醒而翩翩起舞的精灵。"①

正是在这种历史观下,恩格斯观察了当时德国的政治与文学领域的倒退现象。十九世纪的德国政治生活领域出现了一种回到"朕即国家"的专制时代的倾向,而文学领域也与之相应,也试图回到17世纪所谓"优裕社会"的生活,不过在恩格斯看来,这种"倒退"并不意味着社会真的完全回复到了旧时代,因为新时代的内容会借助"旧"形式呈现出自身,比如作家们在学习法国旧时的风尚时,同时也接触到启蒙运动时代作家们在哲学上的"玩物作风"即"百科全书"派的思想家们通过"玩味唯物主义"而宣扬自己的启蒙思想,因此一些作家开始将哲学引入文学,比如蒙特就是一个典型代表,他曾尝试将黑格尔哲学引入自己的创作。恩格斯对黑格尔哲学给予当时的德国文学领域的影响十分关注,认为这实际上体现了德国文学自身发展的可能性:"如果是那样,当然就得改变观点,我们也就可以期待科学和生活、哲学和现代倾向、白尔尼和黑格尔的相互渗透,——所谓青年德意志的一部分人早已为我们所期待的相互渗透做了前期工作。除此之外,剩下的就只有一条路了,这条路与前面两条相比,确实有些可笑,也就是说,这条道路假定黑格尔对美文学的影响毫无意义。不过,我认为,只有少数人能下决心选择这条道路。"②在这里,黑格尔哲学据有一种非常奇妙的位置:一方面,德国文学当时所遇到的最有影响力的哲学就是黑格尔哲学,因此后者就在事实上为前者提供了哲学素材;另一方面,德国文学的发展趋势又按照黑格尔的历史哲学所指明的轨道前进。

表面上看,恩格斯对于黑格尔《历史哲学》的借鉴,重点强调的是"理性"对于个体的主导作用。关于这一点,诺曼·莱文在论及恩格斯早年对于黑格尔思想的接受过程时曾说:"青年恩格斯所持的信念是,黑格尔本人即是理性泛神论的一个体现;而他(指恩格斯——引者注)所强调的,乃是客观的和抽象的力量的作用。他认为客观之物和现实之物就是理性之物,或者说,现实就是理性的表达。"③莱文以恩格斯在1839年7月26日给弗里德里希·格雷培的信中的看法"上帝的理性当然高于我们的理性,然而也并没有什么两样,

---

① 《马克思恩格斯全集》第2卷,人民出版社,2005年,第166页。
② 同上书,第110—111页。
③ Norman Levine, *Divergent Paths*: *Hegel in Marxism and Engelsism. Volume 1*: *The Hegelian Foundations of Marx's Method*, Lexington Books, 2006, p.113.

否则它就不成其为理性"①为例,试图表明,恩格斯此时的基本观点是:"理性之物是神圣的,而神圣的东西在人类世界中实现自身。因此,客观性和理性相对于个体具有优先性。"②但问题是,如果仔细品味一下恩格斯这一时期的论述的话,会发现他所关注的核心问题,其实并不是"理性"相对于个体而言的决定作用,而是理性与个体之间的统一关系,所谓"上帝的理性"和"我们的理性"并没有什么两样,所要说明的正是这种统一关系,而非前者对于后者的优先性。在这个问题上,卡弗的看法更加中肯一些,他认为恩格斯此时作为一个"泛神论者"所关注的问题,在于"神和理性随着世界自身在发展中的展开而出现",因此"神圣性事实上内在于宇宙中的每个地方,首先是内在于人类之中"③。

正是在这一泛神论视野之下,恩格斯注意到了当时德国文学界的两场论战:谷兹科与蒙特的论战,以及谷兹科与奎那的论战。表面上看,这两场论战的共同特征是:二者都是青年德意志派内部的论战,并且是以谷兹科为中心展开的。但在恩格斯那里,这两场论战实际上正是德国文学的现实发展趋势的直接体现:谷兹科所代表的是激进的自由主义,而蒙特和奎那所代表的则是代表了文学与黑格尔主义的融合,因此这些论战实际上是激进自由主义与黑格尔主义之间的论战。恩格斯曾经是谷兹科的拥趸,但现在明显不再站在后者一边了。

我们当然可以将这一变化理解为,恩格斯现在已是黑格尔哲学的信徒,因此他势必在这些论战中更同情蒙特和奎那。不过恩格斯鉴于从一开始就展现出独立思考、不感情用事的思想品质,上述理解其实并不能完全说明恩格斯站在蒙特和奎那一边的真正理由。事实上,我们可以从恩格斯对这些论战的评论中看出恩格斯的思想变化的真正原因。在评论谷兹科与蒙特的论战时,恩格斯说:"谷兹科向我们显示的是十分独特的性格,而在蒙特那里我们发现一切精神力量的可喜的和谐,这种和谐是一个幽默作家所具备的首要条件:冷静的理智、德国人善良的心地以及必不可少的想象力。"④由此可以看出,恩格斯之所以更欣赏受黑格尔思想影响的蒙特,正在于蒙特展现出"精神

---

① 《马克思恩格斯全集》第47卷,人民出版社,2004年,第190页。
② Norman Levine, *Divergent Paths: Hegel in Marxism and Engelsism. Volume 1: The Hegelian Foundations of Marx's Method*, p. 113.
③ Terrell Carver, *Friedrich Engels, His Life and Thought*, St. Martin's Press, 1990, p. 29.
④ 《马克思恩格斯全集》第2卷,人民出版社,2005年,第132页。

力量"的和谐,或者说,内在的统一性。这在恩格斯借用蒙特对"自由和必然是同一的"这一命题批评激进自由主义的片面性时①同样可以看出来。正是基于对于和谐或统一性的追求,恩格斯在评价谷兹科与奎那之间的论战时,表达了希望同时克服谷兹科和奎那的片面性的想法:"如果说,谷兹科有片面性,那只是因为他在评价客体时一视同仁,主要依据其弱点,而不是其优点;只是因为他要求倍克这样正在成长中的诗人写出经典作品。如果说,奎那是片面的,那是因为他竭力从一个不是最高的、最有启发性的观点出发来把握自己的客体的各个方面,他为倍克的《静静的歌》的诙谐戏谑作辩解时用了这样一句十分恰当的话:他是个抒情的音乐家。"②在这里,恩格斯借用谷兹科和奎那对同一个对象即诗人倍克的作品的评价,来说明二者的不同的片面性。恩格斯在此所依据的理论资源,显然是黑格尔历史哲学中关于作为最高原则的理性通过具体的个体而实现的观念。

由此可见,恩格斯对于黑格尔的《历史哲学》的阅读,所收获的其实并不是对于理性的片面强调,而是作为最高原则或普遍性本身的理性与作为具体之物的个体及其行动的内在统一。这一点在恩格斯评价德国诗人普拉滕的作品时表现得非常明显。在恩格斯看来,普拉滕的作品的特点在于展现了理性的力量,但缺点也正在于片面地凸显了理性方面而幻想的方面不足:"普拉滕的幻想胆怯地跟随着他那理智的大胆步伐;当需要天才的作品时,当需要幻想做出理性所做不到的大胆跳跃时,幻想就不得不畏缩不前了。由此产生了普拉滕的谬误:认为自己理智的产物就是诗。"③

因此,当恩格斯断言"处于最新的、自由发展中的黑格尔学派以及主要是所谓的年轻一代正走向联合,这种联合将对文学的发展产生极其重大的影响"④时,他所期望的,正是按照黑格尔《历史哲学》所提供的模式,在德国文学中实现理性与激情、自由与必然、普遍性和个体性的统一。

其实,从恩格斯早期的思想发展历程中我们可以看到,他从虔诚主义者到成为"自由派的先驱"⑤,再到"一个热心的施特劳斯派"⑥,并最终成为一个

---

① 《马克思恩格斯全集》第 2 卷,人民出版社,2005 年,第 133 页。
② 同上书,第 138 页。
③ 同上书,第 104 页。
④ 同上书,第 143 页。
⑤ 《马克思恩格斯全集》第 47 卷,人民出版社,2004 年,第 199 页。
⑥ 同上书,第 205 页。

黑格尔式的"现代泛神论者"①,其思想的内在驱动力,并不仅仅在于对理性本身的追求,也就是说,并不仅仅在于对理性所包含的抽象原则的追求,而在于探寻理性通过个体活动得以实现的方式。恩格斯对虔诚主义的反感,主要在于其将上帝的意志神秘化为与个人行动完全分离的"理性",而德意志派又过于强调个人自由和意志,无法解释历史的趋势问题,因此恩格斯发现"理性主义"和"自由主义"其实都不是适合于自己的思想工具。恩格斯在和朋友讨论关于"罪恶"的问题时,恩格斯意识到,自己的问题意识其实与黑格尔哲学是最为接近的:"是的,如果承认这些前提,那么,道德的完善将只能随着一切其他精神力量的完善,随着同宇宙灵魂合为一体而同时得到,瞧,我又回到莱奥猛烈攻击的黑格尔学说上来了。"②在这里,恩格斯想强调的是,如果说"道德的完善"是一种具有普遍性的理性状态的话,那么这种状态不能独立于个体精神活动之外,而是需要通过具体个体在历史中的发展而实现。这样,我们就不难理解,何以恩格斯在初读黑格尔的《历史哲学》后,会难掩兴奋地写信告诉他的朋友威廉·格雷培:"我正处于要成为黑格尔主义者的时刻。我能否成为黑格尔主义者,当然还不知道,但施特劳斯帮助我了解了黑格尔的思想,因而这对我来说是完全可信的。何况他的(黑格尔的)历史哲学本来就写出了我的心里话。"③不过,恩格斯显然此时对这一问题尚未思考成熟:"话说回来,这最后一个形而上学的命题(即上文所引述的关于'道德的完善'的观点——引者注)正是我自己也不知如何评价才好的一种结论。"④

在青年恩格斯按照黑格尔《历史哲学》提供的视野,以各种努力探讨个体行动与理性统一在一起的方式时,他意识到这种统一的复杂性。比如,他在思考拿破仑之死的诗《圣赫勒拿岛》中写道:"也许是那些燃尽的残烛,想给你派来一位英雄,在新世纪的时刻,这位英雄必定要用闪电照亮苍穹,而且要用惊雷让大家深受震动,直到新生婴儿的第一声悲啼,不知不觉消逝在浩浩长空;这时候,时代却对英雄进行恶意的戏弄,将他抛到其他那些燃尽的残烛之中。"⑤他所撰写的歌剧剧本《科拉·迪·里恩齐》中有所体现:罗马最后一任

---

① 《马克思恩格斯全集》第47卷,人民出版社,2004年,第228页。
② 同上书,第214页。
③ 同上书,第224页。
④ 同上。
⑤ 《马克思恩格斯全集》第2卷,人民出版社,2005年,第157页。

保民官里恩齐率领民众反抗贵族、争取自由,却最终又成为贵族以争取自由之名发动民众反抗的对象。恩格斯要说明的是,历史中的理性正是通过诸个体的行动而现身的,但对于个体而言,命运却往往是具有偶然性的,甚至是悲剧性的。这些想法,固然总体上并未超出黑格尔在《历史哲学》中关于"世界历史个人"的命运的分析,如"假如我们进一步来观察这些世界历史个人的命运——这些人的职务是做'世界精神的代理人'——我们可以知道他们的命运并不是快乐的或者幸福的。他们并没有得到安逸的享受,他们的整个人生是辛劳和困苦,他们整个的本性只是他们的热情。当他们的目的达到以后,他们便凋谢零落,就像脱却果实的空壳一样"①,但与黑格尔相比,恩格斯关注的重点,显然更多地是具体个体的命运的"过程"的独特性,而非个体命运如何"最终"为理性所操控。

值得注意的是,恩格斯对于黑格尔的泛神论式理解,最初被运用于一般的精神领域,也即文学、政治、历史和宗教等领域,不过恩格斯很快就突破了这些领域,将这种泛神论思想贯彻于对自然界的理解中。比如,在写于1840年夏的《风景》一文中,恩格斯这样描写南德景色:"当你站在宾根郊区的龙岩山或罗胡斯山上,越过葡萄藤飘香的莱茵河谷眺望同地平线融成一片的远远的青山、洒满金色阳光的郁郁葱葱的田野和葡萄园、河里倒映的蓝天,这时,你会觉得明朗的天空垂落大地,并且在大地上反映出来,精神沉浸于物质之中,道成肉身并且生存于我们中间——这就是具体化了的基督教。"②在这篇游记中,恩格斯还将北德与"犹太人的世界观"联系在一起,将荷兰的风景与"加尔文教派"联系在一起,等等,从某种意义上看,这些说法不能仅被视为一种比喻,因为它们事实上体现了恩格斯对于自然与精神的内在关系的初步思考。在另一篇写于1841年下半年的游记《翻越阿尔卑斯山!》中,恩格斯进一步将大自然与"思想"联系在一起,称颂"在沉睡于大自然中的思想虽然没有苏醒过来,但也仿佛做着金色美梦"③。这些文字体现了恩格斯对自然的泛神论式理解:精神内在于自然之内。

---

① 黑格尔:《历史哲学》,王造时译,第31页。
② 《马克思恩格斯全集》第2卷,人民出版社,2005年,第171—172页。
③ 同上书,第313页。

三、恩格斯对谢林的黑格尔批判的批判

文学作品当然不是详细阐发思想的最佳方式,不过恩格斯从1841年10月起在柏林服一年兵役,同时也在柏林大学旁听哲学课,特别是听了谢林关于启示哲学的演讲,这给了恩格斯用理论的方式系统表达自己观点的机会,其成果就是关于谢林的三篇文章:《谢林论黑格尔》、《谢林和启示》以及《谢林——基督哲学家,或世俗智慧变为上帝智慧》。

在这三篇文章中,《谢林论黑格尔》是最早的一篇,内容是对于谢林的1841年12月2日的演讲的回顾和评价;《谢林与启示》是三篇中篇幅最长、也是最重要的一篇,尽管形式上是对谢林柏林大学演讲的评述,但基本可以看作恩格斯对谢林晚期哲学的整体批判;第三篇《谢林——基督哲学家,或世俗智慧变为上帝智慧》则基本是以讽刺文体撰写的《谢林与启示》的通俗版本。

恩格斯的这三篇文章的基本主旨是通过批驳谢林来捍卫黑格尔的思想。谢林被弗里德里希·威廉四世亲自任命为柏林大学哲学教授,而这一任命的目的在于通过谢林打击黑格尔哲学在德国的地位。谢林在他的授课中果然对黑格尔哲学进行了"点名批评"。按照恩格斯的记录,谢林的这一批评的要点包括:第一,总体上来看,黑格尔哲学继承了谢林的同一哲学,但却停留于同一哲学并将作为绝对哲学本身提出来;第二,黑格尔哲学沉溺于实存之中,无法提出任何优先于实存的东西,因而无法提出真正具有内在性也即内在于思维中的东西;第三,从黑格尔的体系来看,黑格尔先讨论逻辑学,并设定逻辑学的目标在于证实绝对的实存,因此"无限"就不得不在黑格尔的体系中出现两次,一次在逻辑学的末尾,另一次在体系的终点,这样就使得整个体系无法成为连贯的整体;第四,黑格尔的逻辑学与自然哲学之间无法建立起真正的内在联系,因为自然界开始的地方恰恰即是逻辑结束的地方。在谢林提出的这四个批评中,第一个问题牵涉到对于黑格尔哲学的历史地位的评价,第二个问题牵涉到黑格尔哲学的基本特质,第三个问题和第四个问题牵涉到黑格尔哲学的体系的完备性。简言之,按照谢林的看法,从思想史地位来说,黑格尔哲学只是自己的同一哲学的一个从属性体系;从哲学品质上说,黑格尔哲学是不完善的,它既没有可靠的思想基础,也没有完备的体系。

对于谢林的批评,恩格斯作为"施特劳斯和黑格尔的弟子"在感情上自然是无法接受的:"如果谢林把黑格尔归入伟大思想家的行列,恰恰是由于他实

质上把黑格尔排除于这个行列之外,把他当作自己的创造物、自己的仆役来对待,这听起来就不止是一种讽刺了。最后,如果谢林把黑格尔著述中凡是经他认可的东西,都说成是他自己的财产,甚至说成是他自己的血肉之血肉,这岂不是一种思想贪婪,岂不是一种小气之举——对这种人所共知的低级趣味怎么说好呢?"[①]不过恩格斯并没有停留在不满的层面上,更没有将谢林对黑格尔的贬低仅仅视为前者的人品问题,而是比较客观地分析了谢林之所以这么做的深层原因。按照恩格斯的看法,这个问题与黑格尔哲学在黑格尔去世后的十年间的传播和影响密不可分。黑格尔的著作由于其严谨而刻板的风格,在很长时间里影响仅限于学术界,而在黑格尔去世以后,他的全集、特别是他的学生们编纂的《美学讲演录》、《历史哲学讲演录》以及《哲学史讲演录》等作品的出版,使黑格尔哲学开始产生巨大影响,而他的学生们在以通俗的方式宣传黑格尔哲学方面所做的大量工作,更使黑格尔哲学越来越深入人心。在黑格尔哲学中经常会出现"原则"和"结论"之间的矛盾,也就是所"不受约束的和需要自由思想的"[②]原则与经常受到囿于个人识见而具有片面性的结论之间的矛盾,而这就造成了黑格尔哲学的不彻底性。这时他的一部分学生站了出来,"他们忠于原则,结果结论不能自圆其说,他们就屏弃它们。这样就形成了左派"[③]。在恩格斯看来,以施特劳斯、费尔巴哈以及卢格等人所组成的黑格尔左派在一系列思想工作,在德国思想界实现了非常重要的变革:"基督教的,以致迄今为止举凡被称为宗教的东西的全部基本原则,都在理性的无情批判下土崩瓦解了;绝对观念要求成为新纪元的缔造者。伟大的变革——上一世纪的法国哲学家只是这一变革的先驱——在思想王国里完成了,它的自我创造实现了。"[④]但黑格尔左派的处境在亲黑格尔的普鲁士教育大臣阿尔滕施泰因去世之后发生了根本变化:面对黑格尔左派掀起的思想革命浪潮,普鲁士官方开始逐渐采取措施进行压制,用各种手段削弱黑格尔哲学的影响,并在思想界发动了一场反对黑格尔的斗争,正是在这当口,"谢林应聘来到柏林,以便在这场争论中发挥决定性作用,把黑格尔的学说从它自己的哲学领地上驱逐出去"[⑤]。

---

① 《马克思恩格斯全集》第2卷,人民出版社,2005年,第329页。
② 同上书,第338页。
③ 同上。
④ 同上书,第340页。
⑤ 同上书,第341页。

恩格斯尽管对谢林本人并无太多好感，但他还是认真分析了谢林的思想。在恩格斯看来，谢林没有理由将黑格尔哲学视为自己体系的一个附庸，因为这两种哲学在旨趣上根本上是对立的，这体现在，黑格尔要建立世界与理性的联系，而谢林则游走于理性与非理性之间，换句话说，"黑格尔对观念怀有天真的信仰，谢林对这种信仰则十分蔑视"①。因此从体系建构来说，黑格尔的理性原则贯穿他的逻辑学、自然哲学和精神哲学，而谢林则把合乎理性的部分和不合乎理性的部分分开，把前者归入"否定哲学"或"纯理性科学"，而把后者归入"实证哲学"（或"肯定哲学"）。

按照恩格斯的理解，谢林的否定哲学的基本概念就是作为"认识的无限潜在力"的理性，而所谓"认识的无限潜在力"，是指认识从结果或内容上说具有无限可能性。在恩格斯看来，谢林的理性概念事实上包含了非理性维度，因而是一个无法成立的概念。而问题的关键就在于，谢林试图将实存（Existenz）从理性中排除出去。恩格斯此时所使用的"实存"（Existenz）概念的基本含义是显现出来的存在，与"世界""现实"的内涵大致相同。恩格斯对谢林的否定哲学的基本进路的理解是："他从经院哲学的原理出发，要把事物区别为 quid 和 quod，是**什么**[Was]和是**这样的**[Daß]。他说，理性教导我们，事物是**什么**；而经验则证明，事物是**这样的**。他认为，用坚持思维与存在的同一性来取消这种区别，那就是糟蹋这一原理。逻辑思维过程的结果只能是世界的观念，而不是实存的世界。理性无论如何没有能力证实某物的实存，在这方面只须采用经验的证明就行了。"②这就是说，谢林否定哲学的出发点其实并不是统一的事物本身，而是分裂为本质和实存的事物，而谢林所说的理性就是在本质层面进行的纯粹的逻辑思维，至于实存层面的内容，则不是其否定哲学考察的对象。

在恩格斯看来，如果谢林从这种本质与实存分离的立场出发的话，他的"理性"概念就不能自洽。恩格斯对于这种不自洽性作了三个层次的分析。首先，如果把理性理解为一种认识的无限的潜在力，那么从概念上来说，这种"力"一定要表现出来，无法表现出来的力根本就不是力，而认识的能力之表现出来，就必须借助于实存性的材料。恩格斯拿眼睛和视觉的关系来说明这个问题："眼睛是视觉的潜在力吗？眼睛，甚至闭着的眼睛，总是能看见东西

---

① 《马克思恩格斯全集》第 2 卷，人民出版社，2005 年，第 345 页。
② 同上书，第 344—345 页。

的,即是当它感到什么也看不见的时候,它仍然看见黑暗。只有患病的眼睛,即可以治好的失明的眼睛,才是视觉的潜在力,但不是行动,同样,只有不成熟的或暂时混乱的理性才仅仅是认识的潜在力。"①其次,理性如果是无限的潜在力的话,其内部就不能有矛盾(因为如果有矛盾的话就无法成为无限的东西),而这就意味着,理性同时也就是无限的行动。恩格斯对此的说明是:"潜在力同行动的分离,力同力的表现的分离,仅仅属于有限性,而在无限的东西中,潜在力本身同它的行动是一致的,力同力的表现是一致的。"②最后,理性如果是一种认识的潜在性的话,就意味着理性内在包含一种目的性或方向性,这就是认识的实现,或称为现实的认识,而这自然就需要有可供认识的实存作为认识的对象作为认识的前提,但谢林又拒绝将这些内容纳入理性的范围,这样人们就无法理解这种理性的可能性何在。"理性"概念的这些不自洽从根本上造成了谢林的作为认识的潜在性的理性的自身运动的"辩证法"无法具有必然性,而"这就表明,纯理性科学的内容是一个空心的、空洞的、无用的内容,而理性在达到自己的目的并且真正认识了自己的目的时,就成为非理性"③。

如果说谢林的理性概念之无法自洽、甚至必定会走向非理性的原因在于他关于理性与实存分离这一原则的话,在恩格斯看来,这一原则甚至在形式上就是自相矛盾的。因为如果理性真的可以与实存完全分离,那就意味着理性本身并不实存,这样的话,在谢林的实证哲学中关于精神能够从自然界中解脱出来并与后者达到平衡的思想就无法理解了,也就是说,谢林自己事实上也是承认理性的实存的。那么谢林关于理性与实存的分离的原则的意思,就应被理解为,具有实存的理性不能与具有实存的自然界或世界具有同一性。但这在恩格斯看来,这显然是说不通的。

但仅仅说理性与实存的不统一会导致问题是不够的。要对谢林进行真正具有效力的批判,还应当从正面证明理性与实存是统一的。

恩格斯按照黑格尔的方式提出了如下看法:"迄今为止,任何哲学给自己规定的任务都是要把世界理解为合乎理性的。凡合乎理性的,当然也是必然的;凡属必然的,便应当是现实的或者终究应当成为现实的。这是通向现代

---

① 《马克思恩格斯全集》第2卷,人民出版社,2005年,第353页。
② 同上书,第354页。
③ 同上。

哲学的伟大实践结果的桥梁。"①恩格斯这段话的意思自然主要是想说，理性的实存意味着必然性本身的实存，而如果必然性只是一种思维而无法表现为世界中，就无法称其为必然性，而理性之物也就不再是理性的了，而这也是恩格斯对黑格尔的著名观点"凡是合乎理性的都是现实的"的一个解释。不过在恩格斯的上述说明的开头部分（"迄今为止，任何哲学给自己规定的任务都是要把世界理解为合乎理性的"），却显然包含了一个不同的论证方向：所谓"把世界解释为合乎理性的"，就意味着"凡是现实的都是合乎理性的"。

当然，"凡是合乎理性的都是现实的"与"凡是现实的都是合乎理性的"这两句话在黑格尔《法哲学原理》中是一起被提出来的②，对于黑格尔来说，这两个命题是内在统一、不可分割的，但这种统一性的大前提是理性的东西本身的存在，而小前提则是理性的东西通过现实的东西体现出来，这两个前提共同说明的是"凡是合乎理性的都是现实的"，只有以这一原则为保障，才能说明何以"凡是现实的都是合乎理性的"。因此这两句话的地位事实上是不对等的，在某种意义上说，"凡是现实的都是合乎理性的"只是对于"凡是合乎理性的都是现实的"的证明而已。这样，黑格尔所说的"所以最关紧要的是，在有时间性的瞬即消逝的假象中，去认识内在的实体和现存事物中的永久东西"③，其实只有放在黑格尔的全部体系之内才有效，或者说，《法哲学原理》其实只有在《逻辑学》的前提下才是可以成立的。但问题是，对于黑格尔来说，他的大前提即"凡是合乎理性的都是现实的"这一命题何以能够成立？黑格尔的下列说法可视为对此所作的回应："正是**哲学对现实所处的这种地位**引起了误会；因此我回复到从前所说过的，即哲学是**探究理性**东西的，正因为如此，它是**了解现在的**东西和**现实的**东西的，而不是提供某种**彼岸的**东西，神才知道彼岸的东西在哪里，或者也可以说（其实我们都能说出），这种彼岸的东西就是在片面的空虚的推论那种错误里面。"④显然，黑格尔的意思是，合乎理性的东西之所以都是现实的，正是因为合乎理性的东西本身并不离开现实的东西而单独存在，而是相反，"哲学作为有关世界的**思想**，要直到现实结束其

---

① 《马克思恩格斯全集》第 2 卷，人民出版社，2005 年，第 344 页。
② 参见黑格尔：《法哲学原理》，范扬、张企泰译，商务印书馆，1979 年，第 11 页。邓安庆先生将 vernünftig 译为"有理性的"，并这两句话译为"凡是有理性的，都是现实的；凡是现实的，都是有理性的"（参见黑格尔：《法哲学原理》，《黑格尔著作集》第 7 卷，邓安庆译，第 12 页），我深以为然。不过为了引文一致起见，在此仍引用范扬、张企泰译文。
③ 同上。
④ 同上书，第 10 页。

形成过程并完成其自身之后,才会出现"①,这也正是为什么"密纳发的猫头鹰要等到黄昏到了,才会起飞"②的原因。但黑格尔在这里所说的"现实"显然并非简单的"现存世界",而是"本质与实存相统一"的世界,也就是"精神世界"。这一点后来在《哲学全书》的第一部分即《小逻辑》中得到了澄清:"就另一方面来看,同样也须注重的,即应将哲学的内容理解为属于活生生的精神的范围、属于原始创造的和自身产生的精神所形成的**世界**,亦即属于意识所形成的外在和内心的世界。简言之,哲学的内容就是**现实**(Wirklichkeit)。"③因此,哲学之把握现实的前提,其实并不在于哲学能够以理性的方式从现实中获得理性内容,而在于哲学与现实都是精神的产物。精神的内在要求,是通过哲学在现实中把握自身,因此就有了"形式"与"内容"相统一的需要,其实质在于作为概念认识的理性与作为现实的理性的统一:"这也就构成**形式**和**内容统一**(前面已经指出,不过比较抽象)的更为具体的意义,因为在其最具体的意义上,**形式**就是作为概念认识的那种理性,而**内容**是作为伦理现实和自然现实的实体性的本质的那种理性,两者自觉的同一就是哲学理念。"④对于黑格尔来说,这种"自觉的同一"正是精神的"当前"内容的核心,因此根本的问题就落脚于,如何理解"精神"的自我同一性。因此,尽管按照黑格尔的说法,"现代哲学思想的**内容**,同时曾取材于人类对于外界和内心,对于**当前**的外界自然和**当前**的心灵和心情的**自己**的直观和知觉"⑤,但在他那里,这种"取材"的目标,与其说是探索精神的未知内容,不如说是证明精神的自我同一。在精神的自我同一尚未得到证明之前,也即思维中的理性与伦理生活和自然界中的理性尚未统一之前,精神只能是理念,也即以不同方式展现自身内容的本质,黑格尔的《哲学全书》的三个部分即逻辑学、自然哲学和精神哲学就是以这种理念为研究对象的,而对于理念的这种研究,本身却又是以精神的自我同一为前提的("目标"本身即是"前提")。因此,黑格尔的"凡是合乎理性的都是现实的;凡是现实的都是合乎理性的"这一命题的含义就是:(1)精神的当前内容是其自我同一性,因此(2)有理性的东西是与现实的东西一致的,而(3)这种一致性是可以通过对于现实的考察中获得证明的。在黑

---

① 黑格尔:《法哲学原理》,范扬、张企泰译,商务印书馆,1979年,第13—14页。
② 同上书,第14页。
③ 黑格尔:《小逻辑》,贺麟译,第43页。
④ 黑格尔:《法哲学原理》,范扬、张企泰译,第13页。
⑤ 黑格尔:《小逻辑》,贺麟译,第46页。

格尔的体系中,上述第二个方面体现为逻辑学,第三个方面体现为自然哲学和精神哲学,而第一个方面则是后两个方面的保证。

而在恩格斯的解释中,这些方面被分开了。"凡是合乎理性的都是现实的"被当作黑格尔哲学的真正前提,而隐含在黑格尔这一命题的前提中的"当前性"的精神内容即精神的自我同一性则被拿掉了,这样,理性与现实(或按恩格斯的说法,"实存")的统一就成了一种抽象关系:"现在,任何哲学的基础都是理性的实存。这种实存被理性的活动所证实(我思故我在)。因此,如果把理性当作实存的东西而由它出发,它的一切结论的实存也就随之而来了。"①至于"凡是现实的都是合乎理性的",则成为"任何哲学"都应该赋予自己的任务。但问题是,如果没有作为精神的"当前"内容的自我同一性作为前提的话,这两个命题如何能统一在一起又成了一个问题,因为此时"理性"与"现实"何以能够相遇不啻为一个谜。这样,"凡是现实的都是合乎理性的"就无法被视为与"凡是合乎理性的都是现实的"方向一致的命题,因为理性的东西固然都要在现实中表现出来,但现实的东西所内在包含的理性却未必一定是这种理性的东西本身。

于是恩格斯试图通过一个形而上学证明来解决这个问题:"如果理性是存在的,那么,理性的实存就证明了自然界的实存。于是就有这样的必然性:存在的潜在力必然立即转化为存在的行动。"②也就是说,自然界的实存是内在地蕴含在理性存在这一事实中的,这样,反过来说,即便像自然这样具有外部的实存性的东西也一定是合乎理性的。但为什么理性的实存能"证明"自然界的实存呢?关键在于理性具有活动性。在恩格斯看来,笛卡尔"我思故我在"这一命题的成果,正在于理性的实存首先就意味着理性的活动,而理性的活动就必须有活动的对象与素材,而后者本身就是"自然界"的一部分,而这部分实存的东西又与其他的实存密切相联:"但是如果我们以某个实存的东西为出发点,那我们无疑可以从这个东西再转到其他事物上去,并且如果全部推理都是正确的,那么这些事物也必然是存在着的。"③于是,整个自然界的实存都可以由理性的实存推演出来。又由于自然界的实存也要通过自然界的行动表现出来才能得以证明,"存在的潜在力"也即思维领域的"本质"性

---

① 《马克思恩格斯全集》第 2 卷,人民出版社,2005 年,第 356 页。
② 同上书,第 355 页。
③ 同上。

内容,必将内在地与整个自然界的行动联系在一起。由此可见,在恩格斯对谢林的批判中,"存在"与"行动"或"活动"的内在统一性是一个关键的前提:所谓理性与实在的内在联系,实际上被还原为存在与行动的内在联系。

恩格斯从"存在"与"行动"的内在关系着手,其目的在于将理性与自然界联系和统一在一起。但这种处理方式的重要后果是,如果说对于黑格尔而言,自然界之所以能够纳入其哲学体系主要在于其"形式"的话,那么恩格斯则通过"行动"概念的引入,将自然界的"质料"引入进来了。自然界的"质料"方面显然并不是"精神"的产物,因而无法容纳在黑格尔的体系中。所以,当恩格斯将黑格尔哲学的基本原则归于"随同思想又有实在的实存"①并进一步将之解释为"无论黑格尔还是别的什么人,都没有想过要证实某种事物实存,而无须有经验的前提,他证实的只是实存的东西的必然性"②的时候,他所谈的问题事实上已超出黑格尔《哲学全书》体系的视野之外了。如何将具有"质"的实存与理性统一在一起呢?

对于恩格斯来说,要解决这一理论困难,求助于费尔巴哈思想是一个上佳的选择。

费尔巴哈之所以能成为此时的恩格斯所参照的理论资源,一个重要原因正在于,他将"实存"理解为并非主要与某种普遍性的"形式"有关、而主要与存在物的特殊的"质"有关的概念。而有趣的是,在对恩格斯产生很大影响的《基督教的本质》一书中,费尔巴哈也同样是在对于谢林哲学的批判过程中呈现他的"实存"概念的内涵的。

针对谢林在其《论属人的自由之本质》等著述中以神秘主义的方式所提出的自然概念(即作为处于上帝之内、与上帝不可分离但却与上帝区别开来的"本质"的自然),费尔巴哈看法是,"没有了自然,人格性、'自我性'、意识就一无是处,换句话说,就成了空洞的、无本质的抽象物"③,自然并非如谢林所理解的那样,只是"幽暗的、神秘的、不定的、隐匿的影像"④,而根本上就是由"强有力的、因而精确的和严峻的"⑤肉体所构成的。在费尔巴哈那里,肉体是空间性的,也即具有"不可贯穿性"和差异性。所谓"不可贯穿性",就是对于

---

① 《马克思恩格斯全集》第 2 卷,人民出版社,2005 年,第 355 页。
② 同上。
③ 费尔巴哈:《基督教的本质》,荣震华译,商务印书馆,1984 年,第 135 页。
④ 同上书,第 133 页。
⑤ 同上。

某一特定位置的独占和排他性,而差异性则主要体现为具体个体之间的"血肉""生命"和"性"的根本差别。肉体与感性直接相关,因而自然也就与感性有着内在关联。正是以对这种感性的自然为基础,费尔巴哈将"存在"(Sein)与"实存"(Existenz)联系在一起。对于费尔巴哈而言,"存在"主要是一个名词,指使一个存在者成为它所"是"者,而这就意味着,存在与存在者自身的本质密不可分。因此费尔巴哈说:"那使一个存在者成为它**所是**的,正就是它自己的才具、能力、财富、装饰。那末,它怎能把自己的存在认为非存在,把自己的财富认为贫困,把自己的才能认为无能呢?……理智、趣味、判断,不能否定本质所肯定的东西;否则,理智、判断力就不再是这个特定存在者的理智、判断力而变成某个另外的存在者的理智、判断力了。"①不过这并不意味着存在就是存在者"内部的"或"隐而未显"的本质,因为一个存在者的本质总要有所"显现",而存在就是显现中的本质,或本质的能够被"规定"的那一面。正是借助于这种"显现"和"规定",存在才有可能被视为"完善、幸福、福乐"②,也才能够"被爱"和"被崇拜"③。对于存在着的本质的规定,可以是思维的规定,但这种规定在费尔巴哈那里是派生因而次要的规定,真正基础性的规定在于感性的规定,费尔巴哈也称之为"感性存在"(sinnlichkeit Sein)。所谓感性存在,字面上指可以通过人的感官把握到的存在,不过费尔巴哈对于这个概念的使用,并不在于强调人的主观性的决定作用,恰好相反,在于这种存在是"外在于我们的存在"④——这里的"我们",是指能思维的人,因而"感性存在"其实是就是"自己规定自己"的存在:"要称得上是现实的、感性的存在,就得不依赖于我的'自己规定自己',不依赖于我的活动——而我倒不由自主地为其所规定——并且,即是我并不存在,并不想到、感到它,它也仍旧存在。"⑤为了强调感性存在是"自己规定自己"并"外在于我们的存在",费尔巴哈又将感性存在称为"实存"。费尔巴哈对"实存"的这一用法显然来自黑格尔。在《哲学全书》的逻辑学部分,黑格尔对是实存的界定是:"实存是自身反映与他物反映的直接统一。实存即是无定限的许多实际存在着的事物,反映在自身内,同时又映现于他物中,所以它们是**相对的**,它们形成一个根据与后果互相

---

① 费尔巴哈:《基督教的本质》,荣震华译,第37页。
② 同上书,第264页。
③ 《费尔巴哈哲学著作选集》上卷,荣震华、李金山等译,商务印书馆,1984年,第168页。
④ 费尔巴哈:《基督教的本质》,荣震华译,第265页。
⑤ 同上。

依存、无限联系的**世界**。"①黑格尔这一对实存的界定包含着"自身反映"和"他物反映"两个方面的统一,而这恰好也是费尔巴哈试图通过"实存"这一概念所要表达的内容。不过,如果说对于黑格尔而言"实存"是从"根据"发展而来、经过中介的扬弃过程而恢复了的"存在"的话,"实存"根本上说具有"存在"的特征,而在黑格尔那里,"存在"就意味本质的直接性,这样黑格尔所要强调的就是,实存在形式上也和存在一样具有直接性。而对于费尔巴哈来说,存在本身并不包含这种单纯的"直接性"维度,也就是说,并没有一种均质的"直接存在"状态,因为存在本身意味着使物成为其所是者,而物则是各个不同的。如果说"存在"这一语词也表达了某种普遍性的话,它只是表明"每一个存在者都满足于自身"②,而"每一个"这一表达恰好体现了"满足于自身"的方式的差异。这样,在费尔巴哈的"实存"概念中,就内在地将黑格尔视为"根据"与"实存"的对立统一的结果并因而具有差别在自身之内并有规定性的、具体的"物"(Ding)包括在自身之内了。当然,费尔巴哈考察"物"的视角与黑格尔的视角是不同的。"物"在黑格尔逻辑学的框架中是作为思维的一个环节而存在的,因此重要的在于探讨物的"形式"方面而非"质料"的方面:"质料作为实存与它自身的**直接统一**,对于规定性也是不相干的。因此许多不同的质料都结合为一个质料,结合为在反思的同一性范畴中的实存。反之,那些不同的规定性和它们彼此隶属于'物'的外在联系就是**形式**(form)。——这形式是有**差别**的反思范畴,但这种差别是实存着的并且是一全体。"③黑格尔对于质料问题的这种态度,显然与其逻辑学甚至整部《哲学全书》体系的目标有关:逻辑学就是关于理念也即具体的、自由的"思想"的科学,这样,属于偶然性的内容,比如"物"中具有差异性的方面,比如质料,当然就被应通过划归为某种"一般性"的方式过滤掉:"构成'物'的各种不同的质料**自在地**彼此都是相同的。因此我们得到**一个**一般的质料。在这种质料里,差别被设定为它的外在的差别,即单纯的**形式**。"④而对于费尔巴哈来说,真正意义上的"物"就是"感性的物",也就是处于"我"之"外"的物。这种物有着自己独特的"质",因而占据着不能被其他的物所占据的空间。费尔巴哈将这种某物与他物相对而形成的对立性的空间关系称为"实在"(Realität)。费尔巴

---

① 黑格尔:《小逻辑》,贺麟译,第 265—266 页。
② 费尔巴哈:《基督教的本质》,荣震华译,第 36 页。
③ 黑格尔:《小逻辑》,贺麟译,第 272 页。
④ 同上。

哈说:"实存,就必须要有完全的、确定的实在性。"①这就意味着,谈及"实存",就必定同时内在包含不同的、具有"肉体"的物的彼此对立的空间关系这种先在的现实关系。这样,费尔巴哈事实上就不仅不是以"存在"作为"实存"的前提,而是以"实存"作为"存在"的前提,更以"实存"为核心,将"存在"和"实在"统一在一起:"存在"所强调的是,感性物的共性是本质都能自身显现并因而"满足于自身","实在"则指感性物的自身满足是相互具有排他性因而异质的,而"实存"则统一了"存在"与"实在",所强调的是,感性物正是在排他性空间中"满足于自身"的。对于费尔巴哈来说,"实存"概念所指向的图景,是自然界中的每一个感性物都通过其对象而呈现自己的独特的本质,也就是"质"。

在对于"实存"的这种理解基础之上,费尔巴哈提出了自己的独特的"理性"概念。实存所呈现的,固然是某一事物的本质,但这种通过个别性的对象所进行的呈现,却只能是有限的呈现,而在费尔巴哈那里,"有限性——形而上学意义上的有限性——基于实存跟本质、个体性跟类的区别"②。因而自然实际上包含着无数彼此朝向对方的本质但所呈现的却都是有限内容的感性物。自然中的每一个感性物都是对象性的,也即都通过自己的对象而呈现出来,用费尔巴哈的话来说就是:"一个对象,一个现实的对象,只有当我们遇到一种对我发生作用的东西时,只有当我的自我活动——如果我是从思维的立场出发的话——受到另一个东西的活动的限制、阻碍时,才呈现在我们面前。"③正因如此,作为自然的一部分的人也是对象性的。不过,按照费尔巴哈的看法,人与自然界其他感性物之间是有区别的,这种区别就在于,他不仅能够将他物作为对象,而且能够将自己的本质作为对象,而这就意味着,自然界的存在有了自我意识,这种自我意识就是理性。费尔巴哈并未因为理性以自然为基础而贬低理性,恰好相反,如果没有理性,世界的必然性将陷入一片黑暗中,而世界也将没有任何意义:"只有理性,才是存在之自我意识,才是具有自我意识的存在;只有在理性中,才显示出存在之目的、意义。理性是作为自我目的而成为自己的对象的存在——事物之最终目标。"④在这个意义上,费尔巴哈称理性为"内在的光"⑤。费尔巴哈的"新哲学"或"人本学"所具有的

---

① 费尔巴哈:《基督教的本质》,荣震华译,第 266 页。
② 同上书,第 77 页。
③ 《费尔巴哈哲学著作选集》上卷,荣震华、李金山等译,商务印书馆,1984 年,第 166 页。
④ 费尔巴哈:《基督教的本质》,荣震华译,第 79 页。
⑤ 同上。

"实践"旨趣,即"在理性中和用理性来肯定每一个人——现实的人——在心中承认的东西"①,也就是从个别事物中发现"绝对的价值"②,或将有限的东西理解为无限的东西,正是以理性与实存的这一关系为基础的。但费尔巴哈更为强调的是,我们不能因此而将理性绝对化,因为这样的话理性就成为无对象的存在者了,而这种存在者是不存在的。既然理性是存在的自我反思,那么存在作为理性的对象也就是理性的界限,因此理性事实上就不能以与感性密切相联的知性相脱离。但由于理性具有抽象性,常会将自身理解为一种"无限的精神",而费尔巴哈则强调精神的有限性也即条件性:"人仅能信仰、知觉、表象、思维那启发他的、在他当中作用着的知性;他不能信仰、知觉、表象、思维那启发他的、在他当中作用着的知性;他不能信仰、知觉、表象、思维任何一种别的精神(因为**精神之概念**,只是**思维、认识、理智之概念**,任何**别的精神,都是幻想之幽灵**)。"③这样,理性、意识、精神都只有以人自身的自然为前提并在其中才是可以被理解的。而这也就意味着,理性的普遍"形式"是以人的特殊的"质"为前提和内容的,换句话说,抽象的理性其实就是人的"质"的体现。因此理性对于人自身的理解就不是像一束外部的光照亮某种幽暗的质那样具有外部性,而干脆就是人自身的质的直接呈现。

费尔巴哈的人本学实际上就宣布了理性与人的自然的直接同一,因而"凡是合乎理性的都是现实的,凡是现实的都是合乎理性的"这个命题在人本学的意义上也是能够成立的——只不过其前提已经不再是精神的当下的自我同一性,而是人的本质的先在性;另外,"理性"也不再具有超越性,而被降格为以人的本质为界限的抽象性,也即具有了"现实性";再者,既然理性是人的本质的呈现,那么说人的本质(也就是人的"质")是"合乎理性"的东西自然也没有问题。

这样,恩格斯在对谢林进行批判时候所产生的问题,即具有"质"的实存如何能够在没有"精神的自我同一性"作为前提的情况下与理性相统一,就可以在费尔巴哈的语境中得到解决了:所谓理性的活动性,无非是人的自然也即人的本质的自身呈现,它本就不外在于自然,正如恩格斯所说,"现代哲学的结论在谢林的早期哲学中至少作为前提就已经有了,只有费尔巴哈才使我

---

① 《费尔巴哈哲学著作选集》上卷,荣震华、李金山等译,第168页。
② 同上书,第167页。
③ 费尔巴哈:《基督教的本质》,荣震华译,第70页。

们对它有了透彻的认识;这种结论是:理性只有作为精神才能存在,精神则只能在自然界内部并且和自然界一起存在,而不是比如脱离整个自然界,天知道在什么地方与世隔绝地生存着"①。因而,具有"质"的实存与理性的统一是十分自然的事。

但此处马上又产生一个新问题:费尔巴哈所提出的这些观点,有着明显的唯物主义倾向,与黑格尔的绝对唯心主义基本是反向而行的,而费尔巴哈之提出人本学也的确是通过对黑格尔哲学进行批判而实现的,这样,如果说恩格斯试图站在黑格尔的立场上批判谢林的话,那么在恩格斯那里,黑格尔与费尔巴哈在何种意义上能够统一在一起呢?或者说,恩格斯何以能够借助费尔巴哈哲学对黑格尔进行"火力支援"呢?

关于这一问题,恩格斯在回应费尔巴哈对黑格尔的批评时对后者所做的如下辩护是值得重视的:"如果费尔巴哈指摘黑格尔深陷于旧事物之中,那么,他应当想到,对旧事物的意识就已经是新事物了,旧事物之所以进入历史范畴,是因为它已经被充分意识到了。由此可见,在黑格尔那里旧事物当然就是新事物,新事物就是旧事物,因此,费尔巴哈对基督教的批判,是对黑格尔创立的关于宗教的思辨哲学的必要补充。"②显然,恩格斯并未由于费尔巴哈对黑格尔进行了激烈的批判而将二者视为对立的,而是将这两种思想视为互补的。按照恩格斯的上列表述,这种互补性自然就在于,黑格尔通过把旧事物纳入"历史范畴"而呈现作为"对旧事物的意识"的新事物,而费尔巴哈则直接呈现新事物本身。因此无论黑格尔哲学,还是费尔巴哈哲学,都是对于新事物的表达,只是采用了不同的表达方式。恩格斯在这里所说的"新事物"是什么呢?简言之,就是人类自我意识与自然界的统一关系的建立。恩格斯从两个方面对这种"新事物"进行了描述。首先,从自然界方面来看,自然界不再像在漫长的历史中所体现出的那样,将自身的真理深深地隐藏起来,而是使之直接向整个人类呈现:"一切都改变了。在此以前一直同我们格格不入的世界,像幽灵一样以其隐蔽的力量使我们惊恐不已的自然界,——现在同我们多么亲密、多么接近啊!在我们看来曾经像监狱一样的世界,现在显露了真实的形态,犹如我们大家——富人和穷人、高贵者和低贱者都可以进出的一座宏伟的王宫。自然界向我们敞开大门并且向我们大声疾呼:别躲避

---

① 费尔巴哈:《基督教的本质》,荣震华译,第70页。
② 《马克思恩格斯全集》第2卷,人民出版社,2005年,第391页。

我,我并未被摒弃,我没有放弃真理,过来看看吧,正是你们自己最内在的本质赋予我生命力和青春美!"①其次,从人类意识这一方面来看,经过了漫长的历史发展,人类意识在那个时代终于克服了自身的分裂,实现了对于自身的完全把握,也即拥有了真正意义上的"自我意识":"同时,自然界的宠儿即人经过青年时代的长期奋斗、常年流落他乡之后,作为一个自由的男子汉回到了自己母亲身边,当他保护母亲,戒备那些在斗争中被战胜的敌人的幽灵时,也克服了自身的分化、自己内心的分裂。经过漫长的斗争和追求之后,他迎来了自我意识的光辉日子。他就站在那里,自由而坚强,自信又自豪,因为他身经百战,他战胜了自己,在自己的头上戴上了自由的桂冠。"②恩格斯关于"新事物"的这两种描述方式,前一种是费尔巴哈式的,后一种是黑格尔式的。这两种方式有着不同的出发点,但指向同一种图景:作为自然的一部分的人类,在那个时代获得了真正的自我意识,并把握到自然界所呈现的真理,而这种真理又同人自身的本质密切相联。这样,我们可以看到,费尔巴哈的人本学被恩格斯纳入黑格尔的以《精神现象学》为前提的哲学体系之内,并被理解为黑格尔全部体系的终点,而这同时也意味着,黑格尔的哲学体系也被恩格斯以费尔巴哈的方式加以理解,也即被理解为一种广义的人本学。因此,当恩格斯谈及"观念的力量",说"这就是观念的力量,凡是认识这种力量的人都会情不自禁地谈论它的庄严并且宣布它的万能;如果观念需要,他就会心甘情愿地抛弃其他所有的一切;他准备把生死置之度外,准备献出自己的财富和生命,只要观念而且仅仅只要观念得以实现"③的时候,恩格斯所谈的其实并不是基督教神学意义上的上帝的本质或其观念体现,而是人类在那个时代所获得的自我意识本身。既然人的自我意识植根于人的本质,那么凡在意识中呈现出的观念,都必定在人所处的世界中具有其实现的可能性。

也正是以这种人本学化了的黑格尔主义或黑格尔化了的人本学为基础,恩格斯形成了自己对黑格尔辩证法的理解。恩格斯以这种理解为前提对谢林的否定哲学中的辩证法观念进行了批判。

谢林将理性区分为三种"潜在力",第一潜在力趋向于存在,第二潜在力趋向于非存在,第三潜在力则在存在与非存在之间自由活动。谢林试图建立

---

① 《马克思恩格斯全集》第 2 卷,人民出版社,2005 年,第 391—392 页。
② 同上书,第 392 页。
③ 同上书,第 393 页。

起三者的辩证关系。但在恩格斯看来,这种辩证法存在着很大的问题,这主要体现在:第一,从内在逻辑来看,谢林所规定的"潜在力"的三种形式之间的相互转换并没有必然性,甚至在某种意义看它们之间可以随心所欲地进行转化或不转化;第二,从动力机制来看,相互矛盾的"潜在力"在力量相等时,是无法解决它们自身的矛盾的,而只能求助于某种外来的力量,否则就会保持原来的状态;第三,从结果来看,"潜在力"之间的转化意味着"否定",而这种"否定"的结果实际上就是被消灭,用恩格斯的话说就是,"要知道,它遭到的不单单是黑格尔所说的否定;它完全被消灭了,化为乌有,成了只有在可能性哲学才能碰到的彻底的非存在"①;第四,从展开过程来看,"潜在力"之间进行转化的具体形式被谢林称为"纯粹的行动",但只是"潜在地"存在的"力"何以有可能引入具有现实性的"力",则是不清楚的,因而谢林的辩证法的具体展开过程是晦暗不清的;第五,从辩证法的形式来看,谢林的辩证法各环节之间缺乏有效的中介,因而所谓"矛盾"就只能是两个没有必然联系的事物之间的互相排斥,而这种对抗"不可能产生某种不同于原初状态的东西"②。这样,在谢林那里理性的三种"潜在力"之间就并没有形成真正的辩证关系,"它们'相互让位',它们各有不同的'位置',它们相互'排斥',它们进行'抵抗',它们相互搏斗,它们'力求否定自己',它们'起作用',它们'追求',等等"③,因此,这种辩证法并没有体现出理性所要求的必然联系,而实际上是向感性的方向转化。按照恩格斯的分析,谢林对于辩证法的这种处理方式,与他仅仅将理性理解为"潜在力"有关:正是由于理性被谢林理解为"潜在力",因而理性也就仅仅是一种认识的可能性,这样,"三种潜在力"的辩证法实际上就成了纯粹"可能性"的辩证法,而不是具有内在必然性的辩证法。而这样的辩证法,其内容完全无法通过理性的方式被认识,"所以它就不是'理性的必要内容',而恰恰是一种绝对非理性的东西"④。

恩格斯将谢林的辩证法与黑格尔的辩证法进行了比较,认为后者才是"强有力的辩证法",在其中"那个内在的动力,似乎仿佛觉得自己对思想观念的各个规定的不完善和片面性负有责任,便推动它们不断走向新的发展和复兴,直到它们作为具有永世不衰的、纯洁无瑕的雄伟形象的绝对观念最后一

---

① 《马克思恩格斯全集》第 2 卷,人民出版社,2005 年,第 357 页。
② 同上书,第 360 页。
③ 同上书,第 351 页。
④ 同上书,第 353 页。

次从否定的坟墓中复生——谢林只能把这种强有力的辩证法理解为各个范畴的自我意识,而实际上它是普遍的东西的自我意识、思维的自我意识、观念的自我意识"①。这段话表达了青年恩格斯对黑格尔辩证法的基本理解,即辩证法的推动力是"普遍的东西""思维"或"观念"本身,而不是某种抽象或片面的范畴本身,而辩证法的方向则在于思维不断走出自己当前各种规定的不完善性或片面性而认识到自身真正的普遍性,而不是不同范畴之间冲突的不具有必然性的和解。至于黑格尔辩证法中的"否定",恩格斯的理解是:"但是,否定必然来自起初是自在的存在物,表现为内在本质的展开,意识的唤醒,直到它在自己的最高级的活动中必然重新由它自己否定自己为止,从而让发展了的、自成一体的、自由的东西产生出来。"②这些表述似乎令黑格尔辩证法蒙上了一种神秘色彩,但如前所述,恩格斯是在费尔巴哈的人本学的视野中来理解诸如"普遍的东西的自我意识""自在的存在物""内在本质的展开"和"意识的唤醒"这样的表达的,因此恩格斯说:"黑格尔的辩证法这一强有力的、永不静止的思想推动力,不外是纯思维中的人类意识,普遍东西的意识,黑格尔的神话了的意识。"③按照这一解释,黑格尔的辩证法的真正的推动力实际上是不断走出片面性、走向普遍性的人类意识;所谓"否定",不外是人类意识的自我否定。不过在恩格斯对于黑格尔辩证法的上述理解中,显然也包含着对于黑格尔的隐晦的批评:后者的绝对唯心主义的表达方式,掩盖了其人本学的本质,因而使人类意识变成了"神话了的意识"。

这样,当恩格斯这样理解黑格尔的思想并将之作为对谢林进行批判的基础时,黑格尔哲学就不仅不是谢林的否定哲学的不完善的发展,而且根本上说,它在理论上完成了后者所无法完成的工作:概言之,一方面,黑格尔哲学证明了理性与实存的统一,而这种统一由于在谢林视野之外,因此如果说在黑格尔哲学中理性主义在理性与实存的统一的基础上得以贯彻的话,那么谢林由于没有这一基础,只能走向非理性主义;另一方面,黑格尔的辩证法是一种具有内在必然性的辩证法,而谢林的辩证法并不具有这种必然性。

在上述恩格斯对谢林的否定哲学所进行的批判的基础上,我们也就能比较清晰地理解他对谢林思想的另一个重要组成部分即"实证哲学"的批判。

---

① 《马克思恩格斯全集》第 2 卷,人民出版社,2005 年,第 351 页。
② 同上书,第 373 页。
③ 同上书,第 389 页。

在恩格斯看来,谢林的"实证哲学"的基础是其"上帝"概念,而这一概念所表达的,是一个"在任何思维之前的、盲目的存在物"①。正是由于谢林的上帝处于任何思维之前,因而它无法被论证也无需被论证,而只能靠"经验"加以理解。在谢林的"经验"中,"上帝"被把握为"不可追溯的存在",或一种潜在的"纯粹行动"。恩格斯强调,这种意义上的上帝其实无法成为任何过程的基础,因为这种"纯粹行动"其实没有任何内在的动力。不过在谢林的实证哲学中,这种盲目的存在或"第一存在"却有可能从其自身中产生"第二存在",因为它可以凭借自己的"愿望"而获得它所指向的东西。但这种"第二存在"相对于"第一存在"而言又成为对立的东西,为了消除这种对立,作为潜在力的"第一存在"又否定了"第二存在",从而显示自身为不受必然存在束缚,并进一步证明自己为精神。恩格斯对谢林的这种上帝观的评价是:"这种自由的、有愿望的思维的后果之一就是:谢林让'不可追溯的存在'这样来行动,即仿佛它已经是有待从中发展起来的那种东西,即上帝。可是,不可追溯的存在还根本不能观看、愿望、放弃、返回。它只不过是同任何个人的东西、同自我意识恰好离得最远的物质的赤裸裸的抽象。"②也就是说,按照这一思路,我们只能得到无内容的抽象,而无法对"上帝"这一对象的具体规定性进行思考。因此,谢林关于上帝所表达的,都只是一种"假设",对于这种假设,理性无法证明之,而只能靠"启示"来证明。而这样一来,"这里只能看到,思想的明确性淹没在幻想的黑暗深渊中"③。恩格斯分析了谢林实证哲学中的关于"三位一体""基督之死""基督复活"等问题的观点,认为谢林的思想其实并不是哲学,但也不是基督教,因为其中包含着太多的主观随意和混乱的东西。按照恩格斯的看法,这主要是由于谢林希望将上帝描述为自由的,但这种自由又被设定为与必然性无关,因此上帝就作为一个单个个体而任意行动:"上帝总是被看成能同人一样任意地行动的。只有上帝被理解为单个的,这种看法当然不可避免,不过这不是哲学的。只有本身包含着必然性的那种自由才是真正的自由;的确,只有作为必然性的合乎理性性质的自由,才是真理。"④恩格斯的这一表述说明,他在自由问题上遵循黑格尔的路线(也是斯宾诺莎的路线),从自由与必然的统一来理解自由,而从这一角度来看的话,谢林之将上

---

① 《马克思恩格斯全集》第 2 卷,人民出版社,2005 年,第 368 页。
② 同上书,第 371 页。
③ 同上。
④ 同上书,第 388—389 页。

帝人格化就意味着将上帝的自由等同于任意的行动,而这是对于上帝的自由的误解。如果上帝是任性而为的,那么人的理性对之当然无从把握,因此,对于上帝,人所能做的就只有信仰了,这样的人很难说是自由的人。在恩格斯看来,谢林年轻时曾取得过重要的思想成就,"他敞开推究哲理之门,让自然界的新鲜气息吹进抽象思想的空间;使和煦的春光撒落在范畴的种子上,唤醒一切沉睡着的力量"①,但是晚年的谢林却走上了神秘主义之路,恩格斯对此十分惋惜:"这样,我们也许就讲完了谢林的哲学,对于像他这样的人竟陷入了信仰和不自由的陷阱,只能感到惋惜。"②值得注意的是,恩格斯对于谢林的实证哲学的批判的思想基础不是别的,而同样也是人本学化了的黑格尔主义或黑格尔化了的人本学。正是从人本学的角度来看,一种脱离了人的理性而成为一种纯粹的信仰对象的上帝的形象是无法接受的。在恩格斯看来,这种人本学可以有两种方式,第一种自然是费尔巴哈的方式,即把宗教的本质视为人的本质的异化,如果说这是一种从"主观"的方面来表述的人本学的话,那么大卫·施特劳斯所代表的黑格尔主义的宗教批判则代表了人本学的第二种方式,即从"客观"的方面表述的人本学,也就是将教义本身的发展历史理解为人类精神的自我演进的结果。

四、青年恩格斯的人本学化的黑格尔阐释的内在困难

可以看到,恩格斯对谢林的反批评的着眼点其实并不是谢林与实际的黑格尔哲学之间的差异,而是谢林与被他人本学化了的黑格尔哲学之间的差异。在这一点上,诺曼·莱文敏锐地看到了问题的前一半,但很不幸却忽视了问题的后一半。在其很有影响的著作《不同的路径:马克思主义和恩格斯主义中的黑格尔》一书中,莱文指出,恩格斯在他的谢林批判中并没有将黑格尔在《哲学史讲演录》和《费希特与谢林哲学体系的差别》中对于谢林的批判纳入自己的视野,而这就说明:"青年恩格斯对论战比对哲学更感兴趣。根据他在1838年至1842年期间所表现出来的基本行为方式来看,青年恩格斯是

---

① 《马克思恩格斯全集》第2卷,人民出版社,2005年,第390页。
② 同上。

一个社论作者,而不是一个在哲学方面训练有素、技巧熟练和学识广博的分析者。"①莱文的这一评论显然是戴着有色眼镜看待恩格斯的作品的结果。恩格斯虽然是一个哲学的自学者,但无论从分析的深刻程度还是逻辑的严谨性来看,他都体现出了很强的思辨能力,尤其是,恩格斯在谢林批判中对于谢林思想内在线索的清晰把握,表明他在哲学上其实是十分有天赋的。的确,恩格斯在分析谢林和黑格尔哲学的差异的时候,并没有按照黑格尔自己的说明来分析,但这恰好表明,彼时对黑格尔的《哲学史讲演录》已经十分熟悉的恩格斯根本没有打算按照黑格尔的思路来进行论述,而是要将自己所接受的费尔巴哈人本学与黑格尔融合起来,作为批判谢林思想的理论基础——如果说这的确不是莱文所说的"学者"的做法的话,那么这无疑也不是一位"辩论家"或"社论作者"所能做得到的,所有这些,都体现了恩格斯的思想家气质。正是这样,恩格斯的《谢林与启示》受到了当时由专业学者组成的青年黑格尔派的欢迎,卢格在读了《谢林与启示》后与恩格斯通信时甚至称后者为"博士",以至于恩格斯不得不特意加以澄清:"顺便提一下,我不是博士,而且永远也不可能成为博士;我只是一个商人和普鲁士王国的一个炮兵;因此敬请您不要对我使用这样的头衔。"②

但问题是,将黑格尔哲学费尔巴哈化也即人本学化的前提,是把黑格尔哲学理解为一个在"自然"特别是人的"自然"的透镜折射之下形成的、对于本质与其表现的统一性进行描述的体系。而这就意味着,黑格尔体系的基本内容就应当是对本质与其表现之统一的可能性以及各种具体的统一方式进行分析。但从黑格尔哲学体系的三个组成部分即逻辑学、自然哲学和精神哲学来看,本质与其表现的统一其实并不是这一体系的主题,因为事实上黑格尔体系的三个部分紧紧围绕作为理念自身而展开,其基本内容并不是理念与其外在表现的统一关系,而是理念自身在运动中所展现出的各种规定性,简言之,就是理念的绝对的自身同一性的具体呈现方式:"但理念完全是自己与自己同一的思维,并且理念同时又是借自己与自己对立以实现自己,并且在这个对方里只是在自己本身内的活动。"③当然,本质与其表现的关系问题在逻辑学的"本质论"中是一个重要问题,但这一问题是作为理念的一个内在环节

---

① Norman Levine, *Divergent Paths: Hegel in Marxism and Engelsism*, p. 136.
② 《马克思恩格斯全集》第 2 卷,人民出版社,2005 年,第 299 页。
③ 黑格尔:《小逻辑》,贺麟译,第 59—60 页。

而提出的，而不是对于理念与其表现形式的关系的直接探讨。在黑格尔哲学体系的终点，也即《精神哲学》的结尾处，黑格尔这样总结自己已经完成的体系的基本特征："这种哲学的概念就是思维着自己的理念，进行着知的真理(§.236)，具有这样一种意义的逻辑东西：它是那在具体内容中即是在其现实性中得到了证明的普遍性。"①这个解释比较明确地说明了，黑格尔现有的哲学体系的任务只是认识理念自身的真理，还没有越出理念的范围，因此主要探讨的并不是理念与其外部表现的关系。与这一任务相应的是，黑格尔现有体系的整体架构是一个以"逻辑东西"为基础的三段论，这一三段论建构了理念的"最初的显现"的过程，而这一过程体现为逻辑和精神通过自然而被统一在一起，也即"逻辑东西向自然生成，而自然则向精神生成"②，这一三段论内在于理念之中，因而自然只是一种从逻辑走向精神的"过渡通道"，它是按照合乎逻辑的方式，而不是按照自己原本的样态呈现出来的，正如因伍德所说，"《哲学全书》第二部分所呈现的，并不是原本的自然，即精神'以之为前提'的自然。它表现的是被精神赋予秩序并赋予概念的自然"③。在这种三段论中，自然的"质"，以及作为自然的一部分的人的"质"事实上都没有位置。

不过，不可忽视的是，在《精神哲学》中，黑格尔同时也描述了以已完成的哲学体系所获得的成果为基础向前进一步发展、走向新的三段论的可能性。按照黑格尔的预想，这个新的三段论应当是精神在自身的范围内展开的，"它须**先假定着**自然并把它与**逻辑东西**结合起来。这就是精神的**映现**在理念中的推论；科学显现为一种主观的**认识**，这种认识的目的是自由，而认识本身就是自由把自己产生出来的道路"④。在黑格尔的这一说明中，包含了以下几层意思：首先，这个新的三段论的起点将不是逻辑，而是自然；其次，新三段论的推动力将不是理念，而是精神；最后，新三段论的最后方向是自由，而不是自我认识。在《哲学全书》的三段论中，理念最终在精神中获得了自身的真理，而这也就意味着在以此为基础而展开的新三段论中作为推动力的精神对于自身有着充分的把握，它现在的任务，是将被排除在原来的三段论之外的内容也即原本的自然纳入自己的可理解的范围之内。因伍德对此的理解是：

---

① 黑格尔：《哲学科学百科全书Ⅲ 精神哲学》，《黑格尔著作集》第10卷，杨祖陶译，第348页。
② 同上。
③ M. J. Inwood, *A Commentary on Hegel's Philosophy of Mind*, Clarendon Press, 2007, p. 657.
④ 黑格尔：《哲学科学百科全书Ⅲ 精神哲学》，《黑格尔著作集》第10卷，杨祖陶译，第349页。

"在第一个三段论中,逻辑理念在精神出现之前变成了自然,而在第二个三段论中,精神被要求将原本的自然与逻辑结合在一起。这或许就是为什么'这种显现'也即第一个三段论要在第二个三段论中被'扬弃'的原因。解决的方案是,(在第一个三段论中)逻辑理念所要变成的东西现在成了原本的自然,而(在第二个三段论中)精神将这种原本的自然变成只是隐含地被逻辑理念所建构的自然。"① 也就是说,在第二个三段论中,"原本的自然"也即具有"质"的自然要在精神的中介下以逻辑理念的方式表现出来。这里的关键在于,作为黑格尔既有体系的成果实现了自我认识的精神通过反思自身的根据而将逻辑与自然内在地联系在一起。若这样理解的话,费尔巴哈的人本学其实就是这第二种三段论的一种实现形式,而恩格斯所理解的人本学化的黑格尔主义,其实就并不是黑格尔已经完成的体系,毋宁说,乃是这个体系的下一步的发展方向。

这样,当恩格斯将黑格尔人本学化、在某种意义上也唯物主义化时,恩格斯所理解的黑格尔哲学,其实是某种尚未出现的黑格尔哲学,或者说,是按照黑格尔的计划,或许会在《哲学全书》的既有体系之外另行建构的一个体系。而对于《哲学全书》体系的范畴、命题和推演过程所做的费尔巴哈式的或唯物主义式的解释,实际上都是某种"诠释"的结果。比如,恩格斯关于黑格尔哲学中的范畴的看法是,"因此,如果说,黑格尔的范畴不仅被称为据以创造这个世界的事物的模本,而且也被称为产生这些事物的创造力,那么,这只不过意味着这些范畴表达了世界的思想内容和它们的从理性的定在中得出的必然结论"②,恩格斯在这里显然为黑格尔的范畴强加了一个"世界"前提,而这个前提在黑格尔那里并不存在,也就是说,当黑格尔提出和探讨这些范畴时,我们固然可以通过某种"诠释",找到这些范畴在"世界"中对应的内容,甚至直接地"还原"为某种"人类学的"内容,但这种"还原"似乎并不是仅仅对黑格尔哲学才有效,而是对几乎所有哲学家都有效,因为没有一位真正的哲学家的工作不能最终还原到"世界"或人类生活的,哪怕恩格斯所批判的谢林思想,也不能说和世界没有一点关系,被恩格斯视为"混乱""神秘"或"非理性"的地方,也总能以某种方式被理解为植根于现实世界,不管这些方式是"歪曲"的还是"虚幻"的。人们当然可以理解,恩格斯对黑格尔的人本学式解读,

---

① M. J. Inwood, *A Commentary on Hegel's Philosophy of Mind*, p. 657.
② 《马克思恩格斯全集》第 2 卷,人民出版社,2005 年,第 356 页。

根植于其对于世界的理性表达问题或世界的本质与其表现的统一性问题的关注,但如前所述,从内容本身来说,黑格尔在其《哲学全书》中所直接关注的,其实并不是这个问题。按照黑格尔的思路来看,恩格斯的问题只有在理念的内容被弄清楚之后才能提出,也就是说,只有理念的内容澄清了,才能谈理念与世界之间的内在关系问题。

也正因如此,恩格斯在以人本学的方式为黑格尔辩护的时候,不知不觉出现了自相矛盾。比如,在恩格斯谈到谢林对于黑格尔哲学的体系结构的批评时,概述了谢林的如下观点:"黑格尔把逻辑规定为主观的科学,思维在这门科学中始终只在自身之中并且和自身同在,在任何现实之前和之外。但是它仍然应以**现实的**、实在的观念作为自己的终点。虽然同一哲学是在自然界中迈出第一步,黑格尔却把自然界从逻辑中抛出去,从而宣称自然界是非逻辑的。黑格尔逻辑的抽象概念并不处在哲学的开端;只有当意识把整个自然界纳入自己之中时,它们才能出现,因为它们只是自然界的抽象。所以,在黑格尔那里谈不上客观的逻辑,因为自然界即客体开始的地方,恰恰就是逻辑结束的地方。"①这里恩格斯所概述的谢林观点的基本意思就是,黑格尔体系的逻辑学部分不可能实现向自然哲学部分的过渡,因为黑格尔的逻辑被设定为独立于自然界,因而是在自身内部完成的东西,所以逻辑学并没有为自己留下任何进入自然界的可能性。恩格斯对于谢林的这一批判所作的反击,与其说是坚决的,不如说是混乱的。一方面,恩格斯直接反驳谢林的观点,对黑格尔进行了如下辩护:"黑格尔并未提出抽象观念性这种要求"②;但另一方面,恩格斯又针对黑格尔的逻辑学说道:"因此,在逻辑中,如果涉及观念的理想规定,把这些规定看作在自然界和精神中是实在的,那么,现在涉及的是这种实在性本身,是要证明这些规定处在实存中,而这种证明既是哲学的最后检验,同时又是哲学的最高阶段。"③这不啻于坐实了谢林对黑格尔的指责,因为这个说明实际上将黑格尔的逻辑学和自然哲学之间的关系视为"理想规定"和"证明"的关系,而这就意味着,逻辑事实上并不以自然为前提,自然的作用只在于它能够对逻辑进行证明而已。或许恩格斯想说的是,黑格尔的观念的规定只是在表面上看才是"理想的",而实际上则是以自然为前提的,因

---

① 《马克思恩格斯全集》第 2 卷,人民出版社,2005 年,第 362 页。
② 同上书,第 363 页。
③ 同上书,第 364 页。

而关于这些规定的证明,最终还是要在自然中寻找。但从黑格尔的体系来看,情况却并非如此,因为黑格尔的逻辑学虽然与精神现象学有承接关系,但后者毕竟不是科学的一部分,也就是说,黑格尔并没有为逻辑学设定一个作为自然的前提。

恩格斯之将黑格尔哲学人本学化,其最初动机显然在于针对费尔巴哈对黑格尔的批判而对黑格尔进行辩护,而这种辩护的主要目标,就是要将黑格尔哲学理解为以费尔巴哈人本学结论为最终方向、并通过人本学为原则而实现的历史的东西与逻辑的东西实现统一的过程。无论他将施特劳斯的宗教批判视为黑格尔的关于宗教的思辨学说的"顶峰",在其中"教义通过本身的历史**客观地**在哲学思想中获得解答"①,还是直接将黑格尔哲学中的观念与"实在性"联系在一起,并强调在黑格尔那里"观念的—实在的、在自身中完成的绝对,正是自然界和精神在观念中的统一"②,都意在说明,黑格尔现有的体系其实和人本学并不矛盾,前者从精神发展的客观性的历程获得的成果与人本学甚至可以形成互补关系。但如果恩格斯最终事实上并未成功地为黑格尔哲学中的观念、逻辑或理性找到一个作为自然的前提的话,那么,他从黑格尔《历史哲学》中获得并期望借助费尔巴哈的人本学加以"证明"的那个问题,即现实历史的理性化问题,就仍是一个悬而未决的问题。

或许这就是为什么尽管《谢林与启示》受到了来自青年黑格尔派的认可和赞扬,但恩格斯仍感到自己需要进一步思考和学习的原因。在 1842 年 7 月 26 日给卢格的信中,恩格斯写道:"我决定在一段时间里完全放弃写作活动,而更多地进行学习。原因很清楚。我还年轻,是个哲学自学者。我所学到的知识足以使自己形成一个信念,并且在必要时捍卫它;但是要想有效地、有的放矢地为这种信念去工作,这些知识还不够。"③恩格斯在这里所体现的,恐怕并不仅仅是谦虚,而更是非常清醒的自我判断。他所说的"信念"自然就是关于历史与理性的统一的信念,而他所意识到的问题,正是无法自洽地论证这种统一性。当然,他的这一"信念"的获得,并非如宗教信仰那般来自某种教义,而更多地是前述复杂的思想历程的结果,特别是与黑格尔的《历史哲学》中的思想产生共鸣的结果。对于青年恩格斯而言,历史与理性的统一,是论

---

① 《马克思恩格斯全集》第 2 卷,人民出版社,2005 年,第 391 页。
② 同上书,第 364 页。
③ 《马克思恩格斯全集》第 47 卷,人民出版社,2004 年,第 301 页。

证人的价值和尊严的必要前提,因而如何自洽地论证历史与理性的统一,就成为恩格斯思考的主题。

对于恩格斯的思想历程来说,他1842年11月前往英国曼彻斯特实习经商是一件至关重要的事。这次行程带给恩格斯两个关键性的成果。第一个成果是他在路过巴黎时和马克思的初次会面。马克思当时刚刚就任《莱茵报》主编,因用稿问题与布鲁诺·鲍威尔等"自由人"闹得不开心。而马克思知道恩格斯此前和"自由人"有不少来往,因此对恩格斯比较冷淡。这次会面在很大程度上说对两人来说都不是一次愉快的经历。但一年多以后,两人的关系就有了突飞猛进的发展,这和恩格斯在英国所取得的第二个关键性成果是密不可分的。这第二个成果就是恩格斯通过对英国工人阶级状况的观察以及对于政治经济学的研究所撰写的一系列作品,特别是1843年9月恩格斯给马克思主编的《德法年鉴》寄去的《国民经济学批判大纲》。可以说,1842年底到1843年秋这段时间是恩格斯思想实现质的飞跃的一个时期,而正是在这一时期,恩格斯找到了自己研究历史与理性的统一问题的独特路径。

第三章 恩格斯问题意识的深化：共产主义与国民经济学

一、恩格斯对英国工人运动的观察

恩格斯一到英国，马上就觉察到英国的社会空气中所弥漫的紧张气氛。这种社会紧张气氛主要来自两个方面，一个方面是英国三大政党在政治领域的激烈交锋，另一方面是宪章运动的开展。

当时英国有三个主要政党，即代表土地贵族的托利党、代表工厂主和商人的辉格党以及代表工人阶级的宪章派。恩格斯注意到，这三个党派的政治斗争主要是围绕着物质利益问题展开的。在《各个政党的立场》一文中，恩格斯以各党派对谷物法的态度为例，说明了各党派在进口许多法律问题上的交锋实际上是以它们各自所代表的阶级的物质利益为基础的。恩格斯尤其发现，在一些围绕物质利益而进行的政治斗争中，托利党往往会成为其他党派共同针对的对象，在恩格斯眼中，这实际上代表了一种历史趋势，即托利党及其代表的土地贵族一定会垮台。恩格斯并不藐视物质利益的斗争，不过其理由是黑格尔式的："有一个问题，在德国已经是不言而喻的，而对于一个顽固的不列颠人，却无论如何也讲不明白，那就是所谓的物质利益在历史上从来不可能作为独立的、主导的目的出现，而总是有意无意地为引导着历史进步方向的原则服务。"[①]这就是说，为物质利益而斗争并不是毫无意义的，也不是仅仅与某种暂时性和局部性的内容有关，相反，这种斗争服务于"引导历史进步方向的原则"。恩格斯的这种观点，显然脱胎于黑格尔《历史哲学》中关于普遍原则和特殊利益的关系的观点。黑格尔说："热情的特殊利益，和一个普

---

① 《马克思恩格斯全集》第3卷，人民出版社，2002年，第407—408页。

遍原则的活泼发展，所以是不可分离的：因为'普遍的东西'是从那特殊的、决定的东西和它的否定所生的结果。"①这说明黑格尔不仅将特殊利益视为与普遍原则有关的东西，而且认为普遍原则必须要通过特殊利益而实现。恩格斯也是从这个角度来理解这一问题的，并且进一步将这种观点简化为"只有利益能够发展为原则"②。

相较于与土地贵族和中间阶级有关的物质利益问题，恩格斯更关注工人阶级的物质利益问题。其时正值宪章运动达到高潮，英国社会各阶级几乎都被卷入这一由工人阶级所主导的运动。恩格斯直观地感受到了英国无产者在这场运动中所体现出的巨大能量。按照恩格斯的观察，无产者不仅人数众多，占了英国总人口的三分之一强，甚至接近一半，而且在争取自身权益的斗争中对当时的英国政治体制带来了极大的冲击，造成了一场异乎寻常的危机。在恩格斯到达英国后不久所写作的题为《国内危机》的系列通讯中，他分析了在这场社会危机中工人运动的直接目标和发展趋势之间的关系问题。恩格斯注意到，当时英国工人运动的指导思想，是宪章派所主张的采取合法途径实现革命，从而维护工人的政治和经济权益。而恩格斯则认为，用合法的方式进行革命这种思想是自相矛盾的，因而不可实现，事实上"用和平方式进行革命是不可能的，只有通过暴力变革现有的反常关系，根本推翻门阀贵族和工业贵族，才能改善无产者的物质状况"③。整体上看，在这里，即便是"暴力革命"的思想，也是在黑格尔式的"特殊利益"和"普遍原则"的关系下被讨论的：无论是革命的开始，还是革命的进行过程，都是为了"利益"而非"原则"，但这种为了利益而进行的斗争必将导向"原则"的实现，如果说为了"利益"而进行的斗争是"政治斗争"的话，那么"原则"的实现则是一场"社会革命"，而"革命将不是政治革命，而是社会革命"④。

二、恩格斯与共产主义问题

这种将社会革命和政治革命加以区分的思想，显然与后来被恩格斯称为

---

① 黑格尔：《历史哲学》，王造时译，上海书店出版社，2001年，第33页。
② 《马克思恩格斯全集》第3卷，人民出版社，2002年，第411页。
③ 同上。
④ 同上书，第412页。

青年黑格尔派中"第一个成为共产主义者"①的赫斯将"政治"和"社会"两个层面对举②直接呼应。赫斯在1843年6月给他的朋友的一封信中的说法,恩格斯在1842年从柏林来到科隆拜访赫斯,而在两人分手时,恩格斯已经成了一个"最热心的共产主义者"③。赫斯所说的这次会面,应是恩格斯在1842年10月结束在柏林服役返乡途中发生的。而关于这个时段,恩格斯在1843年下半年回顾道:"还在1842年秋天,这一派(指黑格尔左派——引者注)的某些人就争辩政治变革的不足之处,并表明自己的见解;以共有财产为基础的**社会**革命,是唯一符合他们抽象原则的人类状态。"④这自然主要是指赫斯在《莱茵报》上发表的一系列文章而言。由此可见,通过与赫斯的会面,恩格斯接受了只有社会革命才是真正意义上的革命的观点,因而也接受了赫斯的共产主义观点。此时恩格斯所接受的,就是他所说的"哲学共产主义"⑤。所谓哲学共产主义,是指以德国哲学为基础而发展出来的共产主义思想(比如赫斯的共产主义内嵌于从斯宾诺莎、费希特和黑格尔的哲学中衍生出来的"行动哲学"之中,这就是一种典型的"哲学共产主义"),它一方面和法国的政治的共产主义形成对比,另一方面和德国的民众的共产主义形成对比。恩格斯来到英国以后,对英国、法国和德国的社会改革运动进行了比较全面的考察。这种考察的基本成果体现在《大陆上社会改革的进展》等文章中。总体上看,恩格斯对欧洲的共产主义运动的理解和赫斯大致上是一致的。在《社会主义和共产主义》一文中,赫斯对德国和法国的共产主义思想进行了对比,强调在德国哲学为共产主义提供了土壤,而在法国则是政治领域成为共产主义的土壤。在赫斯看来,在法国政治斗争中建立的社会哲学和在德国哲学中发展起来的辩证法哲学,其最终归宿都是"共产主义这种共同体的状态"⑥。恩格斯也同样认为,法国的共产主义与法国政治领域的斗争密切相联,而德国的共产主义则是建立在德国哲学基础之上的。不过,值得注意的是,恩格斯并不赞成赫斯关于这两种共产主义的关系的看法。在赫斯那里,由于社会条件等前提的差别,法国最初的共产主义者在政治斗争中更多地强调了人的共同性中的

---

① 《马克思恩格斯全集》第3卷,人民出版社,2002年,第492页。
② 参见《赫斯精粹》,邓习仪编译,方向红校译,南京大学出版社,2010年,第62页。
③ 转引自奥古斯特·科尔钮:《马克思恩格斯传(Ⅰ)》,刘丕坤、王以铸、杨静远译,生活·读书·新知三联书店,1963年,第484页。
④ 《马克思恩格斯全集》第3卷,人民出版社,2002年,第491页。
⑤ 同上书,第492页。
⑥ 《赫斯精粹》,邓习仪编译,方向红校译,第113页。

"生活平等"的方面,而德国哲学则通过宗教批判而走向了无神论,更多地强调人的共同性中的"人格自由"的方面,但体现在这两种共产主义思想中的片面性并非没有意义的,因为"如果不是一方面绝对的平等,即法国的共产主义,另一方面绝对的自由,即德国的无神论,则无论是人格的自由还是社会的平等都不能成为**现实的真理**。在客观世界中,只要还能看到对立和奴役的状态,以及只要**政治**还支配着世界,就还不能考虑从天上的政治之锁解放世界"①。这就是说,法国和德国的共产主义的片面性实际上分别构成了共产主义理念的现实性的前提。而对于恩格斯来说,法国共产主义并不足以与德国的"哲学的共产主义"相提并论,因为"法国共产主义者只是在我们的发展的初级阶段帮助了我们,我们很快发现,我们比自己的老师知道的更多些"②。恩格斯对法国共产主义和德国共产主义的不同态度源自他对二者的具体考察。恩格斯将法国的共产主义区分为"巴贝夫的共产主义""平均主义派"的共产主义、"人道派"的共产主义和"伊加利亚共产主义"四种形式。在恩格斯眼中,这四种形式的共产主义都并不完美:"巴贝夫的共产主义"是大革命时代的思想,1830 年代在法国复活,恩格斯将"巴贝夫派"和"平均主义派"的参与者都视为"粗暴的人"③,因为他们都只是想把这个世界变成工人的公社,并且将文明中一切精致的东西当作贵族式的消费品加以消灭;而"人道派"在恩格斯眼中只是以攻击婚姻、家庭等制度为目标;伊加利亚共产主义尽管吸收借鉴了圣西门和傅里叶的思想,因而在思想水平上超出了前面三种共产主义,但却仍然保留了基督教,而在恩格斯看来,《圣经》的整个精神是同共产主义所宣扬的理性方案截然对立的。按照恩格斯的分析,法国共产主义之所以会有这些缺陷,根本上说正在于法国的社会改革的诉求直接来自于政治领域,因为这会使共产主义者们更多地将目光放在对于民主制的改造上:"人们发现,民主制不能实现真正平等,于是求助于公社制度。所以,法国共产主义者大部分还是共和主义者,他们需要的是一个共和政体下的公社式的社会"④。而关于德国的共产主义,恩格斯将之区分为民众的共产主义和哲学的共产主义。前者是德国最早的共产主义者魏特林在法国共产主义思想的影响下创立的,这种共产主义在工人阶级中非常有影响力,而后者则是既独立

---

① 《赫斯精粹》,邓习仪编译,方向红校译,第 115 页。
② 《马克思恩格斯全集》第 3 卷,人民出版社,2002 年,第 493 页。
③ 同上书,第 480 页。
④ 同上书,第 481 页。

于法国的共产主义、也独立于英国的共产主义的一种独特的思想。恩格斯认为,从思想渊源上看,这种共产主义与黑格尔哲学有着内在联系,即,这是在黑格尔去世之后,他的学生们用黑格尔的方法对旧的政治制度和宗教制度进行批判所必然获得的产物。关于这种必然性,恩格斯从两个方面加以论述:一方面,共产主义的原则建立在从康德到黑格尔的哲学革命的成果之上,是"从德国人**自己的**哲学中得出的必然结论"[①];而另一方面,德国人是一个偏好原则而不重利益的民族,而对抽象原则的偏好,以及对现实和利益的忽视,虽然使得德国人在政治上无所作为,但也正是这些品质令哲学共产主义得以树立起来。

关于恩格斯之迅速转向共产主义的原因,俄国学者米丁的解释是:"这是毫不足奇的,因为他的先前的发展已经为他做好了一切准备,特别是他想把理论和实践,哲学和现实,理论和政治结合为一个不可分离的统一体的倾向一直像一条红线一样贯穿着他的全部哲学发展;因为他通过'青年德意志'的各种著作已经熟悉了圣西门主义,通过赫斯熟悉了现代的先进共产主义理论;最后,还因为他是青年黑格尔派中最富于激进精神的分子。"[②]这个分析表面上看起来不错,但可惜所列举的这些原因都比较外在。因为"理论和实践的统一"这样的理论诉求未必就一定要以共产主义作为解决方案,熟悉圣西门主义和"现代的先进共产主义理论"只能说明共产主义是一个选项,而"最富于激进精神"则基本上能作为任何理论选择的原因。事实上,正如恩格斯自己所强调的那样,他所接受的是"哲学"共产主义,因此,恩格斯之接受共产主义,最根本的原因当从"哲学"角度来寻找。而既然将"哲学共产主义"的思想介绍给恩格斯的是赫斯,我们就应当首先看看赫斯是如何从哲学的视角来理解共产主义的。

对于赫斯而言,与共产主义相联系的"哲学",是指从斯宾诺莎开始,经由康德、费希特、谢林到黑格尔为止的"德国哲学"。赫斯所看重的是,在"德国哲学"的开端处,斯宾诺莎所提出的问题就是"至善"的问题,也就是"上帝的认识"问题,而这一问题经过德国哲学的一系列发展,在黑格尔那里以"绝对精神"的自我意识的方式被具体化。赫斯认为,无论是斯宾诺莎的"上帝的认

---

① 《马克思恩格斯全集》第 3 卷,人民出版社,2002 年,第 492 页。
② 米丁:《作为哲学家的恩格斯》,转引自奥古斯特·科尔纽:《马克思恩格斯传(Ⅰ)》,刘丕坤、王以铸、杨静远译,第 484 页。

识",还是黑格尔的"绝对精神"的自我认识,都是以普遍性本身为原则的。黑格尔哲学的最终成果,就是绝对精神通过扬弃构成自身运动的诸环节的片面认识而将自身把握为具有普遍性的理念。赫斯将这种"普遍性"进一步诠释为"统一性",认为自我意识所把握到的自身的统一性本身就是关于人的"平等"和"自由"的观念的前提。赫斯进一步将"一切生活的绝对统一"成为近代的"原则",这种原则在由德国哲学以思辨的方式阐述出来的同时,也通过法国社会思想表达出来。因此,尽管德国哲学的最终目标可被视为对绝对人格的自由进行论证,而法国社会主义运动的目标则是实现人的平等,德国和法国的"精神"所面临的却是同样的任务:"依据傅里叶和黑格尔,法国和德国的精神被抬高到如下绝对的立场,即,在那里,人格的自由或绝对精神的自由的人格这种主体的无限权利,和赋予与此同样权利的客观世界的规律,即社会中一切个人的绝对**平等**,已经不再对立,而成为一切生活的绝对**统一**这种同一的原理两个相辅相成的因素。"①赫斯对两者的内在关系作了进一步的分析:如果从德国哲学的角度看,黑格尔哲学中已经包含有这样的认识,即,个人的自由不应当诉诸各个人的特殊的"所有性",而应当诉诸一切人都具有的"共同性","任何占有物,只要在普遍性上并非人的普遍的财富,就不是能够促进我的个人自由的东西"②,而这就必然引入"平等"的维度;而如果从法国的社会运动的角度看,在政治上建立平等的社会关系,其前提正是精神的自由状态,也就是无神论,比如在法国大革命中罗伯斯庇尔将"理性宗教"理解为"法治国家"的先决条件,因此他拒绝将"上帝"视为最高的存在,而是将"国民公会"视为最高的存在。

和赫斯一样,恩格斯也将黑格尔思想视为哲学共产主义的基础。尽管恩格斯并没有详细分析这一立场的理论根据,不过,当恩格斯谈到"德国人是一个哲学民族;共产主义既是建立在健全的哲学原则的基础上,尤其因为它已是从德国人自己的哲学中得出的必然结论,德国人决不愿意也不可能摒弃共产主义"③时,特别是当他对英国社会历史发表评论说"只有在英国,个人本身才促进了民主的发展并且使发展接近完成,而没有意识到要代表普遍原则"时,恩格斯之将黑格尔哲学与共产主义联系在一起,是由于他一方面将共产

---

① 《赫斯精粹》,邓习仪编译,方向红校译,第 113 页。
② 同上书,第 114 页。
③ 《马克思恩格斯全集》第 3 卷,人民出版社,2002 年,第 492 页。

主义的基本原则理解为普遍性原则,另一方面又将德国哲学、特别是黑格尔哲学的成果视为这种普遍性原则本身。在恩格斯那里,黑格尔哲学所揭示的这一原则关涉到人类知识所及的所有领域,因此恩格斯在谈到黑格尔与共产主义的内在关系时,着重谈的是黑格尔将逻辑学、形而上学、自然哲学、精神哲学以及法哲学、宗教哲学和历史哲学等等全部统一在一个体系之内,从而"归纳成为一个基本原则"①,即普遍性原则。这一理解与赫斯关于黑格尔思想与共产主义的关系的理解显然是一致的。

不过,在这里恩格斯与赫斯的观点之间有一处差别,那就是,赫斯所理解的黑格尔哲学的"普遍性"更多地是指黑格尔哲学的终点也即精神哲学所达到的精神的自我同一,而不是恩格斯所强调的,黑格尔体系的三个部分之间共同具有的普遍性原则。在赫斯那里,黑格尔哲学之以思维作为统一自然和历史的前提,是对这三个领域之间的关系的错误把握,是黑格尔哲学的一个弱点,因而非但不构成黑格尔哲学与共产主义的接榫点,反倒是行动哲学这种走向共产主义的哲学应当加以克服的方面。从某种意义上说,行动哲学将思维、自然和历史的统一的基础理解为历史。也正因如此,尽管赫斯将德国哲学、特别是黑格尔哲学理解为哲学共产主义的思想基础,但却并没有将黑格尔哲学本身理解为共产主义原则的直接来源,正如法国大革命为法国共产主义思想提供了土壤,但它本身并不是共产主义革命一样。在赫斯看来,黑格尔哲学存在着两个根本问题。第一个问题就是,黑格尔哲学将自己局限于单纯的理念之内。因而尽管黑格尔试图通过对于理念的自我运动的过程的描述阐明"实体即主体",但最终这种运动只是"绝对的精神的行动中的更为出色的主观的精神的行动"②,它将自己设定为自然和历史的边界,但却无法进入真正的自然和历史的内部。在这里,赫斯提出了一个关键性的问题,即自然和历史其实并不能简单地纳入理念或思维领域,"因为,所谓自然,不是关于思维与存在的同一性的思维,而是这种同一性的存在本身,而所谓历史,是这二者,即同一性的存在,同时也是关于存在的思维。自然,如果将其作为总体来看,是取得直接的面貌的神的生活。而历史,如果仍将其作为总体来看,是取得中介的面貌的神的生活"③。基于对于自然和历史的这般理解,赫

---

① 《马克思恩格斯全集》第 3 卷,人民出版社,2002 年,第 489 页。
② 《赫斯精粹》,邓习议编译,方向红校译,第 13 页。
③ 同上书,第 14 页。

斯事实上就不仅将思维、自然和历史三个领域明确区分开来，而且更是将"历史"而不是"理念"作为绝对精神之自我实现的根本领域。在赫斯那里，能够对思维领域进行把握的，是"具有概念的理解的精神"①，而若要把握并表现自然和历史，就不能仅停留于此，还需要"唯一的行动的精神"②。如果说精神在思维中的活动是向内创造，而在自然中的活动是在直接的行动中向外创造的话，那么精神在历史中的活动就是在中介活动中由内向外创造的。赫斯借鉴了契希考夫斯基的思想，将人在历史中的创造活动与"未来"联系在一起。在这里就出现了黑格尔哲学存在的第二个问题，即这一体系只着眼于"过去"和"现在"，却没有"未来"。这样，在赫斯看来，黑格尔之后的哲学、特别是黑格尔左派的基本任务，就是"塑造未来"。按照赫斯的说法，黑格尔无法将哲学与生活联系在一起，"而那些门徒们则与此相反，他们越是超越唯心主义并走向理念的**实践**（Praxis），越是专心致志于积极地塑造**未来**，他们就越是能够对**过去**进行严厉的批判，从生活之树上看下干枯的树枝，以便让永恒精神的总是新鲜的汁浆萌发出新芽"③。至于塑造未来的方式，赫斯将之与贯穿于黑格尔《精神现象学》始终的"精神劳动"联系在一起。在《精神现象学》中，精神的劳动不断打破现成的和给定的东西的限制，"而这个来自自身、来自永恒的真理之泉的精神必定会使精神劳动永世常新！"④但是，《精神现象学》将精神劳动局限在主观性领域，而没有真正进入自然和历史之中，这就与精神劳动本身所具有的不断自新的特点相矛盾。因此，黑格尔的哲学体系应当继续进展，如果说黑格尔的体系是以精神哲学为终点的话，"现在，精神哲学的任务在于成为行动的哲学"⑤。行动哲学的基本要义在于，精神不是仅仅停留在理念领域，而是越出理念，不断扬弃既有成果，不断证实自身为主动精神，最终实现真正的自由也即自我决定。赫斯认为，这种精神活动在那个时代所面临的一个重要对象就是物质财富。精神对于物质财富的扬弃之所以是一个重要问题，是由于赫斯观察到，"物质财富是成为固定观念的精神的自为存在"⑥，也就是说，在那个时代，人倾向于将自己理解为依附于物质财富，而不是将后者理解为与自己的自由行动和生命相关的东西，因此人们更多地不是

---

① 《赫斯精粹》，邓习仪编译，方向红校译，第14页。
② 同上。
③ 同上书，第44页。
④ 同上。
⑤ 同上书，第96页。
⑥ 同上书，第103页。

关注自己的创造行动本身，而是关注这种行动的结果，而这导致了与物质财富联系在一起的"存在欲"和"贪欲"，最终精神被牢牢地为"存在"和"拥有"所困："这样**助动词**变成**名词**，而且出现于运动的圆周的东西成了固定的圆心；世界就这样颠倒过来了！"①这样，精神要实现自身的自由，根本的任务就是将人从物质财富的奴役下解放出来，而这与共产主义的核心要求即建立以共有财产为前提的共同体是一致的。

恩格斯并不像赫斯那样将"普遍性原则"仅仅理解为黑格尔整个体系的终点即精神哲学的成果，而将之视为该体系的三个组成部分的共同原则。恩格斯的这种理解，是将黑格尔体系视为一个统一的整体来看待。恩格斯关于黑格尔体系的内在统一性的观点，在《谢林与启示》中就曾经出现过。在后者中恩格斯曾为黑格尔的体系做过如下辩护："黑格尔认为观念的实在性不外是自然界和精神。因此，在黑格尔那里，并没有两次出现绝对。在逻辑的末尾，观念是作为观念的一实在的东西出现的，但正因为如此，它立刻就表现为自然界。如果把它仅仅说成是观念，那它只是理想的，只在逻辑上存在。观念的一实在的、在自身中完成的绝对，正是自然界和精神在观念中的统一。"②这就是说，自然界和精神都是观念的实在性的表现形式，因而自然界和精神通过观念而实现内在统一。但在 1843 年下半年的《大陆上社会改革的进展》等文章中，恩格斯更多地不是从自然界和精神通过观念得到统一这样的角度来理解黑格尔体系各部分之间的统一性，而是从"原则"的共同性来理解这种统一性。这种理解所强调的，就不是将黑格尔体系的某一部分视为其他部分的基础从而实现整个体系的统一，而是各部分因共享同一原则而被统一在一起。如果说这种"原则"是各领域统一在一起的枢纽的话，那么这一原则的效力范围自然就成为一个问题。因此，对于此时的恩格斯来说，问题的关键并不在于"精神"如何在新的领域中行动以实现真正的自由，而在于，这一"原则"有无可能彻底化，即，不仅贯穿全部知识领域，而且贯穿全部现实生活领域。在赫斯强调超出黑格尔的体系，以精神劳动意义上的"行动"塑造未来的地方，恩格斯则要求探讨历史之能真正使黑格尔的"原则"体现出来的现实前提。而这就意味着，恩格斯并不将"历史"视为纯粹由行动主体和静态客体构成的、前者不断"克服"后者从而实现自由的过程，而是将行动主体的活动方

---

① 《赫斯精粹》，邓习仪编译，方向红校译，第 104 页。
② 《马克思恩格斯全集》第 2 卷，人民出版社，2005 年，第 364 页。

式视为受制于现实生活。

由此可见,即便恩格斯关于共产主义的观点真的是受到赫斯的影响,并与后者一样,将共产主义与德国哲学联系在一起,将青年黑格尔派视为必然要以黑格尔哲学为基础走向共产主义的派别,恩格斯和赫斯关于共产主义本身的理解也是不同的。但在某种意义上可以说,赫斯带给了恩格斯一个被称为"历史"的领域。这个领域最初曾被恩格斯理解为可通过黑格尔《历史哲学》的方式加以理性化,但赫斯的工作表明,问题恐怕远没有解决,因为黑格尔完全有可能还没有进入真正的"历史"领域。这样,恩格斯本人的问题意识,即由偶然的和经验的个别事物所构成的社会现实何以可能是理性的,被再度唤醒了。

在赫斯思想的启发下,恩格斯得以清楚地看到,现实生活本身已有部分内容被知识化并被黑格尔纳入自己的体系中,但被纳入黑格尔体系之中的,显然不可能是全部生活。特别是,恩格斯注意到,在黑格尔思想背后,总有某种力量在起作用,而这种力量事实上没有被黑格尔纳入自己的体系。恩格斯将这种力量所起到的作用称为"时代的偏见"。早在《谢林与启示》中,恩格斯就曾指出,黑格尔的思想一方面受制于时代,另一方面受制于个人的见解,因而具有不彻底性和矛盾性[①]。不过这里恩格斯所理解的黑格尔的不彻底性,主要指的还是黑格尔关于一些时代问题的理解无法完全与"人本学"相一致。而在1843年的《大陆上社会改革的进展》中,恩格斯再次强调,黑格尔哲学尽管思想深邃,"却过分埋头于抽象问题,忽略了使自己摆脱他那个时代——旧的政治制度和宗教制度复辟的时代——的偏见"[②],而这一缺陷被他的学生们所克服,从大卫·施特劳斯开始,青年黑格尔派开始借助黑格尔哲学对现实中的宗教和政治问题进行批判,从而越出了正统黑格尔主义的藩篱。恩格斯的这一理解,则基本上是将青年黑格尔派理解为黑格尔哲学的彻底化,也即把黑格尔所忽视、但在其背后起作用的社会现实纳入黑格尔式的批判视野之中,从而使现实理性化。但现实的理性化并不是由追求自由的主体所决定的,而是由现实过程本身所决定的。这样,与青年黑格尔派"必然"联系在一起的共产主义就正是这一未被纳入黑格尔视野中的社会现实的理性化,也即普遍性原则的建立,而不仅仅是行动主体本身的自由之实现。这同时也就表

---

① 参见《马克思恩格斯全集》第2卷,人民出版社,2005年,第338页。
② 《马克思恩格斯全集》第3卷,人民出版社,2002年,第490页。

明,"原则"本身并不能现成地囊括全部实践领域,因此掌握原则也并不等于可将之直接"运用于"实践。当然,这并不意味着在恩格斯那里"原则"和社会现实领域不是同质的,而是意味着现实领域的理性化或对于"原则"的贯彻并不是能够直接实现的,而是需要在实践中探索的。

恩格斯此时并没有放弃费尔巴哈人本学的立场,不过,人本学或许能以某种特殊的方式回答自然与理性的统一问题,却并不能直接解决历史与理性的统一问题,这是由于,人本学可以将自然本身的质理解为理性的基础和前提,但历史本身充满了偶然性和随机性,是无法直接成为理性的基础和前提的。这样一来,社会现实本身就被问题化了:这既不是一个可以直接通过黑格尔逻辑学加以理解的领域,也不是一个像费尔巴哈的"人"那样可以从现成的自然或本质的角度来理解的领域,而是一个在思想背后起作用的、充满偶然性和变动的领域。对于恩格斯而言,一方面,"时代的偏见"以及与之相关的社会现实处于黑格尔哲学的视野之外,而另一方面,探寻这个黑暗领域之理性化的可能性又成为当务之急,那么现在的任务就在于,尝试从另一个方向考察黑格尔的哲学原则与现实历史相统一的可能性,这种尝试所要证明的是,在那个时代,现实历史与逻辑学归根到底共享同一原则(普遍性原则),但前者未必按照后者的方式展开自身的逻辑,而是拥有不同的通达普遍性的路径。

对此问题的处理方式显然不能直接挪用黑格尔《历史哲学》的讨论范式。因为作为黑格尔精神哲学的一部分,《历史哲学》的主题是精神在历史领域的自我显现,也即历史中的各种要素被同化为逻辑性的理念,而并不是精神的他者的自行展开,而恩格斯现在面对的问题恰恰是后者而不是前者。但恩格斯显然并没有将之理解为应当超出黑格尔哲学的视野来解决的问题。具体说来,恩格斯试图做的一个工作,实际上就是按照《精神哲学》的结尾处所提供的第二种三段论的"自然—精神—逻辑"的方式改造费尔巴哈的人本学,将后者的三段论"人的本质—人的本质的精神性外化—人的理性化"改造为"人的本质—社会现实—社会的理性化"。这就是说,以人的本质为前提,探讨社会现实走向理性化的道路。

这种问题意识表面上看与赫斯的问题类似,但实际上二者的视野有着显著差异。对赫斯来说,共产主义问题的根本是自由的精神在历史领域的自由创造;而对于恩格斯来说,问题的关键则在于,作为黑格尔哲学的隐蔽前提、与"时代的偏见"紧密相联的那个领域,也即被"精神"连带着出现但晦暗不清的领域——恩格斯将这一领域称为"现存社会的实际状况"——如何能够一方面以过程的方式呈现自身的客观性力量，实现理性的普遍性原则。恩格斯已经意识到，这一领域与精神有关，但又并非仅仅与《精神哲学》中所描述的精神的运动规律有关，毋宁说，这是一个既与人的精神创造有关、同时又具有自然性的领域（在其中无论精神的运动还是自然的运动都有别于黑格尔在其既有体系中的描述），只有把握了精神和自然这两个方面如何在这一领域中实现内在统一，才能对这一领域的规律有所揭示并在普遍性层面对其进行认识。相较于黑格尔《历史哲学》重在分析精神的原则如何通过人的行动实现出来，恩格斯此时面临的任务则在于探讨人的行动背后的社会机制在世界的理性化过程中所扮演的角色。因此，恩格斯并未像赫斯那样否定《历史哲学》，而是要在《历史哲学》的基础上继续前行，探讨其背后的社会理性化机制（或社会的隐秘的共产主义方向）。

与恩格斯关于共产主义的理解的这种差异相联系的是，赫斯之将德国共产主义与法国共产主义作为统一的整体来对待的做法并未被恩格斯接受。在恩格斯看来，法国共产主义由于与政治结合过于紧密，因而往往受到政治限制，其表现主要是，这种共产主义一方面强调平等、自由和正义等理念，但另一方面又总是在政治斗争层面思考这些理念，而忽视在社会层面进行变革的切实可行性。其结果就是，社会生活本身理性化之可能性与前提仍蔽而不明。法国共产主义的这种缺点是与法国的社会现实密不可分的，比如，这种社会现实不允许共产主义者们像英国共产主义者那样进行建立公社的试验，因为他们面临着暴力镇压的危险。但恩格斯显然更看重共产主义观念关于社会的彻底改造的方案的现实性的问题。在他看来，如果说德国的共产主义以哲学为基础，法国的共产主义以政治为基础的话，英国共产主义则正是以社会现实为基础的。

三、恩格斯的国民经济学研究的缘起

恩格斯从德国"哲学共产主义"的角度出发，提出应向英国社会主义者学习，将"原则"和"实践"结合在一起。关于这一点，恩格斯说："我们的基本原则固然给我们提供了一个比较广泛的基础，因为这些原则是我们从包罗人类全部知识领域的哲学体系中得出的，不过在有关实践、有关影响现存社会的

实际状况方面所做的一切，我们发现，英国社会主义者远远超过了我们，所以要做的就很少了。"①

恩格斯首次提到英国社会主义问题，是在1843年春天的《伦敦来信》中。恩格斯说："社会主义不是一个封闭的政治党派，但就总体而言是由中间阶级的下层和无产者组成的。由此可见，应该表明了一个引人注目的事实：一个阶级在社会中所处的地位越是比较低，越是就一般意义而言'没有教养'，它就越是与进步相联系，越是有前途。"②这段话表明，恩格斯此时在思想上已开始逐渐转向社会主义。恩格斯之将社会主义与"进步"和"有前途"联系在一起，首要的原因自然在于，社会主义问题与工人运动紧密联系在一起，而他在英国社会危机中看到了以社会主义为宗旨的社会运动的巨大力量。不论在议会斗争中，还是在其他方面的社会斗争中，土地贵族和资产阶级都无法抵挡在人数上占优无产者的力量，即便是土地贵族和资产阶级之间的斗争，其胜负也往往决定于宪章派和其他激进派别的态度和立场。按照恩格斯的分析，工人阶级之所以拥有如此大的力量，是由于整个工人阶级都处于同样的境遇中，即工作随时受到威胁，生存面临极大挑战，因而能够形成一个整体进行斗争，虽然几乎每个工人相对于资本家来说都很贫穷，但每一个人都参与到运动中，就能形成强大的力量，这种力量不仅体现在政治斗争的结果的输赢上，更体现在社会舆论的方向上。如在谈到反谷物联盟问题时，恩格斯所报道的情况是，"托利党人把同盟从内阁和议会里赶出去，宪章派则把它从社会舆论中赶出去"③。不过，恩格斯将社会主义视为"与进步相联系"的和"有前途的"社会运动，更主要的还是因为他此时已开始与社会主义者进行接触，并且对社会主义理论有了初步的了解。在第三封《伦敦来信》中，恩格斯介绍了他对于当时英国的社会主义思想家们的理论和活动的了解情况。恩格斯对当时英国社会主义思想的两个流派即欧文派和查理·绍斯维尔（Charles Southwell）派都给予了关注。欧文是社会主义运动的创始人，具有很大的影响力，恩格斯尽管认为他的文风晦涩，但还是对他关于"婚姻、宗教和财产是自有史以来就存在的一切不幸的唯一原因"④的思想印象深刻。这个观点基本上是对家庭、精神世界和经济生活的全面批判，因而也是对现存人类社会

---

① 《马克思恩格斯全集》第3卷，人民出版社，2002年，第493—494页。
② 同上书，第424页。
③ 同上书，第428页。
④ 同上书，第434页。

的整体性的批判,对于不断探寻人类历史的理性化问题的恩格斯来说,这无疑是具有强大的吸引力的思想。绍斯维尔的思想在某种意义上说比欧文的思想更激进,他对于宗教的批判态度更加彻底,对于欧文派对英国国教的妥协态度也持反对立场。恩格斯发现,无论是欧文派,还是绍斯维尔派,都在做一件共同的工作,这就是"教育英国劳动阶级"①。社会主义者们通过演讲和报刊等途径传播社会主义思想,工人们在他们的影响下阅读法国启蒙哲人如卢梭、霍尔巴赫和伏尔泰的著作,以及像潘恩和雪莱这样的激进英语作家的著作。通过这些宣传和阅读,无神论和社会批判思想在英国工人阶级中广为传播。尤其值得注意的是,在曼彻斯特,恩格斯接触到一位出色的社会主义活动家约翰·瓦茨(John Watts),后者在曼彻斯特的宣传活动令恩格斯印象深刻,后者向《瑞士共和主义者》的读者报道说:"在他们(指社会主义者——引者注)的演讲者(说教者)当中,我认为曼彻斯特的瓦茨在任何情况下都是一个卓越的人物,他才气横溢,写过几本关于上帝的存在和国民经济学方面的小册子。"②瓦茨关于国民经济学的著作题为《政治经济学家的事实和臆想》,发表于1842年,对于这本书的阅读事实上构成了恩格斯进行国民经济学研究的起点,并成为他稍后撰写《国民经济学批判大纲》的重要参考著作。

当然,恩格斯对于政治经济学的关注,不能完全归于像瓦茨这样的社会主义者的影响,事实上,在恩格斯对英国工人阶级的观察中,恩格斯充分注意到了工业所起到的基础性作用,而这对恩格斯之开始其政治经济学研究起到了重要推动作用。

恩格斯通过研究发现,造成当时英国社会危机的核心力量即工人阶级或"无产者群众",并不是一个在人类历史上始终存在的阶级,而是工业的产物。工业造就了这个阶级的奇特性质,就是一直保持贫困状态:"因为工业固然可使国家富庶,但它也造成了勉强餬口的急速增长着的无产者阶级、赤贫者阶级,一个以后再也消灭不了的阶级,因为它永远也不能获得稳定的财产"③。工业为无产者所带来的这种性质,使得整个社会都处于一种不稳定状态,因为无产者始终保持赤贫状态,因而其生存条件相当脆弱,基本上完全系于工业产品的市场销售情况:"商业稍微一停滞会使这个阶级的大部分人挨饿,大

---

① 《马克思恩格斯全集》第3卷,人民出版社,2002年,第434页。
② 同上书,第432页。
③ 同上书,第410页。

规模的商业危机会使整个阶级都挨饿。如果这种情况出现了,那么这些人除了起来反抗还有什么办法呢?"①按照这一分析,由于市场中的不确定因素太多,无产者的生存状况总是随着市场的波动而波动,那么,在工业发达的英国,也就是无产者数量众多的英国,工人运动就几乎是无法避免的了。不仅如此,恩格斯还观察到失业是与工业如影随形的现象:"由此可见,英国由于它的工业不但使人数众多的一批无财产者成了自己的负担,而且使其中总是人数可观的一批失业者也成了自己的负担,而英国要摆脱这些人是不可能的"②。恩格斯对当时英国工业所面临的困境进行了分析,这些分析主要围绕着英国工业与国际市场的关系展开。这些分析尽管相对比较简单,但无疑意义重大。正是在这些分析中,恩格斯一方面意识到物质生产领域的基础性意义,另一方面也意识到,有必要对以这一领域为主要研究对象的政治经济学进行深入研究。

四、恩格斯的国民经济学批判的主要成果

在恩格斯抵达英国大约一年之后,恩格斯初步完成了自己的政治经济学研究,其成果就是著名的《国民经济学批判大纲》。

恩格斯的这一作品建立在他对于斯密、李嘉图、马尔萨斯和萨伊等重要的政治经济学家们的著作的研究基础之上。从内容上说,这部著作大致分为两个部分,第一部分旨在从总体上说明国民经济学(或政治经济学)的性质,第二部分则是对国民经济学所呈现的各种具体矛盾进行的分析。

恩格斯对国民经济学的基本理解是,这门学问是商业扩展的自然结果,是一门为发财致富服务的学问。在恩格斯眼中,商业是与欺诈联系在一起的,因为"商业所产生的第一个后果是:一方面互不信任,另一方面为这种互不信任辩护,采取不道德的手段来达到不道德的目的"③,恩格斯甚至称商业是"合法的欺诈"④。恩格斯按照国民经济学对待商业的这种本质的态度,将之区分为亚当·斯密之前的"旧经济学",和从亚当·斯密开始的"新经济

---

① 《马克思恩格斯全集》第3卷,人民出版社,2002年,第410页。
② 同上书,第418页。
③ 同上书,第447页。
④ 同上。

学",二者的区别就在于,是否掩饰商业的不道德本质。恩格斯所谓的"旧经济学"就是重商主义经济学,而"新经济学",就是以亚当·斯密思想为开端和代表的近代自由主义经济学。重商主义体系所要解决的问题,是资本如何在流通中增值,或者说,一个国家如何在商业中获利,因此如何产生贸易差额的问题成为重商主义体系的重要问题。在恩格斯看来,这种经济学体系由于以贸易顺差为核心,因此并不避讳任何不道德的方式。而从18世纪以后,经济学的面貌发生了根本的变化。恩格斯将这一变化与18世纪所发生的革命联系在一起,认为在革命中被宣扬的人道主义被纳入经济学中,因此经济学就具有了"仁爱"的性质,商业不再仅仅与竞争联系在一起,而更多的是将各民族以及每个人联系在一起的纽带。但在恩格斯看来,新经济学的这种"人道主义转向"并不表明这种经济学真的具有了人道主义性质,恰好相反,人道主义只是用来掩盖其更加严重的、甚至"闻所未闻"的野蛮的工具,更不用说在新经济学体系中还出现了像马尔萨斯人口论这样的把人道主义面纱完全撕去的"迄今存在过的体系中最粗陋最野蛮的体系"①。

  恩格斯所理解的新经济学中所掩盖的"野蛮",主要指这种体系以私有制为前提并为私有制进行论证,从而极大地扩张了人类的贪欲、使各民族和个人之间的对立极端尖锐。恩格斯就此对新经济学的责难是:"你们消灭了小的垄断,以便使一个巨大的根本的垄断,即私有制,更自由地、更不受限制地起作用;你们把文明带到世界的各个角落,以便赢得新的地域来扩张你们卑鄙的贪欲;你们使各民族建立起兄弟般的关系——但这是盗贼的兄弟情谊;你们减少了战争次数,以便在和平时期赚更多的钱,以便使各个人之间的敌视、可耻的竞争战争达到极端尖锐的地步!"②新经济学的这种一方面宣扬"人道主义",另一方面又暴露出"野蛮"的特点,被恩格斯称为"伪善"。恩格斯显然并不认为新经济学的"伪善"是经济学家们的主观选择所致,他更倾向于将这种特点归之于那个时代。这不仅是指,18世纪的革命氛围给经济学塑造了一个外在的人道主义形象,却并没有改变其为私有制作论证的根本特点,更是指,18世纪本身就是私有制经济的各种矛盾全面呈现的时代,而亚当·斯密所开启的新经济学正是这样的一个时代的表现。

  因此,恩格斯所进行的"国民经济学批判",其基本工作就是揭示新经济

---

① 《马克思恩格斯全集》第3卷,人民出版社,2002年,第444页。
② 同上书,第448页。

学所呈现的那个时代本身所具有的诸种矛盾。不过这些矛盾并不体现为非此即彼的直接对立,而是被统一在一起,在这种统一体中矛盾的双方彼此作为对方的条件而存在。在恩格斯那里,国民经济学所阐述的各种规律以及与这些规律紧密相联的范畴正是这些矛盾的统一体的直接体现。

不过,揭示新经济学的内在矛盾并不是恩格斯国民经济学批判的终点,恩格斯最终要做的,是按照黑格尔的方式来处理这些矛盾,也就是说,他的工作的真正目标是阐明这些矛盾与人类进步的内在关系。当恩格斯说"然而,经济学家自己也不知道他在为什么服务。他不知道,他的全部利己的辩论只不过构成人类普遍进步的链条中的一环。他不知道,他瓦解一切私人利益只不过替我们这个世纪面临的大转变,即人类与自然的和解以及人类本身的和解开辟道路"①的时候,他实际上根本上要谈的并不是经济学家们的作品本身,而是要分析在这些作品中所呈现的现实中的矛盾及其历史作用。

恩格斯关于"我们这个世纪"也即 19 世纪所面临的"大转变"的看法,当然与费尔巴哈哲学有直接关系。费尔巴哈曾说过,"谁要是按照**特殊**的实在哲学原则进行思辨,那就同那些所谓实证哲学家一样:'像一个**动物**在**干枯的草原**上,/被一个**恶魔**迷惑着转圈子,/在它的周围却有**美丽的**、**碧绿的牧场**'。这个美丽的、碧绿的牧场就是自然和人,因为这两种东西是属于一体的"②;不仅如此,费尔巴哈还要求将"人"理解为具有内在统一性的人,也即作为"自由的存在""人格的存在"和"法律的存在"的统一体的人,正是将人理解为这种统一体,费尔巴哈说,"只有人才是费希特的'自我'的**根据**和**基础**,才是莱布尼茨的'单子'的**根据**和**基础**,才是'绝对'的**根据**和**基础**"③。不过,费尔巴哈的这些思想显然只是从理论上阐明人与自然和人与自身的统一性,而并未说明这两种统一性是人在 19 世纪面临的具有现实性的大转变。如果说这种转变都只有通过社会革命来实现的话,那么这一问题显然与恩格斯此时已经作为自己信念的共产主义有关:无论是人,还是自然,在那个时代都呈现出普遍性的维度,因而具有统一(或"和解")的可能性。

不过对于恩格斯来说,无论人与自然的和解,还是人与人的和解,都只是一个"面临"的转变,或即将实现的目标,而问题在于,从当下社会状况出发,

---

① 《马克思恩格斯全集》第 3 卷,人民出版社,2002 年,第 449 页。
② 《费尔巴哈哲学著作选集》上卷,荣震华、李金山等译,商务印书馆,1984 年,第 115 页。
③ 同上书,第 118 页。

何以有可能达到这一目标。这正是恩格斯试图通过国民经济学家们的著作所探寻的。

恩格斯重点分析了国民经济学的"价值""地租""资本""劳动""竞争"以及"人口"等问题。

关于"价值",恩格斯发现,国民经济学家们往往将价值区分为抽象价值或实际价值和交换价值,而围绕抽象价值问题,在国民经济学内部有过一场激烈的争论,这主要是英国经济学家麦克库洛赫以及李嘉图和法国经济学家萨伊之间的争论。前二者认为物品的抽象价值与生产费用内在相关,而后者则认为抽象价值是由效用所决定的。而在恩格斯看来,这两种意见将价值的两个方面割裂开来了,因为价值这一概念的功用就在于说明某种物品从效用上来说是否能够抵偿生产费用,因此"价值是生产费用对效用的关系"[①]。恩格斯关于价值的这一规定在后世、特别是我国经济学界曾引发过许多讨论[②],争论的焦点集中在如何理解恩格斯这一观点与后来马克思在《资本论》中所提供的劳动价值论的关系这一问题上。事实上,且不谈马克思对"劳动价值论"的真实态度,仅就恩格斯的价值"关系论"的提出方式来说,就与马克思在《资本论》第一卷中探讨价值概念的方式完全不同:马克思是在其特殊的政治经济学批判的框架下对价值概念进行分析的,因此价值概念是从抽象上升到具体的过程中的一个节点,而并不是对于"实际的"价值的确切表达。与马克思不同的是,恩格斯则试图从黑格尔的"统一性"视角来审视价值问题:他将围绕价值问题进行争论的双方关于价值的理解分别视为抽象价值或实际价值所呈现的不同侧面,并进一步试图将这两个方面统一在一起。在恩格斯那里,生产费用和效用并不是彼此无关甚至对立的双方,相反,二者有着内在相关性,因为生产费用其实就是产品效用的外在体现或外在规定。国民经济学家们之所以把生产费用和效用分裂开来,是由于私有制造成了"物品固有的实际效用和这种效用的规定之间的对立,以及效用的规定和交换者的自由之间的对立"[③]。具体说来,从生产费用这一方面来看,私有制所造成的生产者之间的竞争使得生产费用实际上无法真实体现产品的实际效用,而是造成了生产费用独立于效用的现象,也即每一个生产者都希望在竞争中通过降低自

---

① 《马克思恩格斯全集》第 3 卷,人民出版社,2002 年,第 451 页。
② 参见何炼成:《也谈"价值是生产费用对效用的关系"》,《西北大学学报(哲学社会科学版)》1984 年第 1 期,第 20 页。
③ 《马克思恩格斯全集》第 3 卷,人民出版社,2002 年,第 451 页。

己的生产费用的方式生存并获利;而从效用的角度来看,正是由于在私有制条件下,产品的效用被理解为在竞争中通过比较而确定的主观效用,因此效用也成了一个独立于生产费用的要素。因此,问题不在于经济学家们误解了现实,而在于现实本身就是在私有制条件下分裂和对立的,经济学家各自选择了一个角度,但却拥有共同的思想前提,这就是承认私有制这一前提。

关于地租问题,恩格斯同样首先通过国民经济学家们的研究分析其内在的矛盾,然后试图从统一性视角重新理解这一问题。在李嘉图等经济学家那里,地租是从值得付租金耕种的土地上所获得的收入和从值得花费人力耕种的最差的土地所获得的收入的差额。而反对这一定义的经济学家如托马斯·汤姆森则将地租理解为潜在的土地所有者们在可支配的土地数量有限的情况下进行竞争的结果。在恩格斯看来,李嘉图式的理解从土壤肥力的差别的角度看待地租,汤姆森式的理解从地租的来历来理解地租,二者都观察到了地租问题的一个方面,但又都各自丢掉了问题的另一个方面。恩格斯将两个方面"统一"在一起,得出了一个关于地租的独特理解:"地租是土地的收获量即自然方面(这方面又包含**自然的**肥力和**人的**耕种即改良土壤所耗费的劳动)和人的方面即竞争之间的相互关系。"①恩格斯并不认为这是一个经济学家们会接受的地租定义,但他强调,这个定义"包括了有关这个问题的一切"②,也就是说,这是多种要素的统一。恩格斯希望借助这一定义说明的是,地租自然与土地之间的差异有关,但在现代条件下,这种差异本身并不是仅仅体现为肥力等自然因素的差异,而是更体现为由于土地私有制而造成的竞争所导致的土地差异。在恩格斯看来,地租这一概念所指向的,实际上是土地价值,也就是"依据面积相等的土地在花费的劳动量相等的条件下所具有的生产能力来计算"③的价值,但在私有制条件下,地租掩盖了真正的土地价值,并使得土地生产的自然方面与人的方面相对立。

关于"资本"和"劳动"问题,恩格斯的看法是,尽管经济学家们将资本和劳动分开并坚持二者的分裂,但事实上二者是不可能分开的,因为资本本身就是劳动的结果。经济学家之所以会将二者分开,正是由于在私有制下,生产中的各种因素彼此分离,因而不仅生产被分裂为自然的方面和人的方面这

---

① 《马克思恩格斯全集》第 3 卷,人民出版社,2002 年,第 455 页。
② 同上。
③ 同上书,第 456 页。

两个对立的方面,人的方面又被进一步分裂为劳动和资本这两个对立的方面。这些分裂在恩格斯看来,是"反常的分裂"①,因为这些要素的出现,都是以劳动为基础的,因而也应当在劳动的基础上得到统一。恩格斯按照斯密的看法,将作为人的自由活动的劳动视为"财富的源泉",并将之作为生产的主要要素。但由于私有制将劳动所涉及的诸因素分裂开来,从而也就将劳动过程和劳动的产物分裂开来,也即使劳动的产物以工资的方式与劳动相对立。这样,劳动自身本来应当具有的基础性功能也就被瓦解了,这一瓦解的后果是每一个人都处于孤立和敌对状态中:"换句话说,因为私有制把每一个人隔离在他自己的粗陋的孤立状态中,又因为每个人和他周围的人有同样的利益,所以土地占有者敌视土地占有者,资本家敌视资本家,工人敌视工人。在相同利益的敌对状态中,正是由于利益的相同,人类目前状态的不道德已经达到极点,而这个极点就是竞争。"②

关于竞争,恩格斯也有类似的处理方式:首先将竞争视为与其对立面即垄断处于一种看似矛盾、实为统一的关系,然后分析这种被"反常的分裂"所掩盖的原初的统一关系何以可能重现。在恩格斯看来,"竞争"作为自由主义经济学家的口号与重商主义的诉求即"垄断"看似对立,但二者事实上是无法分离的,这既是由于每一个竞争者的内在诉求其实就是垄断,也由于现实中以利益为目标的竞争的实际结果正是垄断。但是,竞争又的确与垄断无法共存,因为一旦如行业垄断这样的垄断形成,就意味着竞争者群体会遭受损失,因此竞争就一定要排除垄断。恩格斯将竞争与垄断之间的这种矛盾关系的根源归于私有制,认为那个时代的竞争本身就是以业已存在的特定形式的垄断即所有权为前提的,而这也是自由主义经济学家的理论前提,而这样一来,这些经济学家所做的,就是"攻击小的垄断,保留根本的垄断"③。在这种所有权垄断的前提下进行的竞争,所导致的直接结果就是需求和供给的不均衡,而这正是经济危机(恩格斯此时称之为"商业危机")的根源。在经济学家们认为由供求关系所决定的价格波动是一种永恒规律的地方,恩格斯则认为:"然而,很明显,这个规律是纯自然的规律,而不是精神的规律,这是一个产生革命的规律。经济学家用他那绝妙的供求理论向你们证明'生产永远不会过

---

① 《马克思恩格斯全集》第 3 卷,人民出版社,2002 年,第 458 页。
② 同上书,第 459 页。
③ 同上书,第 460 页。

多'，而实践却用商业危机来回答，这种危机就像彗星一样定期再现，在我们这里现在是平均每五年到七年发生一次。"①恩格斯在这里首次分析了资本主义经济危机与社会革命之间的关系：每一个参与资本主义生产的"当事人"都无法全面把握与自己竞争的他人的生产情况，从而只是在"无意识"地进行活动，外部社会生产的总体状况对于个人来讲有如"自然规律"般起着作用，这样，整个资本主义社会的生产过程就由无数受偶然性摆布的盲目的个体生产组成，这就使危机周期性地发生，并且一次比一次普遍和严重，使得大量无产者出现，而这将最终引起社会革命。对于恩格斯来说，这种潜在的社会革命的方向是明确的，这就是消灭私有制，这是因为，只由在消灭了私有制的条件下，社会生产的规律对于个体生产者来说才不是以"自然规律"的面目出现，而社会生产才能被有效地组织在一起："如果生产者自己知道消费者需要多少，如果他们把生产组织起来，并且在他们中间进行分配，那么就不会有竞争的波动和竞争引起危机的倾向了。你们有意识地作为人，而不是作为没有类意识的分散原子进行生产吧，你们就会摆脱所有这些人为的无根据的对立。"②不过，在恩格斯那里，"作为人"并具有"类意识"而进行的生产，并未消除全部竞争，相反，正是在这种生产中，"竞争关系的真谛"③方才得以呈现。所谓"竞争关系的真谛"，就是"消费力对生产力的关系"④。恩格斯关于这一关系的理解是，在社会层面上总体安排社会生产："社会应当考虑，靠它所支配的资料能够生产些什么，并根据生产力和广大消费者之间的这种关系来确定，应该把生产提高多少或缩减多少，应该允许生产或限制生产多少奢侈品。"⑤

在恩格斯那里，竞争所引起的矛盾中除了生产者之间的对立之外，还有一个重要的方面，这就是生产与消费的矛盾，而马尔萨斯人口论正是这一重要现实状况的理论反映。这里所说的生产与消费的矛盾，并不是指一般的生产与消费之间的不平衡关系，而是指一方面生产力大大过剩，而另一方面大量人民群众又无以为生，从而体现为相对于有限的生活资料而言的人口过剩，恩格斯用"因过剩而饿死"⑥来描述这种荒诞场景。这种现象的出现，显然

---

① 《马克思恩格斯全集》第3卷，人民出版社，2002年，第460—461页。
② 同上书，第461页。
③ 同上书，第462页。
④ 同上。
⑤ 同上。
⑥ 同上书，第463页。

并不是由于生产出来的产品真的过多,而是由于满足工人需求的产品减少。经济学家们无法自洽地解释这一问题,是因为他们只将与资本的增殖有关的消费理解为消费,也就是只从就业手段的角度理解工人的需求,而没有从生活资料的角度理解这一需求,因此工人只被从"等价物的提供者"的角度来看待,而没有被当作真正的人来看待。但经济学家们又试图解释这一现象,于是就出现了马尔萨斯的人口论,这种理论所宣扬的是,人口按照几何级数增长,而土地的生产力则按照算术级数增长,这种由人口总数的增长所不断造成的对于生活资料的威胁是一切贫困和罪恶的原因,因此在人太多的地方就应通过某种方式如暴力或饥馑消灭一些人口或减少生育。恩格斯在谴责这种理论的"卑鄙无耻"和"不道德"的同时,也并未完全将这一理论视为无稽之谈,而是将之视为对于资本主义时代的特殊现实即在私有制下人只被理解为商品而不被理解为人这一现象的反映。这样,问题就在于私有制"人为地"造成了生产和消费的对立,或财富过剩和人口过剩的对立,因此理论所要做的,就不仅仅是像自由主义经济学那样直观地反映"精神"和"自然"的矛盾(在这个意义上恩格斯将这种经济学的本质视为"基督教经济学")[①],而更应透过这一矛盾,把握真正"自然的合理的关系"[②]。恩格斯所理解的这种自然而合理的关系,就是生产中的各种要素以及生产与消费的关系等都实现内在统一,其前提则是竞争成为前述真正意义的竞争。而资本主义私有制下的竞争不但造成了所有要素之间的分裂(不仅体现为土地所有者和资本所有者的力量压倒性地强于工人,而且体现为工人之间、资本之间和土地占有者之间的弱肉强食和互相排挤),从而导致了大量贫困,更造成了人类道德的堕落。

恩格斯注意到,在资本主义生产中科学起到重要的作用。这种作用首先体现在,从一般生产力的角度来说,科学是一种作为精神要素的生产要素,对于生产费用和生产效率等因素产生着直接影响:"但是,在一个超越利益的分裂——正如在经济学家那里发生的那样——的合理状态下,精神要素自然会了列入生产要素,并且会在经济学的生产费用项目中找到自己的位置。到那时,我们自然会满意地看到,扶植科学的工作也在物质上得到报偿,会看到,仅仅詹姆斯·瓦特的蒸汽机这样一项科学成果,在它存在的头五十年中给世

---

① 《马克思恩格斯全集》第3卷,人民出版社,2002年,第467页。
② 同上书,第463页。

界带来的东西就比世界从一开始为扶植科学所付出的代价还有多。"①恩格斯所认为的科学知识增长规律是,科学总是与前一代人留下的知识的总量成比例地以几何级数增长,因而成为了马尔萨斯所没有看到的、在生产背后起着巨大推动作用(最起码不会使生产力的增长低于人口的增长)的力量。不过恩格斯显然并未停留于这种抽象分析的层面:他清楚地看到,在私有制条件下,科学之进入生产系统中发挥作用,就其所产生的直接效果来说,是帮助资本所有者和土地所有者,而对于工人来说,则首先意味着对抗和剥夺,这主要体现在,科学发明大大增加了劳动力,因而降低了对于工人的劳动力的需求,并进一步加剧了劳动力之间的竞争,使"一半工人突然被剥夺生活资料而另一半工人的工资被降低"②。因此科学又在某种意义上事实上起着消极的作用。但在恩格斯那里,这一消极作用并不是科学本身造成的,而是私有制所造成的,因此唯有消灭私有制才能恢复科学本身的积极的力量。

这样我们看到,在《国民经济学批判大纲》中,当恩格斯面对他所发现的、处于黑格尔哲学背后的时代状况时,他所直接借用的工具是三个:国民经济学的理论、黑格尔哲学和费尔巴哈人本学。国民经济学为恩格斯提供的是时代的分裂状态,黑格尔哲学所提供的是对立统一的视野,而费尔巴哈人本学所提供的,则是对立和分裂走向统一的内在根据和前提。恩格斯将这三种理论捏合在一起,其基本思路是,将国民经济学家们关于社会经济状况的矛盾论述理解为社会经济状况中的矛盾本身,然后将这些矛盾理解为本应统一在一起的"反常的分裂",而这种统一的理论前提或肯定性的前提是真正的"人"的关系的存在,而其现实前提则是私有制的废除。从马克思后来所发展的政治经济学批判的角度来看,恩格斯的这一思路显然有些简单了。首先,国民经济学理论所呈现出的矛盾与现实状况之间的关系显然被简单化处理了。比如,像"生产费用"和"效用"这样在不同的国民经济学家那里彼此矛盾的概念未必可以直接拿过来理解现实问题,而这也正是后世人们对恩格斯在此关于价值的理解多有批评的原因(事实上后来恩格斯本人也不再坚持从二者的统一的角度来理解价值)。其次,被认为处于对立状态的各种要素之间的统一方式也被简单化处理了。"对立面的统一"被以某种简单的方式建立起来,似乎资本主义所建立的各种具有对立性的因素直接就能成为有待统一的方

---

① 《马克思恩格斯全集》第 3 卷,人民出版社,2002 年,第 453—454 页。
② 同上书,第 472 页。

面,但这些方面的复杂关系往往尚未得到充分考察,比如资本和劳动的关系,再比如土地的自然方面与人的方面的关系,都并非可以直接"统一"在一起的关系。马克思后来在《资本论》手稿中的考察,揭示了资本主义这一系统的复杂性,在这一系统中所有的要素都无法简单地视为为某种"统一"所做的现成"准备",而像资本与劳动这样的对立要素之间的关系也无法通过某种既有理论如"劳动主体论""统一"在一起,而是有着复杂得多的关系。最后,人本学的直接引入给人的感觉是,恩格斯在没有深入现实之前就设定了某种"本真"状态的先行存在。"真正的竞争"以及资本、土地和劳动之间的"自然的合理的关系"这样的说法从学理上说都没有得到证明,至于这些关系为何是"人的本性"层面的关系更是令人困惑。而如果从结构上分析的话,被恩格斯认作"应然"的关系,更多似乎只是对立面的简单统一。因此,恩格斯在此所做的工作,与其说解决了问题,不如说引出了更多的问题。当然,这些问题归根结底是由恩格斯所面对的新的问题域所引发的。恩格斯在《国民经济学批判大纲》首次触及到了这个新问题域,但仍缺乏有效把握这一问题域的方法和手段。黑格尔式的对立统一和费尔巴哈式的人本学事实上都无法真正理解和把握一个前理论的领域,因此恩格斯亟需找到一种有效地解决这一问题的途径。

五、"英国经验"与"德国哲学"

在写作《国民经济学批判大纲》的同时,恩格斯还着手撰写了总标题为《英国状况》的系列文章,在某种意义上可被理解为对上述问题的思考。在《英国状况》的第一篇即《评托马斯·卡莱尔的〈过去和现在〉》中,恩格斯借助对于英国作家卡莱尔的著作《过去和现在》的评论,探讨了分析社会现实的方式问题。卡莱尔在这部作品中要实现的目标,就是通过对英国现实与过去的对比,揭示英国社会所发生的巨大变化。在卡莱尔笔下,英国这个时代的基本特征就是空虚、腐败和伪善,每一个社会阶层都处于混乱和困惑之中,整个社会生活杂乱无序。在恩格斯眼中,卡莱尔对于土地贵族、企业主和工人阶级的生存状况的分析的价值,就在于揭示了旧的社会秩序正在瓦解、新的社会秩序正在生成的趋势。不过,对于恩格斯来说,卡莱尔对于现存社会及其趋势的理解所存在的一个问题,是他试图将这些理解纳入泛神论的视野中,这体现在,卡莱尔不仅将英国当时状况的根源归结为无神论的泛滥,认为现代人失去了自己的"灵魂",从而无法接近真理,也即无法接近自然界的命令和规律,更进一步将现代人之被拯救理解为某种"未来的宗教"的建立,这种新宗教所崇拜的是劳动,而与之相应的新型的劳动组织又只能在"真正的贵族"或"英雄"的领导下才能建立起来。恩格斯对这种泛神论思想不以为然,他借用费尔巴哈的宗教批判,对卡莱尔进行了批评:首先,在基督教的本质被费尔巴哈揭示之后,不可能再产生任何一种新的宗教,连作为"基督教的结论"[1]的泛神论也不可能产生;其次,要在针对当代的"不坚定性""内心空虚""精神沦丧"和"不诚实"的社会状况的斗争中取得胜利,不能通过重新建立某种超自然或超人的事物的方式,而应通过"把人因宗教而使失去的内容归还给人"[2]而实现;最后,卡莱尔尽管看到了英国社会中存在的"竞争""需求和供给"以及"玛门主义"(也即拜金主义)的问题,但并未要求否定私有制本身,而这样一来,卡莱尔对现实的所有批判都只是空谈。

恩格斯在这些批评中所体现的思想,总体上看当然是费尔巴哈式的人本学的直接借用。

不过,这里出现了一个悄悄发生的变化,这就是,在恩格斯的这一研究中,黑格尔哲学的因素被弱化了,而人本学形象的凸显实际上正是这种弱化所造成的。此时恩格斯已不再将黑格尔哲学视为与费尔巴哈的人本学"殊途同归"的思想,而是将之归入已被费尔巴哈的宗教批判所扬弃的泛神论的一部分。甚至先前曾被恩格斯极力赞扬的大卫·施特劳斯此时也被恩格斯归入泛神论一脉。而此前被恩格斯主要用来指称黑格尔哲学的"德国哲学"一词,现在主要指费尔巴哈哲学(不过值得注意的是,黑格尔思想只是暂时"不在场",但并未真的"退场",毋宁说,被恩格斯归为"泛神论"的,乃是黑格尔的现存哲学体系,这一体系并不是完备的,但并不妨碍它作为一种隐含的前提存在)。在恩格斯看来,卡莱尔尽管对德国思想相对比较熟悉,但主要接受的是谢林式的泛神论思想,而对晚近的德国哲学发展并不熟悉,尤其不了解费尔巴哈的人本学,因此在面对英国社会的时候,更多地是以泛神论的方式来理解其现实与未来。恩格斯将卡莱尔的思想和英国社会主义思想进行了比较,认为这两种思想其实都是从经验出发的,卡莱尔以理论的方式把握经验,

---

[1] 《马克思恩格斯全集》第3卷,人民出版社,2002年,第519页。
[2] 同上。

而社会主义者则以实践的方式把握经验,二者的共同缺陷是不了解"德国哲学"。在恩格斯看来,只有将经验与德国哲学结合在一起,才有可能克服英国的现实矛盾。

但问题是,如何才能实现英国经验与德国哲学的结合呢?恩格斯承认,这从理论上说是容易的,但"德国的全部经验证明,这是很难走的一步"①。不过,恩格斯提出了这一结合之可能实现的前提,这就是进入真正的历史。恩格斯将此处自己所理解的"历史"与黑格尔哲学中的"历史"做了区分:"我们根本没有想到要怀疑或轻视'历史的启示';历史就是我们的一切,我们比其他任何一个先前的哲学学派,甚至比黑格尔,都更重视历史;在黑格尔看来,历史归根结底也只是用来检验逻辑运算问题"②,而恩格斯此时所理解的历史则基本上是以费尔巴哈人本学为前提的:"**我们要求把历史的内容还给历史,但我们认为历史不是'神'的启示,而是人的启示,并且只能是人的启示。**"③但我们能够看到,在"把历史的内容还给历史"这一诉求的指引下,尽管恩格斯强调"只有彻底克服一切宗教观念,坚决地真诚地复归,不是向'神',而是向自己本身复归,才能重新获得自己的人性、自己的本质"④,他却并没有将人本学视为进入历史领域的唯一途径,而是将"经验"视为与哲学同样重要地位。事实上,正是由于卡莱尔所依赖的"经验"是被某种"理论"(泛神论)所扭曲的经验,因此恩格斯才要求以"德国哲学"也即费尔巴哈人本学这种以"人本身"为目标的理论取代泛神论,以获得真正的"经验"。而英国社会主义者们尽管并不了解"德国哲学",却以"实践"的方式进入了真正的经验。正是由于这样,恩格斯尽管认为卡莱尔的泛神论和英国社会主义都有片面之处,但还是对二者予以区别对待:卡莱尔的思考只有借鉴德国哲学才能走出理论困境,而英国社会主义则能通过实践本身走向德国哲学的结论。恩格斯认为,尽管英国社会主义者的弱点在于只注重实践而不注重理论,因而不了解唯物主义之外的哲学,特别是不了解"德国哲学",但"我们根本没有必要马上强迫他们接受德国哲学,他们会自己认识它,目前德国哲学还不会对他们有多大用处"⑤。

---

① 《马克思恩格斯全集》第3卷,人民出版社,2002年,第524页。
② 同上书,第520页。
③ 同上。
④ 同上书,第521页。
⑤ 同上书,第524页。

这样，在恩格斯的视野中与人的拯救有关的两个最重要的因素就是人本学和经验。而在恩格斯紧接着撰写的《英国状况》的第二篇《十八世纪》中，恩格斯的分析方法再次发生了变化，这突出表现在，经验本身上升为最重要的因素。

六、恩格斯对英国工业革命的分析

《十八世纪》篇幅虽然不长，却无疑是这一时期恩格斯最精彩的作品之一。它的主要目标是分析十八世纪英国的社会革命的来龙去脉。恩格斯将英国的社会革命与法国的政治革命和德国的哲学革命进行了比较，认为只有社会革命才是真正的革命。具体说来，恩格斯关于英国社会革命的看法是："英国的革命是社会革命，因此比任何其他一种革命都更广泛，更有深远影响。人类知识和人类生活关系中的任何领域，哪怕是最生僻的领域，无不对社会革命发生作用，同时也无不在这一革命的影响下发生某些变化。"①这样，社会革命就不是像哲学革命或政治革命那样只是在某一个领域发生的革命，而是被理解为一种由人类生活的各领域共同发生同时又对各领域产生作用的复杂的系统性演变。不仅如此，如果说哲学革命和政治革命或多或少与某种形式的占据主导地位的主体性因素有关的话，社会革命则体现为各领域的客观变化不断互相推动而产生的整体性变革。这种对于社会革命的理解试图不借助任何哲学观念，对经验领域本身的变化进行客观描述。

恩格斯首先描述了十八世纪欧洲智识领域的总体面貌："18世纪综合了过去历史上一直是零散地、偶然地出现的结果，并且揭示了它们的必然性和它们的内在联系。无数杂乱的认识资料经过整理、筛选，彼此有了因果联系；知识变成科学，各门科学都接近于完成，即一方面和哲学，另一方面和实践结合了起来。"②天文学、光学、数学、力学、化学、地理学、自然史、地质学、历史学、政治学、国民经济学等领域分别通过某种方式实现了科学化；而在哲学领域中，以抽象的主体性为原则的基督教及其哲学被复活了的"古代哲学"的原则也即唯物主义所取代，后者所强调的是客观性、自然和抽象普遍性。因此，

---

① 《马克思恩格斯全集》第3卷，人民出版社，2002年，第526页。
② 同上书，第527页。

在这个世纪中,客观性和主观性、自然和精神、抽象普遍性和抽象单一性之间的对立不仅没有得到解决,反倒最终使得这些对立中的每一个方面都得到充分发展,从而使这些矛盾尖锐化,并因而使得消灭这些对立成为不可避免的事。

在恩格斯看来,德国人、法国人和英国人共享十八世纪这种精神氛围,但由于历史和传统不同,具体表现也各不相同。从历史来看,英国人是由日耳曼语族的民族和罗曼语族的民族共同构成的,因此从一开始就具有无法完全弥合的矛盾,从而具有与德国人和法国人不同的民族性,也即怀疑论倾向。这一倾向使得英国人在思考问题时更多地不是从普遍原则,而是从经验的角度来看待问题。如果说德国人在哲学上阐明了人类的普遍利益,法国人在政治活动中意识到人的整体性和普遍性的话,那么英国人则无法在理论和实践中把握这种普遍性的内容,他们不注重整体利益,而只关注个体利益,因而英国的"社会经验"与法国的"政治经验"不同,这种经验体现为缺乏统一性的活动,这些"独立的、彼此并立的个人的活动,是无联系的原子的运动,这些原子很少作为一个整体共同行动,而且即使作为整体行动的时候也是从**个人利益**出发"①。因此,在英国,科学无法在普遍性层面上(无论是从哲学还是从政治角度看)起作用,也即无法实现哲学革命和政治革命,而是在个体性层面上也即经验性层面上发挥作用,于是实现了社会革命。

按照恩格斯的分析,英国的社会革命是从 1760 年代之后的一系列科学发明开始的。瓦特发明的蒸汽机、哈格里沃思发明的珍妮纺纱机、阿克莱发明的水利纺纱机、克朗普顿发明的走锭精纺机、卡特赖特发明的动力织机在二十余年里集中出现,使英国的棉纺织业迅速兴起。这些发明所产生的结果并不仅仅是生产效率的提升,更是生产的方式的重大变化,而这集中体现为工厂制度的建立。恩格斯看到,尽管在所有这些发明中瓦特的蒸汽机第一个在现代工厂中发挥作用,但事实上英国棉纺织业的革命并不是某一种发明所决定的,而是几乎所有的发明以及对于机器的改进都起到了自己的作用:"所有的机器都经过无数次微小的但总起来说却很有意义的改进,而每一个新的改进都给予整个工业体系的扩展以有利的影响。所有的棉纺织业部门都革命化了。"②棉纺织业的变革推动了其他工业部门的变革。首先是与棉纺织业相

---

① 《马克思恩格斯全集》第 3 卷,人民出版社,2002 年,第 531 页。
② 同上书,第 538 页。

近的工业部门受到影响,比如毛纺织业、麻纺织业、丝纺织业都发生了根本的变革,这不仅体现在手工劳动被蒸汽动力和机器作业代替,更体现为家庭作坊式生产转变为大规模工厂式生产。随后,纺织工业所产生的变化又对与之相联系的各个部门产生了直接和间接影响。比如,蒸汽机的大规模使用促进了煤矿业的生产,同时也使得机器制造业成为一个独立的工业部门,而机器制造业又带动了铁矿和铜矿的开采。这种链式反应不断扩大,最终全社会的工业生产都受到推动,并使包括水运、公路和铁路在内的交通发生了根本变化,而这又进一步深刻地改变了英国社会的面貌。

恩格斯进一步观察到,英国社会的这种变化并不是一次性的,而是持续性的。这不仅是因为受到其他部门推动的部门的变化会反过来使推动该部门产生变化的部门发生变化,更是由于,由机器的发明、使用和改进所导致的变化将推动与利益联系在一起的技术革新。关于这个问题,恩格斯的表述是:"机械生产的优越性降低了产品的价格,从而使生活必需品降价,其结果是使工资普遍更低了;所有其他的产品也卖得更便宜了,这样,由于价格低廉,就争得了一个与价格低廉相称的更广阔的市场。使用机械辅助手段而获益一旦成为先例,一切工业部门也就渐渐仿效起来;文明程度的提高,这是工业中一切改进的无可争议的结果,文明程度一提高,就产生新的需要、新的生产部门,而这样一来又引起新的改进。"①恩格斯这段话所包含的意思,后来在马克思《资本论》第一卷关于相对剩余价值的讨论中得以再现②,不过马克思在那里的处理显然更加细致,比如,马克思将由少数企业率先采用新技术所获得的剩余价值叫做超额剩余价值,将由全社会普遍采用新技术而造成的再生劳动力的商品的价值下降也即劳动力本身的价值下降所带来的剩余价值称为相对剩余价值,因此新技术的局部使用和普遍使用被马克思区分开来,而相比之下,恩格斯在此所做的分析从逻辑上说并不算严谨。不过,青年恩格斯在1844年初就已对资本主义生产与技术革新的关系有如此深入的领会,已足以令人赞叹了。

更为重要的是,恩格斯明确将这种在工业领域所发生的变革视为"现代英国各种关系的基础"和"整个社会的运动的动力"③。恩格斯强调,英国工业

---

① 《马克思恩格斯全集》第 3 卷,人民出版社,2002 年,第 541 页。
② 参见《马克思恩格斯全集》第 44 卷,人民出版社,2001 年,第 363—373 页。
③ 《马克思恩格斯全集》第 3 卷,人民出版社,2002 年,第 544 页。

的革命化所带来的第一个直接的结果就是利益成为对人而言的统治力量,或者说,"财产、物升格为世界的统治者"①。而这在国民经济学和社会思想中都有明确的体现。在国民经济学中,亚当·斯密将政治和宗教都归结于经济范畴,将财产视为国家的本质,将致富理解为国家的目的;而在社会思想领域,威廉·葛德文和边沁从不同方面提出了功利主义原则,前者将公共福利或普遍福利视为最高的原则并对国家的本质进行批判,而后者则进一步将普遍福利理解为最大多数人的最大幸福。

恩格斯在《十八世纪》中对英国的社会革命所做的分析,体现了他尝试采用新的方法探讨客观的社会现实的努力。不过恩格斯在努力"把历史的内容还给历史"的同时,并没有完全放弃费尔巴哈人本学的立场。这体现在,当他的目光回到思想领域的时候,他事实上仍然以人本学作为基本的评判标准。比如,恩格斯对边沁的功利主义进行了批评,认为后者用利益作为原则,实质上是颠倒了主词与谓词、整体与部分的关系:"这里,边沁在自己的经验中犯了黑格尔在理论上犯过的同样错误;他没有认真地克服二者的对立,他使主语从属于谓语,使整体从属于部分,因此把一切都颠倒了。"②恩格斯这里所说的"主语"和"整体",仍然是人的"类",或者说,普遍性的"类本质"。因此所谓"主语从属于谓语",以及"整体从属于部分",就是指边沁将彼此对立的人的利益上升到比真正的类本质还高的位置,从而"不是把类的权利赋予自由的、意识到自身和创造自身的人,而是赋予粗野的、盲目的、陷于矛盾的人"③。"类"无法从"经验"中获得,而只能从"德国哲学"中获得。但问题是,如果说边沁正是从"英国经验"中获得他的"哲学"的话,恩格斯又如何能直接以"德国哲学"的立场来批判边沁的哲学呢? 在恩格斯那里,这并不是一个问题,因为边沁的"经验"其实并不完整,他所描述的只是以"财产"和"利益"为视角的经验,被"财产"和"利益"所压迫的劳动阶级的经验并没有被考虑进来,而正是在这种被压迫的经验中,"自由的、意识到自身和创造自身的人"的经验被压抑了。因此恩格斯对边沁批评道:"边沁使竞争成为伦理道德的实质,他根据财产的规律即物的规律,根据自然规律调整人类的关系;因此,这里是旧的、基督教的、自然形成的世界秩序的结束,即外在化的最高点,而不是那种

---

① 《马克思恩格斯全集》第 3 卷,人民出版社,2002 年,第 544 页。
② 同上书,第 545 页。
③ 同上。

应该由意识到自身的人在完全自由的条件下创造的新秩序的开始。"①在恩格斯的这个批评中,"意识到自身的人"是一个前提,这个前提固然可以从费尔巴哈人本学和布鲁诺·鲍威尔的自我意识哲学中找到,但显然,这不能仅仅是一个"哲学前提",而是只有同时也是一个"社会前提"时才有意义。这就意味着,必须在经验层面上对"新秩序的创造"的主体性前提进行分析。

七、"完全经验的方式"

在《英国状况》的第三篇文章《英国宪法》中,恩格斯讨论了"财产"进行统治的政治机制,其目标正在于追问:财产拥有者何以无法成为那种"意识到自身的人"? 在这篇文章中,恩格斯通过对于英国政治制度的分析,发现这种制度架构的一个基本特点就是理论与实践处于极端的矛盾中。比如,英国立宪君主制的原则是"三位一体"也即王权、上院和下院的权力制衡,但实际上却是下院拥有无限权力;再比如,英国习惯法中体现了一些个人权利原则,比如新闻出版自由、集会的权利、结社的权利、人身保护的权利、由与自己同类的人审讯的权利,等等,但同时在法律的具体规定中却又包含着对于这些权利的限制。这些矛盾之所以存在,根本原因在于,统治英国社会的并不是国王,也不是贵族,而是中间阶级,而中间阶级的统治就是财产的统治,这种统治的特点在于"伪善",也即不断用谎言对自己的不道德行为进行掩饰。在财产的统治下,"甚至人们在开始了解到所做的这一切是纯粹的假话和虚构的时候,还是紧紧抓住不放,而且抓得比任何时候都紧,只有这样,这些空洞的语词正是世界的枢轴,而且世界和人类必定会与它们一起陷入纷乱的黑暗中! 于是人们只好满怀厌恶地躲开这个由公开的谎言和隐蔽的谎言、由伪善和自欺交织而成的罗网。"②靠谎言和自欺进行统治的财产所有者当然不可能是任何意义上的"意识到自身的人",而与此相对的是,它的对立面即被财产所有者压迫的人们则在不断进行揭露这些谎言的斗争,这就是"实践反对理论、现实反对抽象、生活反对毫无意义的空泛语词的斗争"③。在这个意义上说,当恩格

---

① 《马克思恩格斯全集》第 3 卷,人民出版社,2002 年,第 545—546 页。
② 同上书,第 584 页。
③ 同上。

斯将这些斗争称为"反对不合乎人性而进行的斗争"①时,所谓"人性"是指进行斗争的被压迫者所意识到的真实的人性,而以财产为基础的"英国经验"通过虚假的认识所认识到的内容则是"不合乎人性"的。在这里,尽管恩格斯仍然沿用了费尔巴哈的术语,但显然其基本内涵已悄悄发生变化:"人性"已不完全是一种哲学论证的抽象结果,而更多地与被压迫者的斗争、特别是其反抗中的"经验"和"视角"联系在一起。就其直接性而言,这种斗争自然首先针对的是财产的统治,因而以"社会的民主制"为方向,但在恩格斯看来,由于民主制的基础是平等,而富人和穷人是无法在任何形式的民主制下实现平等的,因此被压迫者的斗争最终将发展出一种超出一切政治事物的原则,而这就是社会主义的原则。

在恩格斯试图用"完全经验的方式"理解英国的社会和政治并将费尔巴哈人本学意义上的"人性"概念"经验化"的同时,他已和曾经同行的青年黑格尔派渐行渐远了。布鲁诺·鲍威尔主编的《文学总汇报》此时成为青年黑格尔派的一个宣传重镇,其中刊载的不少文章也试图对社会现实进行分析,但恩格斯看出,自己与这些仍试图坚持黑格尔哲学的观点之间已出现一道鸿沟。1844年8月,恩格斯从英国回国,在巴黎再次见到马克思,此时马克思思想也处于转折期,他们决定共同撰写一部著作,对《文学总汇报》所代表的青年黑格尔派的观点进行批判,这部著作就是《神圣家族》。恩格斯和马克思的主要目标是对布鲁诺·鲍威尔及其追随者的思辨唯心主义进行批判。在恩格斯看来,鲍威尔等人自称秉持"批判"立场,但在面对具体问题时却表现为教条主义:"批判所做的,仅仅是'用现存事物的范畴来制订公式',也就是用现存的**黑格尔**哲学和现存的社会意向来制订公式。公式除了公式便什么也没有。而且尽管批判在竭力抨击教条主义,但是它还是宣告自己是教条主义,而且是**妇女**的教条主义。它是一个老太婆,而且将来仍然是一个老太婆;它是年老色衰、孀居无靠的**黑格尔**哲学。"②在这里,恩格斯显然已明确一点,那就是,黑格尔的既有体系对于社会现实的考察来说,是无法直接加以"运用"的。恩格斯此时认为,黑格尔的概念辩证法已被费尔巴哈所摧毁,而费尔巴哈人本学的要义并不是简单地用某些术语取代黑格尔哲学,而是回到人本身,而这也就意味着将现实的和活生生的人而非某种超经验的精神力量理解

---

① 《马克思恩格斯全集》第3卷,人民出版社,2002年,第584页。
② 《马克思恩格斯全集》(中文第一版)第2卷,人民出版社,1957年,第22页。

为现实的创造者。不过,与其说恩格斯在这里的目标是重申费尔巴哈的人本学,倒不如说他要借助人本学阐述一种与黑格尔不同的历史观:"'历史'并不是把人当作达到**自己**目的的工具来利用的某种特殊的人格。历史**不过是**追求着自己目的的人的活动而已。"①这种历史观所关注的,是现实生活中的人本身,而非抽象的人。而对已初步研究了英国社会的恩格斯来说,所谓现实生活,更多地不是指伦理生活和精神生活,而是指特定形式的社会生活,其主要内容包括工业生产以及在此基础上建立的统治关系。在此视野下,恩格斯利用自己已获得的关于英国社会史的研究成果,批评了茹尔·法赫尔关于英国工业史的理解,认为这一理解是从某种"原则"出发而不是基于真实的历史;同时,恩格斯还对埃德加·鲍威尔关于工人的理解予以批评,认为后者由于只将思想创造也即"批判的批判理想的、虚幻的创造"②理解为真正的创造,因而从根本上无视现实的、活生生的生活中的工人的创造。

如果说真正的"人性"只有通过工人的反抗斗争才能被理解的话,那么对于工人所处的境况进行详细分析就是十分必要的了。恩格斯写于 1844 年 9 月和 1845 年 3 月期间的《英国工人阶级状况》要做的正是这一工作。恩格斯在该著中分析了英国工人阶级的产生与工业革命之间的关系、城市中工人阶级的生活状况、工人之间的彼此竞争关系、工人阶级与资产阶级之间的关系以及工人运动之间的关系等问题。恩格斯部分重述了他曾在《十八世纪》中阐述过的英国工业史,着重讨论了产业革命与英国工人阶级的诞生的关系。按照恩格斯的分析,工业的迅速发展使工人的需求急剧增加,工人成群结队地从农村涌向城市,再加上这一时期爱尔兰由于进入安定状态而人口急剧增加,许多爱尔兰人被英国繁荣的工业所吸引而来到英格兰,这样就出现了一些大型的工商业城市。按照恩格斯的估计,这些城市中工人阶级的人数基本上占到总人口的四分之三。如此庞大的人数使得这一阶级的生活状况成为不容忽视的问题,而根据恩格斯实地考察,英国工人阶级正处于极度糟糕的状况中。这个阶级在资本家阶级的剥削之下,工资被压低到最低限度,连最必须的生活资料都极度匮乏,居住环境恶劣,疾病侵蚀着健康,后代得不到教育。恩格斯尤其指出,英国工人阶级状况的恶劣不仅体现在身体和智力等方面,而且也体现为道德方面的颓废堕落,比如酗酒、纵欲甚至犯罪。恩格斯认

---

① 《马克思恩格斯全集》第 2 卷,人民出版社,1957 年,第 118—119 页。
② 同上书,第 21 页。

为,导致英国工人阶级颓废堕落的原因主要有,生活没有稳定的保障、劳动具有强制性、生活在人口集中的大城市等。在恩格斯看来,英国工人阶级的颓废堕落实际上是英国的社会体制所造成的,工人们的颓废行为折射出整个英国社会已处于每个人反对每个人的"社会战争"中:"在这个国家里,社会战争已经全面爆发。每个人都只顾着自己,并为了自己而反对其他一切人。他是否要伤害其余所有被他看做死敌的人,那纯粹取决于自私自利的打算,就是说,看怎样才对他最有利。"①正是在这种"社会战争"中,形成了相互对立的两大阵营,即资产阶级和无产阶级(恩格斯此时使用的"无产阶级"一词与"工人阶级"同义)。恩格斯注意到,英国工人阶级反抗资产阶级的斗争,并不是仅仅具有上述颓废的或消极的形式,而是还以组织化的方式展现出来。这种组织化的方式主要有两种:一是工会活动特别是罢工,二是宪章运动。工会运动相比较而言是个别部门的工人同个别的资产者作斗争,而宪章运动则是整个英国工人阶级反对资产阶级的斗争。恩格斯此时仍然从人本学的角度来理解这些斗争的内在动力:工人是为了摆脱自己所处的非人的状况、争取合乎"人"的身份的地位而进行斗争,而正是在反抗压迫的斗争中,"人性"得以显现:"既然如我们所看到的,工人除了为改善自己的整个生活状况而进行反抗,再也没有任何其他表现自己的人的尊严的余地,那么工人自然就一定会在这种反抗中显示出自己最动人、最高贵、最合乎人性的特点。"②恩格斯为了说明工人是出于对自身所处的状况不满而进行斗争,特别强调"愤怒"是"正在开始的工人运动的杠杆"③。但在恩格斯看来,如果工人运动只是受"愤怒"支配,那么就无法避免行动中的野蛮和粗暴行为;而社会主义和共产主义(恩格斯对英国的"社会主义"和"共产主义"等同视之)则不仅不认为"敌对"会长久存在,更是将消除这种敌对作为自己的目标,因此,如果工人运动与社会主义和共产主义结合在一起的话,那么就可以减少革命中的流血、报复和残酷性。这时恩格斯改变了先前抑法国共产主义而扬德国共产主义的态度,转而认为,英国社会主义者只有像法国共产主义者那样将斗争和共产主义结合在一起,才能真正实现自己的目标:"社会主义和宪章运动的融合,法国共产主义以英国方式的再现,将会在最近发生,而且已经部分地发生了。只有实现

---

① 《马克思恩格斯文集》第1卷,人民出版社,2009年,第446页。
② 同上书,第449页。
③ 同上书,第497页。

了这一点,工人阶级才会真正成为英国的统治者;那时,政治和社会的发展也将向前推进,这种发展将有利于这个新生的政党,有利于宪章运动的继续发展。"① 至于德国共产主义,恩格斯则更多地看到其缺陷。在恩格斯看来,当时只有英国的工人阶级或无产阶级的"状况"才具有完备的形式,因此也最具分析价值,特别是对于德国共产主义运动来说,尤其富有意义,这是因为,德国共产主义者的思想基本上都来自费尔巴哈人本学,而由于德国无产阶级尚未发展到像英国那样的典型形式,因此德国共产主义者并不了解无产阶级的真实生活状况。关于这一点,恩格斯说:"德国的社会主义和共产主义比任何其他国家的社会主义和共产主义都更多地是从理论前提出发的。我们德国的理论家对现实世界了解得太少,以致现实的关系还不能直接推动我们去对这个'丑恶的现实'进行改革。在公开主张这种改革的代表人物中,几乎没有一个不是通过费尔巴哈对黑格尔思辨的克服而走向共产主义的。关于无产阶级的真实生活状况我们知道得这样少,甚至连善意的'工人阶级生活改善协会'(我们的资产阶级现在在这些协会里对社会问题大肆歪曲)也经常把那些关于工人状况的最可笑最无聊的见解作为出发点。"② 从恩格斯的这一表述来看,他已不再认为共产主义可以仅仅是"哲学"的了,也不再认为与共产主义相联的"社会现实"仅仅意味着政治经济学所呈现的经济现实,毋宁说,对于此时的恩格斯来说,如果离开了无产阶级问题,就无法讨论共产主义。这样,鉴于共产主义问题在费尔巴哈人本学的视野中并没有位置,这种哲学就不是一种要由"经验"来"补充"和"证实"的原则,而更多地是一种与对于现实社会生活的分析相配合的理论。

如果说此时恩格斯还将工人运动与共产主义之间的联系理解为一种"应然"关系的话,那么不久他关于此问题的看法就发生了变化。这一变化出现在他所发表的爱北斐特演说中。

1845年2月8日,恩格斯在德国爱北斐特的一次由共产主义者组织的集会上就共产主义问题发表了演说。在这篇演说中,他对现存的自由竞争的世界秩序及其后果进行了分析,指出竞争将导致所有人的利益彼此相对,并明确将这一后果与资本主义社会内在地联系在一起:"这种一切人反对一切人

---

① 《马克思恩格斯文集》第1卷,第473页。
② 同上书,第386页。

的战争,这种到处都很混乱、到处都在剥削的现象就是现代资本主义社会的实质。"①与此同时,由于自由竞争令生产和消费完全脱节,因此成为商业危机的根源。如果说小资产阶级的破产、贫富分化、商业危机等都是由人们的利益冲突造成的,那么对于恩格斯来说,共产主义正是克服这些问题的根本方式。恩格斯此时已不再仅仅将共产主义理解为一种"原则",而更多地将之理解为现实资本主义社会的一种替代方案。恩格斯在讨论这种替代方案时,把重点放在其现实性而非应然性上。恩格斯将共产主义视为资本主义社会的种种弊端的修正方案,或者说,是非理性现实的理性化方案,这自然首先指共产主义社会能够在消除利益对立的基础上消除资本主义社会的"社会战争"状态,不过令人瞩目的是,恩格斯更加强调,共产主义能够消除现实社会中存在的对于劳动力的巨大浪费现象,并能够将现有的个别力量联合为新型的社会集体力量。按照恩格斯的设想,一方面,在消除了利益对立的情况下,整个社会只需要一个中央管理机构就能进行有效管理,行政机关和司法机关可被无限简化,常备军也不必保留,由于竞争而导致的失业问题也能得到解决,这样,劳动力和资本的浪费就能在最大程度上被避免;另一方面,在现实社会中分散的个别力量一旦被集中的社会集体力量所取代,从前彼此对立的力量被组合在一起,劳动力的使用方式会被大大优化,从而实现劳动力的节省。总体上看,恩格斯的这些观点在当时的共产主义和社会主义思潮中当然谈不上有多么新奇,一些细节的设想甚至直接借鉴了欧文的主张,不过,恩格斯的这些阐述的一个独特之处在于,他并非仅从道德的角度、甚至也不仅仅从社会秩序的理性化的角度来理解共产主义社会之取代资本主义社会的必要性,而是更多地从一个新的维度来理解这种必要性,这个新维度就是"生产力",也即通过生产给人类带来利益的力量。关于这个问题,恩格斯说:"诸位先生,你们想一想上面所谈的一切(我还可以举出许多别的例子来说明现代社会如何浪费劳动力),你们就会发现人类社会拥有极其丰富的生产力,这些生产力只要合理地组织起来,妥善地加以调配,就可以给一切人带来最大的利益。"②从这一表述来看,恩格斯之所以从"生产力"的角度讨论共产主义问题,正是由于生产力的充分发展最符合现实资本主义社会中人们对于利益的追求:只有高度组织化的共产主义社会才能最大程度上发挥人类社会所拥有的"丰富

---

① 《马克思恩格斯全集》第2卷,人民出版社,1957年,第602页。
② 同上书,第612页。

的生产力",从而最大程度满足所有人对利益的最大需求。由于恩格斯将"利益"问题与"生产力"联系在一起,而并未局限在分配层面谈这个问题,因此他没有像葛德文那样将"普遍利益"视为高于"个人利益",而是强调"一切人"的"最大的利益"。也正是从这个角度,我们才能理解,恩格斯何以会认为共产主义具有现实性,并自信地对他的听众们说:"但是我们希望今天晚上至少已经向你们阐明了一点,那就是共产主义不仅不同人的本性、理智、良心相矛盾,而且也不是脱离现实的、只是由幻想产生的理论。"①

与第一篇爱北斐特演说有关但不同的是,恩格斯在一周之后发表的第二篇爱北斐特演说试图结合德国的现实状况说明共产主义的必然性。恩格斯结合当时德国的时局,探讨了德国在经济上可能面临的几种局面,认为德国的社会革命是不可避免的。尽管从今天的角度来看,恩格斯的这些讨论所设定的变量明显不足,因而对局势的分析并不完善,但这些分析体现出,恩格斯试图完全从德国在现实中所面临的困境出发来理解共产主义的"经济必然性",人本学在此完全没有起作用。

恩格斯的两篇爱北斐特演说的共同倾向是,从资本主义的特征即竞争出发,将竞争所导致的利益冲突理解为现代资本主义社会结构的关键性建构要素,一方面用利益剥夺和利益不公说明资本主义体制下的德国一定会爆发穷人反抗富人、以"所有权的垄断"为斗争对象的社会革命,另一方面又强调,这种社会革命只有以共产主义为目标才符合"所有人"的利益。这是恩格斯首次完全摆脱"德国哲学"而对现实问题进行研究。这一思路在1845年底的《在伦敦举行的各族人民庆祝大会》上被进一步运用到关于无产阶级建立各民族间友爱关系的可能性问题上:正是由于各民族无产阶级具有"共同的利益",因而才能没有民族偏见地彼此交往。也正是在此基础上,恩格斯对当时德国民族主义进行了批判,认为只有无产阶级能消灭各民族彼此隔离的状态:"可是全世界的无产者却有共同的利益,有共同的敌人,面临着同样的斗争,所有的无产者生来就没有民族的偏见,所有他们的修养和举动实质上都是人道主义的和反民族主义的。只有无产者才能够消灭各民族的隔离状态,只有觉醒的无产阶级才能够建立各民族的兄弟友爱。"②

尤为重要的是,正是由于恩格斯此时观察社会生活的基本视角即"利益"

---

① 《马克思恩格斯全集》第2卷,人民出版社,1957年,第614页。
② 同上书,第666页。

是与资本主义社会现实密切相联的,因此在他看来,改造社会的各种"原则"就不可能是依靠其自身发展起来的,而只能靠人和环境发展起来。这样,恩格斯就与自己由以出发的"德国哲学"或"德国理论"相冲突了。在写于1845年下半年的"'傅立叶论商业的片断'的前言和结束语"中,恩格斯认为,"德国理论"直接从"原则"出发而不是从现实的社会问题出发的"高傲态度"是滑稽可笑的,因为"现在,在德国人的著作中有些夸张的词句被吹嘘为真正的、纯粹的、德国的、理论上的共产主义和社会主义的基本原则,而在所有这些夸张的词句中间,到现在为止还没有一种思想是从德国的土地上成长起来的"[①]。恩格斯批评"德国理论"自诩为"永远完备",却实际上只是从黑格尔哲学(特别是《历史哲学》)以及费尔巴哈哲学和施泰因等人关于社会主义和共产主义的作品中直接拿来一些观点,而对社会现实一无所知。恩格斯对"德国理论"的批判并不限于青年黑格尔派,而是还涉及黑格尔哲学本身,比如恩格斯认为,黑格尔在其《历史哲学》中过于随意地处理历史材料,现实被强行纳入原则中。恩格斯将傅立叶的相关著作与黑格尔哲学进行了比较,认为傅立叶是在对于社会问题进行深入研究并正确认识了过去和现在的基础上想象未来的,而不是随意地清算历史然后再随意地想象未来,因此傅立叶的著作可以成为德国理论的榜样。但值得注意的是,即便如此,恩格斯也并没有完全排斥黑格尔哲学。在恩格斯眼中,黑格尔体系的结构还是有某种"内容"的,尽管是以歪曲的形式呈现的内容,这与黑格尔之后的理论家们所构建的只是没有任何内容的理论是不同的。与此同时,恩格斯还注意到,德国共产主义和社会主义思想对于费尔巴哈的理论资源的借用也是很成问题的,那些后来被恩格斯称为"真正的社会主义"者的思想家们"稍微谈谈现在大家都乐于挂着嘴上的'人性',稍微谈谈这种人性或者宁可说是兽性的'实现',按照蒲鲁东那样(而这还是经过了第三手或第四手呢!)稍微谈一下财产,稍微为无产阶级悲叹几声,稍微谈一下劳动组织;多少组织几个改善下层阶级人们状况的可怜团体,而实际上对于政治经济学和现实的社会状况却茫然无知,这种'社会主义'整个就归结为这几点"[②]。在这里,曾被恩格斯本人引为原则的"人性"被戏称为"兽性",体现出恩格斯已将曾在自己思想占据重要地位的费尔巴哈人本学视为负面因素,社会现实现在已不再被理解为"人性"的某种异化

[①] 《马克思恩格斯全集》第2卷,人民出版社,1957年,第655页。
[②] 同上书,第659页。

表现了，而是取代"人性"成为思考的基础和前提。但问题是，如果既没有费尔巴哈人本学意义上的作为自然前提的"人性"的推动，也没有黑格尔意义上的进行自我认识的"理念"的推动，社会的理性化就只能成为一种可能性，因为纯粹以利益为导向的社会，完全有可能最终不走向每个人的利益最大化，而走向每个人都试图借助某种外在性的力量如技术或权力追逐个人利益最大化的道路。这样，在不以人本学为前提的情况下重新思考社会的理性化问题，这无疑成为摆在恩格斯面前的重要任务。对于恩格斯来说，这显然意味着要从根本上改变自己曾经非常熟悉的思考范式。鉴于青年黑格尔派和费尔巴哈人本学在恩格斯先前的思考范式中所起到的重要作用，对于青年黑格尔派和费尔巴哈人本学进行全面反思就是题中应有之义了。而这正是恩格斯和马克思即将在《德意志意识形态》中所做的工作。

第四章　恩格斯是如何成为《路德维希·费尔巴哈和德国古典哲学的终结》的作者的？

一、《德意志意识形态》的新历史观的基本视野

1845年4月,恩格斯离开德国,迁居布鲁塞尔,由此开始了和马克思密切合作的时期。二人于当年7月中旬去英国旅行,考察了英国工人运动以及英国思想界的状况,而在他们六周后回到布鲁塞尔以后,正逢布鲁诺·鲍威尔和施蒂纳等人在《维干德季刊》第三期发文对他们进行批评。马克思和恩格斯决定合写一部著作,对这些批评进行回应。特别是,在鲍威尔和施蒂纳等人的文章中,马克思和恩格斯是被当作费尔巴哈的信徒而被批评的,因此马克思和恩格斯尤其希望通过这部著作对自己的思想立场予以澄清。这部著作就是《德意志意识形态》。

《德意志意识形态》最终未能出版,而保留下来的手稿也由于其凌乱而带来诸多"罗生门"似的谜团,特别是每一部分的真正作者和最重要的第一章"费尔巴哈"的原初顺序,至今仍众说纷纭。如果按照恩格斯在《路德维希·费尔巴哈和德国古典哲学的终结》1888年单行本序言中的说法,《德意志意识形态》所表达的主要是"由马克思制订的唯物主义历史观"[①]与德国哲学的意识形态的见解的对立,那么这部著作的主要观点就是由马克思提供的。特别是,尽管遗留下来的第一章手稿的主体部分是恩格斯的笔迹,但无论从问题意识、写作风格和语言习惯来看,似乎都更接近于马克思而非恩格斯,因此这份手稿很可能是恩格斯对马克思底稿的誊写稿。不过,如前所述,事实上按照恩格斯本人的思路,对青年黑格尔派和费尔巴哈哲学进行批判也是势必要

[①] 《马克思恩格斯文集》第4卷,人民出版社,2009年,第265页。

做的事。何况,这一文本显然也包含了恩格斯此前的一些思考成果(如关于工业革命对近代社会发展的推动问题的思考,等等),因此,《德意志意识形态》应被视为马克思和恩格斯的一次真正意义上的思想交汇。

在1859年出版的《政治经济学批判·第一分册》序言中,马克思曾这样回忆他和恩格斯的这次合作的缘由:"自从弗里德里希·恩格斯批判经济学范畴的天才大纲(在《德法年鉴》上)发表以后,我同他不断通讯交换意见,他从另一条道路(参看他的《英国工人阶级状况》)得出同我一样的结果,当1845年春他也住在布鲁塞尔时,我们决定共同阐明我们的见解与德国哲学的意识形态的见解的对立,实际上是把我们从前的哲学信仰清算一下。"① 马克思所说的恩格斯"从另一条道路"所得到的"同我一样的结果"究竟是什么呢?如果说恩格斯在《英国工人阶级状况》中重点分析的一个问题就是物质生产领域(工业)的变动与阶级斗争(工人运动)之间的内在关系的话,那么马克思所赞成的正是这种从物质生产的角度来审视社会生活的研究方式。

《德意志意识形态》是马克思和恩格斯的新唯物主义的初步创制,一些术语还处于斟酌之中,但基本体现了他们(主要是马克思)此时所获得的理论结果。在《政治经济学批判·第一分册》序言中,马克思对他在1845年左右所获得的理论结果有过一个著名的回顾:"我所得到的、并且一经得到就用于指导我的工作的总的结果,可以简要地表述如下:人们在自己生活的社会生产中发生一定的、必然的、不以他们的意志为转移的关系,即同他们的物质生产力的一定发展阶段相适合的生产关系。这些生产关系的总和构成社会的经济结构,即有法律的和政治的上层建筑竖立其上并有一定的社会意识与之相适应的现实基础。物质生活的生产方式制约着整个社会生活、政治生活和精神生活的过程。不是人们的意识决定人们的存在,相反,是人们的社会存在决定人们的意识。社会的物质生产力发展到一定阶段,便同它们一直在其中运动的现存生产关系或财产关系(这只是生产关系的法律用语)发生矛盾。于是这些关系便由生产力的发展形式变成生产力的桎梏。那时社会革命的时代就到来了。随着经济基础的变更,全部庞大的上层建筑也或慢或快地发生变革。"② 这段表述往往被人们简化为"生产力决定生产关系,经济基础决定上层建筑"。在某种意义上说,这种简化不能算错,但并不准确。这不仅是因

---

① 《马克思恩格斯全集》第31卷,人民出版社,1998年,第413—414页。
② 同上书,第412—413页。

为,在这一简化版本中,"决定"一词含义不明,更是因为,这种理解缺少马克思所强调的一个重要维度即生产方式,从而两种"决定"常被当作两个并列的过程。在马克思的这段表述中,我们可以看到,除了"生产力/生产关系"以及"经济基础/上层建筑"这两个对子之外,还有一个重要的对子"生产方式"与"整个社会生活、政治生活和精神生活的过程"。在最后这个对子中,后一方面即"整个社会生活、政治生活和精神生活的过程"是社会的"显"的或可见的一面,而前一方面即"生产方式"则是社会的"隐"或不可见的一面。马克思要强调的是,社会的可见的一面是受到其不可见的一面的"制约"的。在马克思这里,"生产力"作为"生产方式"的功能,与"生产方式"一体两面,是社会的隐性结构的另一个面相。"生产关系"作为社会的显性结构的基础层面,是生产方式的直接显现,而国家、法律、意识形态等"上层建筑"又与生产关系"相应"。中文版《马恩全集》将"entsprechen"一词译为"适应",给人们造成了一种错觉,似乎马克思强调的是"物质生产力"对于"生产关系"以及"物质基础"对于"上层建筑"的线性决定,但马克思所理解的两对关系都是一种"相应"关系,在这种理解下,生产力与生产关系的关系与经济基础和上层建筑的关系,都是内在关系,而非外在关系,因此并非某种简单的线性决定关系。但这两种内在关系又并非同一种关系,因为生产力和生产关系的关系是意义关系,而经济基础与上层建筑之间的关系是结构关系。换句话说,生产力与生产关系的关系是对象的给出方式与对象之间的关系;经济基础与上层建筑之间的关系则是社会结构内部不同层面间的关系,是一种对象间关系,而至于"基础"(Basis)和"上层建筑"(Überbau)的比喻,更多地要说明的是生产关系与精神关系之间具有内在联系,也即社会的"可见"方面具有整体性的结构,而在这一结构中,"基础"之为基础,正在于可见结构中的这一部分与社会的"不可见结构"关系更加切近,因而一旦生产方式—生产力发生根本性变动,生产关系首当其冲受到影响,而由于社会结构具有整体性,于是这一结构的其他部分也将随着生产关系的变动而发生变动,以重建可见的社会结构,因此问题并不在于经济基础的变动将引起上层建筑的变动,而在于经济基础的变动就意味着社会结构本身的瓦解,作为旧的社会结构的一部分的上层建筑势的变动只是这种瓦解的一部分。这样,对马克思来说,探讨不可见的社会结构与可见的社会结构之间的意义论关系(包括如何把握不可见的社会结构问题,以及可见的社会结构的"显现方式"问题)就成为其核心问题。

不管怎么说,马克思在 1859 年关于自己的新唯物主义的成果的说明显然是一个简化或浓缩版本,并未完全呈现《德意志意识形态》中的相关分析的全貌,因此我们还是有必要对后者的理论视野进行比较全面的把握。

马克思和恩格斯在《德意志意识形态》中提供了一种理解历史的独特方式。这种方式的特点是,从"原初的历史的关系"的角出发理解历史,而不是从经验的角度理解历史。所谓"原初的历史的关系",包含四个基本维度:第一个维度是物质生活的生产,第二个维度是得到满足的物质需要以及满足需要的活动以及相关要素如工具等所引起的新的、并非直接物质性的需要(比如交往的需要),第三个维度是生命的生产即家庭,第四个维度是一定的共同活动方式。在这四个维度中,前三个方面是具体的,而第四个方面则是抽象的。无论是直接的物质生活的生产、新的需要的满足还是生命生产,都可被分为自然层面和社会层面,而第四个方面就是赋予前三个方面以社会性的形式,马克思和恩格斯(这应该主要是马克思的观点①)称之为"生产方式",而生产方式的另一面就是"生产力"。正是由于生产方式和生产力并不是独立的经验性内容,更不是任何意义上的实体性内容,而是使得某些具有"自然性"的领域被赋予"社会性"的形式,而同时只有具有社会性的内容才能成为"历史"的一部分,这样,整个人类历史就无法离开这种作为生产方式—生产力的"形式"而得到理解。对于马克思和恩格斯来说,这种具有"赋形"功能的生产方式—生产力,尽管与人的交往和生命生产都有关系,但还是与物质生产领域最为切近。因为无论交往的方式还是生命生产的方式,都是人的"一定的活动方式"②的具体体现,都是"表现自己生命的一定方式"③,也就是说,是将生命以社会性的方式"表现"出来的方式。生命的"表现"总是要凭借某些处于生命之外的东西也即广义上的"生活资料"(不论是已有的生活资料还是有待生产的生活资料)实现的,而这些生活资料本身也要通过某种"活动方式"或"生活方式"而生产出来,因此生产这些生活资料的方式直接就是同时在交往和生命生产中发挥作用的生产方式。因此,谈到"生产方式",一方面是指一定时期的人类社会的生产方式,另一方面直接指这一时期的物质生产的生产方式。关于这个问题,马克思和恩格斯说:"由此可见,一定的生产方式或一定的工业阶段始终是与一定的共同活动方式或一定的社会阶段联系着的,

---

① 关于马克思早期关于"形式"问题的思考,请参见本书附录中拙文《马克思早期的"形式"概念与黑格尔的"形式"概念》。
② 《马克思恩格斯文集》第1卷,人民出版社,2009年,第520页。
③ 同上。

而这种共同活动方式本身就是'生产力';由此可见,人们所达到的生产力的总和决定着社会状况,因而,始终必须把'人类的历史'同工业和交换的历史联系起来研究和探讨。"①物质生产领域此时之所以成为马克思和恩格斯观察历史的基本视角,并不是因为物质生产处于社会生活"因果链"的最底端,而是因为物质生产的"方式"对于整个社会生活都有"塑形"作用,只有从这一点出发,我们才能恰当把握《德意志意识形态》关于"历史"的理解:"由此可见,人们之间一开始就有一种物质的联系。这种联系是由需要和生产方式决定的,它和人本身有同样长久的历史;这种联系是由需要和生产方式决定的,它和人本身有同样长久的历史;这种联系不断采取新的形式,因而就表现为'历史',它不需要用任何政治的或宗教的呓语特意把人们维系在一起。"②按照这个说明,所谓"历史",可被界定为:不断采取新的形式的人们之间的物质联系。这个界定显然并不是说,历史只包含人们之间的物质联系,而是要表明,历史可以通过由需要和生产方式(就其直接性而言,显然主要还是生产方式)所决定的人们之间的物质联系加以说明。

从这种与具有形式意义的生产方式—生产力具有内在联系的"历史"观念出发,就能看到,《德意志意识形态》何以对"分工"问题如此重视:分工是生产方式的功能即生产力的直接"体现",因此是隐性的生产方式在社会生活的显性结构层面起作用的中介性环节,而分工对社会生活产生影响的过程,也就是资本主义历史的"形式因"发挥作用的具体方式。马克思和恩格斯关于这一问题的表述是:"一个民族的生产力发展的水平,最明显地表现于该民族分工的发展程度。任何新的生产力,只要它不是迄今已知的生产力单纯的量的扩大(例如,开垦土地),都会引起分工的进一步发展。"③分工意味着原本由整体承担的劳动改由部分人完成,或者说,只通过较少的人就能完成需要较多的人完成的工作,因此分工的深化直接体现了生产力的提高。分工相对于生产关系—生产力也即形式来说是显现出的内容,但分工对于各种具体的社会关系来说又是形式,因此可被视为一种"中间形式"。马克思和恩格斯分析了这种"中间形式"的塑形功能。这种塑形功能首先体现在,群体各部分间的分工将导致个体间形成新的分工关系,并因此产生不同群体和不同个人之间

---

① 《马克思恩格斯文集》第 1 卷,第 532—533 页。
② 同上书,第 533 页。
③ 同上书,第 520 页。

的关系的重塑,特别是不断造成新的利益对立。这些对立的一个结果是,将产生单个人的利益或单个家庭的利益与所有互相交往的个人的共同利益之间的对立。正是由于这种对立的出现,就使得所有人的共同利益不得不采用超脱于个人利益之外的独立形式,这就是国家。在国家层面存在着政治领域内的诸多活动,表面上看,这些政治活动形成了一个共同体,但这种共同体实际上是一个虚幻的共同体,因为政治活动的背后推动力是由分工所形成的具有不同利益的阶级之间的斗争,而在这种斗争中,每个试图取得统治的阶级都倾向于将自己的特殊利益说成了社会的普遍利益,而这又强化了共同体的虚幻性。分工的第二种塑形功能体现在,在经济生活领域,分工的不同发展阶段带来不同的所有制关系,即决定每一个阶段个人在劳动材料、劳动工具和劳动产品等方面的关系。特别是,与分工问题相联系的所有制问题。马克思和恩格斯根据分工程度的不同,分析了前资本主义的三种所有制形式:部落所有制,古典古代的公社所有制和国家所有制,以及封建的或等级的所有制。部落所有制中的分工程度非常低,只与分工具有一种否定的相关性,也即正是不发达的分工才塑造了部落所有制,因而在上述三种所有制中与分工具有肯定的相关性的,事实上是后两种形式,也就是私有制,这样,"分工和私有制是相等的表达方式,对同一件事情,一个是就活动而言,另一个是就活动的产品而言"[①]。

正是由于分工在政治领域和经济领域中带来的对立,导致了在整个社会生活中形成了一种个人相对立并统治个人的"物质力量"。这种力量的出现,乃是由于社会分工导致每个人的社会活动固定化从而与整个社会的活动相区隔,因此社会活动对于个人来说就成为一种同他对立的、他不但无法驾驭而且被它所压迫的异己性力量。这种异己性的力量本是所有人的活动所汇聚的结果,但对于每个人来说,又成为一种不以每个人的意志为转移的"物质力量","关于这种力量的起源和发展趋向,他们一点也不了解;因而他们不再能驾驭这种力量,相反,这种力量现在却经历着一系列独特的、不仅不依赖于人们的意志和行为反而支配着人们的意志和行为的发展阶段"[②]。而在马克思和恩格斯看来,这种物质力量正是迄今为止历史发展中的主要因素之一。

值得注意的是,在"分工"的视野中,任何能对社会"整体"产生影响的"物

[①] 《马克思恩格斯文集》第 1 卷,第 536 页。
[②] 同上书,第 538 页。

质力量"一定是超越分工的限制的,真正超越作为"中间形式"的分工的限制的,只有决定分工的生产关系—生产力。而如果说"生产力"正是通过所有人的共同活动形成的,那么"生产力"在"形式"上对于社会的"塑形"功能(这种功能本身自然不仅可被理解为形成了一种特殊形式的"决定"关系,更意味对于社会结构的"整体性"决定)实际上更多地就是在发达的分工条件下也就是私有制条件下起作用的。因此,《德意志意识形态》从生产关系—生产力出发分析历史的视角其实并不是一个"绝对"视角,而毋宁说是一个历史性视角。这就意味着,在某种特定条件下,所有人的共同活动所造成的结果完全有可能不以某种单向度的规定性力量或与人的意志完全无关的"物质力量"的面目出现。

作为"物质力量"的生产力之独立于人,不仅意味着独立于个人,而且意味着独立于各种人与人的联系和联结。如果说社会正是由人与人的各种联系和联结所构成的结构的话,那么生产力就是独立于整个社会结构的一种力量。表面上看,这里存在着矛盾:一方面,生产力是通过在一定社会结构中行动的人的活动的总和而实现的;而另一方面,生产力又独立于这种社会结构并决定这种结构。但事实上,这正是私有制下的一种特殊现象:某种具体的社会结构实际上就是不同的利益主体之间的关系处于相对均衡状态的体现,因而这种结构在一定时期内是相对稳定的。但不同的利益主体之间除了在已形成的社会结构中进行联系之外,还会建立起超出现存社会结构的联系。而正是这种"超出",将最终使得现存社会结构的瓦解被瓦解。

《德意志意识形态》指出了在分工视野下人们在社会生活中建立起"超出"现存社会结构的联系的三种方式:一是新交往关系的建立;二是人口的变化;三是资本的流动。新交往关系包括不同民族间的新的交往关系的建立和一个民族内部的新交往关系的建立,是在分工中被分割开来的不同民族以及同一民族的不同个人之间通过各种契机、以各种方式建立起来的新联系。人口的变化则带来新的需求,因而对生产的质和量都提出新的要求。资本的流动首先是指商业资本的逐利过程,这一过程往往会突破现存社会结构的限制。无论是新交往关系的建立,还是人口的变化,抑或资本的流动,所导致的结果最终都是交往的扩大(也包括深化)。而交往的扩大本身就意味着生产力的发展。这就意味着,生产力除了通过现存社会结构中人们活动的总和体现出来之外,还通过超出这一结构之外的活动体现出来。这样,生产力就是一种不断变动的物质力量,而当作为社会结构的现存关系、特别是人们物质生产领域中的现存关系即生产关系开始阻碍这种物质力量的显现时,也就是说,开始成为这种力量本身发挥作用的障碍时,现存生产关系将发生变革。

《德意志意识形态》分析了欧洲从"小工业"向"大工业"发展的历史,试图呈现在从行会生产到工场手工业以及从工场手工业到机器大工业的演进历程中生产力与"交往形式"(也即后来马克思所指的"生产关系")之间的矛盾所起到的关键性推动作用。首先,在城市与乡村已经分离但手工业和商业尚未分工的时代,出于保护财产和增加生产资料等的需要,手工业者联合为行会,而行会对劳动者具有制约作用。行会内部关系由师傅、帮工和学徒的相互关系构成,尽管其中的经济活动围绕资本展开,但此时资本并非以货币计算的现代资本,而是直接与占有者的特定劳动联系在一起并无法分割的等级资本。在这一时期,各城市的行会间很少有分工,而在行会内部则基本没有什么分工。而随着交通工具和沿途各地的社会治安的适合状况的出现,原本主要作为历史遗留现象或新兴城市中的个别现象的商人阶级开始扮演越来越重要的作用,不同城市之间的交往逐渐增多,生产和交往开始出现分离。在各城市间的交往发展到一定程度后,这些城市之间开始出现生产上的分工,地域局限性开始逐渐消失。而随着在各种历史条件下不同民族交往的增加以及某个民族内部不同地域之间交往的增加,以及人口特别是乡村人口的集中和商业资本的积聚等因素的出现和发展,在生产领域出现了一种新的形式,这就是工场手工业。最早开始摆脱行会束缚并形成工场手工业的行业是以具有粗陋形式的机器为前提的劳动所在的行业,比如织布业,这主要是因为随着人口的增长,对布料的需求出现了增长,以及随着资本的积累和交往范围的扩大而导致的对奢侈品的需求出现了增长。随着工场手工业的出现,所有制关系发生了相应的变化,特别是,自然形成的"等级资本"在生产中的主导地位逐渐被"活动资本"所占据。"活动资本"的最初形式是商业资本,而现在则直接成为生产领域中的主导性力量。在工场手工业出现的过程中,一些社会历史中的变动如封建制度的瓦解所造成的"流浪"现象,又为工场手工业提供了人口基础。工场手工业的出现,不仅引起了各国间的商业竞争,而且造成了生产内部的工人和雇主之间的关系变化,也即宗法关系被工人和资本家之间的金钱关系所取代。地理大发现这样的历史事件进一步推动了人类交往的扩大,突然大大扩展的市场和需求促使工场手工业和整个生产运动发生巨大变化。这首先体现为生产领域中的阶级关系发生了重要改变,特别是出现了大资产阶级,而原先在行会中占主导地位的小资产阶级现在必须屈从以大商人和工场手工业主的统治。另外,在地理大发现之后,随着各国的交往关系日益扩大,各个国家之间的商业斗争更加广泛和残酷。马克思和恩格斯将这一时期各国的交往关系的发展分为两个阶段,第一个阶段是各国纷纷采用消极地禁止输出金银的方式管控经济,第二个阶段是各国通过战争瓜分了世界市场,商业急剧膨胀并据有了较高的地位,于是金银禁运法令不得不废除,而在这一过程中商业和工场手工业越来越集中于海上强国英国。由于这种集中造成了相对的世界市场以及旧的工业生产力所不能满足的产品需求,因此在英国就率先产生了大工业,也即"把自然力用于工业目的,采用机器生产以及实行最广泛的分工"①的工业生产形式。大工业造成了现实世界的深刻变化:大工业带来了普遍的竞争,而这种普遍的竞争将几乎所有个人都裹挟进来;大工业颠覆了传统社会中诸如宗教和道德等意识形态的崇高地位,要么将之变成赤裸裸的谎言,要么干脆将之消灭;大工业消灭了各个国家此前自然形成的闭关自守的状态,将每个"文明国家"以及这些国家的个人的需要的满足与整个世界联结在一起,因而首次开创了真正意义上的"世界历史";大工业使自然科学从属于资本;大工业将传统社会中自然形成的一切关系都变成货币的关系;大工业建立了现代大工业城市,使城市最终战胜了乡村。

二、《德意志意识形态》中的共产主义问题

大工业在给世界带来上述变化的同时,造就了一个消灭了自己的民族独特性、真正同整个旧世界脱离而同时又与之对立的人群即无产者。无产者处于大工业生产的最底层,在被剥削和被压迫之下不断进行针对机器、工厂和资本家的反抗。尽管大工业发展水平有着地域上的不平衡性,但这并没有阻碍无产阶级的阶级运动,因为"大工业产生的无产者领导着这个运动并且引导着所有的群众,还因为没有卷入大工业的工人,被大工业置于比在大工业中做工的工人更糟的生活境遇"②。这个阶级的前途何在呢?从主观要求来说,无产者为了实现自己的个性,就要消灭他们迄今所面临的社会生存条件,

---

① 《马克思恩格斯文集》第1卷,第564页。
② 同上书,第567页。

也即消灭现存的劳动形式(在《德意志意识形态》中被表述为"消灭劳动"①),而要实现这一点,就要推翻与这种社会生存条件相应的共同体形式也即国家。但显然,在大工业条件下,单个无产者是无法靠自己的行动实现上述要求的。这不仅是因为大工业所形成的是一种整体性的社会结构,更是因为,在资本主义时代,尽管竞争将每个人汇集在一起,但由于利益的彼此对立,每个人又是彼此孤立的。因此无产者的联合就成为必要的。

无产者建立起联合的第一步,是要形成为一个阶级。在马克思和恩格斯的语境中,阶级的形成条件有两个:第一个条件是一部分人有共同的生存条件,第二个条件是这部分人与另一部分人的对抗。这两个条件是紧密联系在一起的。比如资产阶级的形成就是如此。资产阶级是从最初的市民阶级发展而来的,而市民之所以能够形成为一个阶级,不仅在于他们拥有同样的生活条件,而且在于他们有着同样的对立面和同样的利益:在中世纪的城市中,市民的生活条件与当时占主导地位的社会关系也即封建制度是对立的,因而他们的利益处于与土地贵族等统治阶级的对立中,随着城市间交往的扩大,在不同城市的市民之间就形成了一种新型的"生存条件",这一条件不仅指在自己所处的环境中的生活条件,更是指新建立起的这种交往关系与现存的生产关系的对立所形成的对于市民的整体性制约条件。这就意味着,市民阶级作为一个"阶级",从一开始就不是封建社会的社会结构的一部分,而是在"现存关系"和通过突破现存关系而建立的"新型关系"共同作用产生的新社会条件的产物。进一步说,市民阶级的形成条件也即共同的生存条件一旦形成,就同原本占主导地位的社会关系所形成的力量一样,成为对于个人来说预先给定的、不以这个阶级的每一个成员的意志为转移的新型物质性力量。随着工场手工业的出现,市民阶级的生存条件进一步发生变化,最终转变为资产阶级,关于这一问题,马克思和恩格斯的看法是:"资产阶级本身开始逐渐地随同自己的生存条件一起发展起来,由于分工,它又重新分裂为各种不同的集团,最后,随着一切现有财产被变为工业资本或商业资本,它吞并了在它以前存在过的一切有财产的阶级(同时资产阶级把以前存在过的没有财产的阶级的大部分和原先有财产的阶级的一部分变为新的阶级——无产阶级)。"②这样,资产阶级的胜利,其实最终还是资产阶级的"共同生存条件"的胜利,这

---

① 《马克思恩格斯文集》第 1 卷,第 573 页。
② 同上书,第 569—570 页。

一胜利的要义就在于,以各种偶然性方式突破现存社会关系而建立的新型关系,一方面与现存关系相对抗,另一方面又与现存关系结合在一起产生了新的物质性力量,当这种力量发展到一定程度后,它就与现存关系完全异质,从而那种新型关系就取代了原先占主导地位的社会关系成为新的"既有关系",而将这种关系作为自己的共同生存方式的阶级就成为新的统治阶级。现在的问题是,无产者之成为一个阶级即无产阶级,是否和资产阶级之成为资产阶级具有相同的方式呢?马克思和恩格斯的回答是否定的。这是因为,无产者是随着资产阶级成为一个阶级而出现的,而在资产阶级的生存条件成为占主导地位的社会条件之后,全社会范围的竞争关系就被建立起来了,不仅资本家之间存在竞争,而且无产者之间也存在竞争,在竞争中无论资本家还是无产者都在个体的意义成为有个性的个人。而从另一个角度来看,也正是在竞争中,每个人都与其他人分离开来,这就形成了一种对于个人来说无法把握的整体性力量,这种力量对于已经形成的人的个性来说无疑是矛盾的。尽管资本家和无产者都面临人的个性与外部性力量的矛盾,但对二者来说,这种矛盾的体现方式完全不同。对于资本家来说,他们的个性受到其生存条件、特别是业已形成的阶级关系决定,而对一无所有的无产者来说,起决定作用的外部性力量本身完全是偶然性的,因而如果说无产者的存在有一定的社会生存条件的话,那么这种社会生存条件(即"劳动")就是一种完全偶然的东西。因此,在资本主义条件下,无产者形成为一个阶级不仅不是一件"自然而然"的事,甚至还是颇为困难的事。当然,对于资本家而言,其生存条件也是具有偶然性的,但这种"偶然性"主要是指不可把握性或"外在性",而无产者的生存条件不仅具有这种外在性意义上的偶然性,更具有"不断变化"意义上的偶然性,这是由于,无产者是在不拥有任何生产资料也不可能拥有生产资料这一前提下进入劳动过程的,在竞争条件下个体无产者与劳动的结合是随时随地会发生变化的。马克思和恩格斯还比较了农奴逃亡与无产者形成为阶级这两个问题的不同,认为对于农奴而言,还不存在真正意义上的与其社会生存条件联系在一起的个性,他们实际上有可能积累一部分动产并成为"半市民",因而"逃亡农奴只是想自由地发展他们已有的生存条件并让它们发挥作用,因而归根结底只达到了自由劳动"[①];而无产者则不同,对于他们而言,一方面,自己所获得的个性本身使他们无法再将自己的生存条件这种外

---

① 《马克思恩格斯文集》第1卷,第573页。

部性力量当作要实现的目标,另一方面,使得自己成为无产者的生存条件对于自己来说完全是偶然的,因而也无法"实现",因此,"为了实现自己的个性,就应当消灭他们迄今面临的生存条件,消灭这个同时也是整个迄今为止的社会的生存条件,即消灭劳动"①。无产者正是在以消灭而不是实现自己的生存条件为目标的斗争中将自己联合为阶级成为"无产阶级"的。无产阶级不但在目标上不同于此前的一切阶级,而且在这一阶级中个人与共同体的关系也是全新的。在一般的阶级共同体中,个人是作为"一般化的个人"(即仍处于本阶级的生存条件之下的个人)而隶属于这一共同体的,而作为"革命无产者的共同体"的无产阶级中的个人则是作为个人参加共同体的,因为这一联合旨在消灭这些生存条件从而实现个人的自由发展。

这样,按照《德意志意识形态》的分析,无产者之联合为无产阶级,根本的动力就不在于追逐某种具体的利益,而在于实现真正的人的个性和自由发展这一需求。这一需求是随着资产阶级社会的出现和发展而出现和发展的,但却又是在现存资产阶级社会结构中无法满足的需求。因而对这一需求的满足一定会突破这一现存结构。这一突破不仅意味着对于作为私有制的特定形态的资本主义生产关系的突破,更意味着对于私有制本身的颠覆。这一过程在《德意志意识形态》中被称为"共产主义"。因此,"共产主义"首先应当被理解为一种"运动":"共产主义对我们来说不是应当确立的**状况**,不是现实应当与之相适应的**理想**。我们所称为共产主义的是那种消灭现存状况的**现实的运动**。"②共产主义带有强烈的改变现存世界的特征,而这种改变的目标不是按照自己的利益重新组织生产或重新分配劳动,而是从根本上消灭现存的活动形式本身。

如果说无产者随着资产阶级的出现而出现,但由于无产者与生产资料相分离、彼此竞争并完全受到偶然性的支配因而在形式上其实并不具有后者所具有的阶级外表的话,那么这一群体结成阶级通过自觉的阶级斗争从而使共产主义展开的现实性何在呢?《德意志意识形态》关于这种现实条件的分析的重点是以下几个方面。

第一个方面是生产力的巨大增长和高度发展。生产力的这种增长和发展是作为异己力量而存在的社会力量之被消灭的前提,首先是因为正是在这

---

① 《马克思恩格斯文集》第1卷,第573页。
② 同上书,第539页。

一前提下,人类社会才有可能产生革命所必须的社会结构,也就是一端是使人无法忍受的异化力量,另一端是人类的大多数成为完全没有财产并与统治阶级相对立的人。另外,也只有生产力的高度发展,才能使这一时代的革命不会回到以极端贫困的普遍化为基础的争取必需品的斗争,才会避免陈腐污浊的东西死灰复燃,而只有这样,以真正的人的个性为目标的共产主义运动才能出现。

第二个方面是人的活动成为世界历史性的活动,历史成为世界历史。"世界历史"这一概念尽管来自黑格尔,但马克思和恩格斯要求不从黑格尔在《历史哲学》中所阐述的含义来理解它,也即不是将世界历史的形成理解为"世界精神"或"自我意识"的某种纯粹的抽象活动,而是将之理解为随着日益完善的生产和交往的形式的建立以及因交往而"自然"形成的不同民族间的分工所造成的各民族的原始封闭状态的彻底打破。资产阶级时代的生产力的发展推动着普遍交往的建立,而这种普遍交往的建立一方面将各民族纳入普遍竞争的轨道因而同时产生大量"没有财产的群众",从而使共产主义避免成为一种地域性的运动,另一方面又反过来推动了具有普遍性力量的生产力的形成。

第三个方面是物质生活的矛盾的尖锐化。所谓物质生活矛盾,就是生产力和交往手段(也即生产关系)的矛盾。马克思和恩格斯说:"生产力在其发展的过程中达到这样的阶段,在这个阶段上产生出来的生产力和交往手段在现存关系下只能造成灾难,这种生产力已经不是生产的力量,而是破坏的力量(机器和货币)。"①这种矛盾在某一个国家之内就有可能达到尖锐的地步,即高度发达的生产力和现存的交往关系的冲突,不过在世界市场的背景下,这种矛盾同样可能会在处于广泛的国际交往中并同工业比较发达的国家竞争的比较不发达的国家出现。

第四个方面是共产主义的意识即实行彻底革命的意识的出现。共产主义革命当然需要主体,但这一主体不是以主观性为根本特征的主体,而是把握了无产者在资本主义现实中的生存条件的主体,而把握这一条件的并不一定是无产者。因此马克思和恩格斯说,随着生产力,"与此同时还产生了一个阶级,它必须承担社会的一切重负,而不能享受社会的福利,它被排斥于社会之外,因而不得不同其他一切阶级发生最激烈的对立;这个阶级构成了全体

---

① 《马克思恩格斯文集》第 1 卷,第 542 页。

社会成员中的大多数,从这个阶级中产生出必须实行彻底革命的意识,即共产主义的意识,这种意识当然也可以在其他阶级中形成,只要它们认识到这个阶级的状况。"①

共产主义的实现形式是建立无产者的占有制。资产阶级社会中的无产者与生产力的关系与此前所有类型的个人与生产力的关系都不同,在个体成为抽象个人的情况下,生产力已表现为完全不依赖于个人并与他们相分离的东西,因而个人之间的交往似乎对生产力本身造不成任何影响,因此为个人间的联合留下巨大的空间。同时,无产者与生产力发生的仅有的联系就是物质生活的生产也即劳动,而在这个时代,劳动表现为仅仅是满足物质生活需求的手段,从而失去任何自主活动的假象。这样,人的自主活动就只有在无产者的联合中才能实现。这种联合如何不能占有现有的生产力总和,就不能将无产者从作为手段的劳动中解放出来,而由于资本主义时代的生产力"发展为一定总和并且只有在普遍交往的范围里才存在"②,因而无产者的联合所要实现的这一占有也应当具有普遍性质。如果说对于个人而言,占有一定的生产力就意味着发挥与特定的物质生产工具相应的个人才能的话,那么占有全部生产力就意味着个人的才能的一定总和的发挥。一无所有的无产者所要求的不是特定形式的自主活动,而是全面的自由个性或充分的、不受限制的自主活动,也就是与对生产力总和的占有和与此相应的才能总和的发挥,因此无产者的占有就必定要求财产归属于全体个人。

这样我们可以看到,在《德意志意识形态》对于资本主义时代的分析中,个体间的利益冲突并没有被置于前提地位,毋宁说,"冲突"和"灾难"只是分析由以出发的起点,使得这些冲突和灾难得以显现的是生产力和交往形式或生产关系的矛盾,而这种矛盾的产生,根本上在于突破现存生产关系的扩大的交往的出现,这种扩大的交往不仅意味着现存生产关系的扩展,更意味着异质性的、无产阶级的以人的个性为目标的联合的出现。这种联合所带来的对于当代生活的塑形能力的改变,将实现社会形态的根本变革。

事实上,不论是"冲突""灾难"还是"物质需求",这些与人的现实生活有关的现象显然都不是马克思和恩格斯首先注意到的,费尔巴哈早就对人的肉

---

① 《马克思恩格斯文集》第1卷,第542页。
② 同上书,第581页。

体存在和需要问题进行过思考,认为"没有需要的存在是多余的存在"①,而布鲁诺·鲍威尔也针对那个时代的冲突和灾难提出过"与其改革,不如革命"②的口号。《德意志意识形态》并没有否定青年黑格尔派关于这些现象的描述,但提出了一种完全不同的把握和理解这些现象的方式。物质需求被纳入关于"现实的人"的思考,这些需求本身或许可以成为新唯物主义的"叙述起点",却并不是新唯物主义的思想起点,因为满足这些需求的"方式"才是马克思真正关心的问题。同样,"冲突"和"灾难"可以构成马克思的资本主义批判的叙述起点,但无法成为其思想起点,因为马克思更关注的是这些冲突和灾难的"给出方式"。也正是在这一视野之下,无论"物质需求"还是"冲突"或"灾难",都不构成马克思所要探讨的真正对象即"生产方式"的线性因果性意义上的"原因"或"结果"。如果说生活现实中的各种"现象"的基本特征在于其可规定性的话,那么生产方式就是一种无法被"规定"的"对象",因而并不是通常意义上的对象,毋宁说,乃是对象的显现方式或给出方式。生产方式作为社会生活现实(或现象)的给出方式,是一个肯定性("塑形")概念,但它在私有制时代特别是全面分工时代所体现出的"物质性力量"或强制性地对整个社会进行塑形的力量,也即生产力,则是一个更多地具有否定("与个体对立")意味的概念。从某种意义上说,"生产力"这一概念的作用,主要在于呈现私有制时代生产方式是以"整体性"的方式对社会结构进行塑形的。因此,与物质生产相联系的生产方式,以及与个体间或阶级间的冲突相联系的生产方式,并不是两种不同的生产方式,而是同一种。也正是在这个意义上,马克思和恩格斯说:"生产力与交往形式的关系就是交往形式与个人的行动或活动的关系。"③

三、《德意志意识形态》中的意识和意识形态问题

正是基于这种对于生产方式在私有制时代对社会的全面塑形作用的理解,我们才能全面理解《德意志意识形态》所提出的"不是意识决定生活,而是

---

① 《费尔巴哈哲学著作选集》上卷,荣震华、李金山等译,商务印书馆,1984年,第110页。
② 参见兹维·罗森:《布鲁诺·鲍威尔和卡尔·马克思:鲍威尔对马克思思想的影响》,王谨等译,中国人民大学出版社,1984年,第141页。
③ 《马克思恩格斯文集》第1卷,第575页。

生活决定意识"①这一原则的内涵。这一命题并不是一个反映论的命题,而是一个意义论的命题。在私有制时代,现实的个人对于社会生活的意识,实际上并不是对所谓"客观"的生活本身的意识,而是对于被特定的生产方式所塑形而显现出来的社会现象的意识,或者说,是作为"现实运动"的生产方式以某种特定的方式进入意识的结果,因此"意识在任何时候都只能是被意识到了的存在,而人们的存在就是他们的现实生活过程"②。进一步说,尽管生产方式对社会结构进行整体性塑形,因而每个人都会被裹挟入这一塑形过程,但由于私有制时代具有分离和对抗性质,因而生产方式进入隶属于不同阶级的个人中的意识的方式是不同的。每一特定阶级的个人都透过自己阶级的生存条件呈现那一时代的生产方式。因此这种"符合现实生活的考察方法""从现实的、有生命的个人出发,把意识仅仅看做是**他们的**意识"③。

马克思和恩格斯尤其注意到一种特殊的意识,这种意识是在分工的基础上所形成的精神劳动的专门化的产物,这种意识"不用想象某种现实的东西就能**现实地**想象某种东西"④,这是一种与"现存实践的意识"不同的意识,也即与实践活动分开的意识,其成果体现为"纯粹的"理论、神学、哲学、道德等等。显然,这种特殊形式的意识就是"意识形态"。意识形态虽然"不用想象某种现实的东西",因而与现实实践有某种程度的脱离,但却绝非与现实无关:所谓"现实地想象某种东西",其基本含义不仅在于意识形态能产生某种具体的社会功能,更在于意识形态总是生产方式—生产力在特定形式下的显现。关于这一显现的形式,马克思和恩格斯认为应当具体分析,比如,如果某种意识形态内容与现存关系出现了矛盾,那么这或许是由于本国或本民族内部的现存社会关系与生产力之间发生了矛盾,但也有可能是本民族的民族意识与其他民族的实践或普遍意识之间出现了矛盾。这样,顺理成章地,探讨生产方式—生产力这一层面的问题,就可以采取对意识形态进行批判的方式进行。通过意识形态批判(比如政治经济学批判)的方式对资本主义生产方式进行研究这一路径在马克思此后的思想中将占据重要地位。

只有在此基础上,我们才能理解马克思和恩格斯在《德意志意识形态》中对包括费尔巴哈、布鲁诺·鲍威尔和施蒂纳等人在内的"青年黑格尔派的意

---

① 《马克思恩格斯文集》第1卷,第525页。
② 同上。
③ 同上。
④ 同上书,第534页。

识形态家们"①所进行的批判的理论意义。马克思和恩格斯此时对青年黑格尔派的最主要批评在于后者将观念和思想视为对人自身的统治力量,因而陷入了"无前提性",也即无视人的现实前提。马克思和恩格斯将这种"无前提性"区分为两种情况,一种是鲍威尔和施蒂纳的唯心主义,其表现主要是认为"观念、思想、概念,总之,被他们变为某种独立东西的意识的一切产物,是人们的真正枷锁"②,因而思想的任务在于打破这些枷锁即进行"批判";另一种情况是费尔巴哈的直观的唯物主义,其基本特征是以直观性的方式把握感觉中的物以及物的本质,用以此为基础的"人本学"取代唯心主义。对于唯心主义者,马克思和恩格斯的基本批评策略是,将其关于"改变意识"的诉求归诸对于现存状况的认可:"这种改变意识的要求,就是要求用另一种方式来解释存在的东西,也就是说,借助于另外的解释来承认它。青年黑格尔派的意识形态家们尽管满口讲的都是所谓'震撼世界'的词句,却是最大的保守派。如果说,他们之中最年轻的人宣称只为反对'词句'而斗争,那就确切地表达了他们的活动。不过他们忘记了:他们只是用词句来反对这些词句;既然他们仅仅反对这个世界的词句,那么他们就绝对不是反对现实的现存世界。"③马克思和恩格斯的这一批评,自然首先意在将批判的目光从"观念"领域拉回"现实"领域,但他们进一步对费尔巴哈所进行的批判表明,他们要达到目标并不仅限于此。《德意志意识形态》再现了马克思在《关于费尔巴哈的提纲》第一条对费尔巴哈的批判,即他只是从客体的或直观的形式去理解对象、现实和感性,而没有将之当作感性的人的活动或实践来理解,并进一步明确了费尔巴哈的"直观"是一种二重性的直观,即介于对"眼前"的东西的普通直观(或感性直观)和朝向事物的"真正本质"的"高级的哲学直观"之间,也即把"物"理解为静态的、具有直接性的对象。在马克思和恩格斯看来,费尔巴哈的这种以直观的方式看待"物"(包括被以"物"的方式理解的"人")的根本问题在于:"他没有看到,他周围的感性世界绝不是某种开天辟地以来就直接存在的、始终如一的东西,而是工业和社会状况的产物,是历史的产物,是世世代代活动的结果,其中每一代都立足于前一代所奠定的基础上,继续发展前一代的工业和交往,并随着需要的改变而改变他们的社会制度。"④值得注意

---

① 《马克思恩格斯文集》第 1 卷,第 516 页。
② 同上书,第 515 页。
③ 同上书,第 516 页。
④ 同上书,第 528 页。

的是,在这一批评中,马克思和恩格斯所要表达的意思,自然是"感性世界"本身并不是没有前提的因而无法直接"直观"到其本质,但对于费尔巴哈的直观视角的替代性理解,并不是将感性世界推入某种线性因果关系链条中,将之视为某种"最终因"的结果,随后再去追问这种"最终因"。毋宁说,对于马克思和恩格斯而言,前一代所留下的工业和交往总是作为"质料"在当代的工业和交往中被赋形,因而最重要的问题不在于对过去的历史进行追溯,而在于"从人们现有的社会联系,从那些使人们称为现在这种样子的周围生活条件来观察人们"[1],也就是说,在于探究感性世界的"最近因"或"形式因"。正是由于费尔巴哈只是将"对象"视为"对象",而没有从"对象"的形式或"给出方式"的角度来审视对象,也即没有从感性世界的"构成"的角度来理解这个世界,因此当他看到现实中的苦难时,所要求的不是改变世界的构成方式也即"改造工业和社会结构"[2],而是求助于高级的哲学直观以及观念上的"类的平等化",因而陷入唯心主义。如果说当马克思和恩格斯指出费尔巴哈"从来没有把感性世界理解为构成这一世界的个人的全部活生生的感性**活动**"[3]时,他们所要做的不是像马克思在《1844 年经济学—哲学手稿》中所做的那样从活动的因果性(活动及其结果)的角度去追问感性世界的劳动(或异化劳动)根源,而是追问感性世界的形式根源或构成方式的话,我们反过来也就可以明白,他们对于鲍威尔和施蒂纳的唯心主义的批判,其要旨也并不仅仅在于要求在哲学上恢复感性世界的本体论地位,更不在于无视青年黑格尔派所揭示的人的受压迫状态,而在于要求从感性世界的构成方式的角度理解资本主义时代的人所扛起的枷锁——而鉴于"德意志意识形态"作为这一感性世界的一部分乃是精神生产领域在分工中获得独立地位的结果,因此它本身就是特定现实的产物,也因而可以成为通向对于现实的把握的桥梁,但这显然是青年黑格尔派的意识形态家们所看不到的,因为"这些哲学家没有一个想到要提出关于德国哲学和德国现实之间的联系问题,关于他们所作的批判和他们自身的物质环境之间的联系问题"[4]。

---

[1] 《马克思恩格斯文集》第 1 卷,第 530 页。
[2] 同上。
[3] 同上。
[4] 同上书,第 516 页。

四、黑格尔辩证法如何重新回到恩格斯的视野

值得注意的是,在《德意志意识形态》中,尽管马克思和恩格斯批判的靶子是青年黑格尔派,而后者与黑格尔思想有着重要的联系,但黑格尔本人却并没有成为被批评的对象。不仅如此,在马克思撰写的第一卷序言原稿中曾出现过的关于黑格尔哲学的评论后来都被删去,如"黑格尔完成了实证唯心主义。在他看来,不仅整个物质世界变成了思想世界,而且整个历史变成了思想的历史。他并不满足于记述思想中的东西,他还试图描绘它们的生产活动。……德国哲学家们在他们的黑格尔的思想世界中迷失了方向,他们反对思想、观念、想法的统治,而按照他们的观点,即按照黑格尔的幻想,思想、观念、想法一直是产生、规定和支配现实世界的。……按照黑格尔体系,观念、思想、概念产生、规定和支配人们的现实生活、他们的物质世界、他们的现实关系。他的叛逆的门徒从他那里接受了这一点……"①。这一删减当然可被理解为旨在使论题更加集中,但如果青年黑格尔派的将观念视为现实的统治力量这一思想真的来自黑格尔的话,保留这部分批判黑格尔的内容似乎在逻辑上也完全说得通。但如果细加品味的话,我们会发现,马克思对黑格尔的"实证唯心主义"的基本理解如果是"不仅整个物质世界变成了思想世界,而且整个历史变成了思想的历史"的话,那么这种唯心主义和青年黑格尔派的唯心主义就是两种不同路向的思想,因为在黑格尔哲学中思想和历史、本质与实存被融合为一体,因此并不存在二者的"关系"问题。本质与实存的关系成为一个问题,正是青年黑格尔派具有独立问题意识的体现。事实上,《德意志意识形态》的"新唯物主义"论域,更多地是通过对于青年黑格尔派思想的批判而不是通过对于黑格尔思想的批判呈现出来的。因此黑格尔在新唯物主义建立的过程中并不是真正意义上的对话方。

不过,黑格尔很快就以一种独特的方式闯入了"新唯物主义"视野。在1847年写作和发表的《哲学的贫困》一书中,马克思在第二章第一节中以辩护性的口吻阐述了黑格尔辩证法的前提、本质和形式。马克思强调,黑格尔辩证法的前提是逻辑范畴被视为一切事物的实体,其本质是纯粹理性的自我设定、自相对立、自相合成的抽象形态的运动,其基本形式是"正题—反题—

---

① 《马克思恩格斯文集》第1卷,第510—511页。

合题"。

由于《哲学的贫困》是马克思为批判蒲鲁东的《经济矛盾的体系，或贫困的哲学》一书而撰写的著作，而在该著中马克思第一次公开发表了在《德意志意识形态》中制订的"新世界观"，因此马克思在这本书中对于黑格尔辩证法的讨论无疑是令人瞩目的。不过，马克思提及黑格尔的辩证法的主要原因，并不是后者在新唯物主义中扮演了重要角色，而是由于蒲鲁东非常糟糕地"运用"了黑格尔的辩证法。按照马克思的看法，蒲鲁东在自己的著作中尽管试图按照黑格尔的方式整理材料，但其前提却是对于黑格尔哲学的严重误解。蒲鲁东追随黑格尔，将一切存在物理解为皆可经过抽象归结为某种逻辑范畴者，并将运动的逻辑公式视为一种绝对方法。在关于现实经济关系的理解中，他将政治经济学家们在关于分工、信用、货币等现存生产关系的说明中所形成的范畴接受下来，把经济关系看成原理、范畴和抽象的思想所组成的系统，由于他忽视了生产关系的历史运动，因而关于这些范畴和思想的来历就只能到纯粹理性或"无人身的理性"的运动中去寻找了，这种"运动"被蒲鲁东设定为按照"正题""反题""合题"的方式加以展开的过程。在马克思看来，蒲鲁东在建构他的经济范畴辩证法时，事实上抛弃了真正意义上的黑格尔辩证法，因为他的工作的核心部分只是机械地对范畴划分出好、坏两方面，保留其"好的方面"，消灭所谓"坏的方面"。蒲鲁东对黑格尔辩证法的这种运用方式，使得一个范畴只是另一个范畴的"消毒剂"，而在黑格尔那里至关重要的范畴的自发运动消失了，观念也不再有内在的生命，而能够适当地发现观念的"顺序"的，只能是作为"人类理性"的"社会天才"，这种"社会天才"的"天命"就是发现"完备的真理"，特别是"排除二律背反的综合公式"，其实现方式是，设立一个"最高的假设"也即平等，并将每种经济关系中肯定平等的因素视为好的方面，将否定平等或肯定不平等的方面视为坏的方面。马克思对此的批评是，这样一来，"观念既不能再把自己设定为范畴，也不能再把自己分解为范畴。范畴的顺序成了一种脚手架。辩证法不再是绝对理性的运动了。辩证法没有了，至多还剩下最纯粹的道德"①。正是基于对蒲鲁东的经济范畴辩证法的这种看法，马克思对蒲鲁东关于"经济的进化"进行的说明予以彻底否定，认为蒲鲁东所给出的"历史"其实只是体现了他自身的矛盾的"历史"。

在马克思对蒲鲁东的批判中，下面的这段话颇为有趣："蒲鲁东先生的辩

---

① 《马克思恩格斯文集》第1卷，第606页。

证法背弃了黑格尔的辩证法,于是蒲鲁东先生只得承认,他用以说明经济范畴的次序不再是这些经济范畴相互产生的次序。经济的进化不再是理性本身的进化了。"①表面上看,这段话的意思似乎是,蒲鲁东背弃了黑格尔的辩证法,因此正确的做法应当是回到黑格尔的辩证法。但若仔细分析的话,我们就能看到,"经济范畴相互产生的次序"和"理性本身的进化"不可能是马克思在这里所要维护的观念。恰好相反,在《哲学的贫困》中,马克思所再现的"新世界观"的基本立场是,作为意识形态内容的经济范畴是生产的社会关系(也即生产关系)的理论表现或抽象,而生产的社会关系是由生产方式所决定的,基于这一立场,马克思显然不可能认为范畴的自身运动能够形成彼此的关系,也不可能认为经济范畴是"理性"的"进化"所产生的结果。关于这一点,马克思说:"经济学家蒲鲁东先生非常明白,人们是在一定的社会关系中制造呢绒、麻布和丝织品的。但是他不明白,这些一定的生产关系同麻布、亚麻等一样,也是人们生产出来的。社会关系和生产力密切相联。随着新生产力的获得,人们改变自己的生产方式,随着生产方式即谋生的方式的改变,人们也就会改变自己的一切社会关系。"②而马克思的名言"手推磨产生的是封建主的社会,蒸汽磨产生的是工业资本家的社会"③所强调的,也正是在私有制时代特定的社会关系(封建主的社会关系或工业资本家的社会关系)是由特定的生产方式—生产力(由"手推磨"或"蒸汽磨"所代表的生产方式—生产力)所决定的。这里的关键在于,如果说生产关系或社会关系的变动的根本原因是生产方式—生产力的变动,也即"新生产力"的获得和变动了的生产方式的出现,而生产方式—生产力的变动又是超出现存生产关系范围的某些要素导致的结果的话,生产关系的变动就不可能是连续性的,因而也不可能呈现为"理性本身的进化"。生产关系的变动固然可被视为一种历史,但这种历史并不表现为包含目的论维度的进化过程。在这一视野下,仅在同质系统中有效("实体即主体")的黑格尔辩证法显然无法适用。

也正是在这一语境中,马克思强调了资本主义社会的对抗性质,也即资产阶级与无产阶级的对抗:"资产阶级在其历史发展过程中不可避免地要发展它的对抗性质,起初这种性质或多或少是掩饰起来的,仅仅处于隐蔽状态。

---

① 《马克思恩格斯文集》第 1 卷,第 607 页。
② 同上书,第 602 页。
③ 同上。

随着资产阶级的发展,在它的内部发展着一个新的无产阶级,即现代无产阶级。"①这一强调并不仅仅为了说明资产阶级和无产阶级在同一系统即资本主义生产关系中处于矛盾地位,更是要强调,资本主义生产关系为异质性要素的出现准备了条件:"资产阶级借以在其中活动的那些生产关系的性质绝不是单一的、单纯的,而是两重的;在产生财富的那些关系中也产生贫困;在发展生产力的那些关系中也发展一种产生压迫的力量;这些关系只有在不断消灭资产阶级单个成员的财富和阐述出不断壮大的无产阶级,才能产生**资产者的财富**,即资产阶级的财富;这一切都一天比一天明显了。"②在这里,资本主义生产关系固然是以产生贫困和压迫为前提的,因而贫困和压迫当然可被视为内在于这一关系系统中的要素,但"不断壮大的无产阶级",则并不是这一系统的内部要素。这一点在马克思论及作为被压迫阶级的无产阶级在革命中的作用时体现得更为明确。马克思说:"要使被压迫阶级能够解放自己,就必须使既得的生产力和现存的社会关系不再能够继续并存。在一切生产工具中,最强大的一种生产力是革命阶级本身。革命因素之组成为阶级,是以旧社会的怀抱中所能产生的全部生产力的存在为前提的。"③革命阶级之所以是一种最强大的生产力,并仅仅不在于这一阶级在现存的生产关系系统中处于基础地位,更在于这一阶级的联合和行动将产生超出这一系统的力量,这种力量将和现存生产力汇聚在一起,成为一种对现存生产关系造成冲击的新生产力。在这里,现存生产力当然是革命因素组成为阶级的前提,但对于现成生产关系之被突破而言,革命阶级的联合和行动将起到关键作用,正是在此意义上革命阶级被马克思视为"最强大的一种生产力"。这样,当马克思说"由于最重要的是不使文明的果实——已经获得的生产力被剥夺,所以必须粉碎生产力在其中产生的那些传统形式"④时,这里所说的"已经获得的生产力"就是指变化了的生产力,而这种生产力的重要方面就是由阶级的联合和行动所产生的力量,而所谓"生产力在其中产生的那些传统形式",则是指既以肯定的方式直接形成既定生产力、又以否定(忽视、拒绝、排斥、压迫等)的方式为新交往提供前提和条件并产生新的生产力的社会形式。

在马克思于1847年底撰写的《雇佣劳动与资本》中,马克思运用新唯物主

---

① 《马克思恩格斯文集》第1卷,第614页。
② 同上书,第614页。
③ 同上书,第655页。
④ 同上书,第613—614页。

义的方法分析了雇佣工人在资本主义生产中所处的地位。表面上看，马克思所要分析的是资本主义生产关系的内在结构，但实际上是从资本主义生产方式的层面探讨资本主义生产关系变革的条件。马克思的分析策略是：一方面，将被政治经济学家仅仅当作物（用于生产新的原料、新的劳动工具和新的生活资料的原料、劳动工具和生活资料）的资本还原为社会关系；另一方面，将这种社会关系还原到生产方式，并在生产方式层面确定劳动力所扮演的必要角色，进一步分析雇佣工人所受到的压迫。就第一方面而言，马克思说："黑人就是黑人。只有在一定的关系下，他才成为奴隶。纺纱机是纺棉花的机器。只有在一定的关系下，它才成为资本。"① 因此，作为物的资本只有在一定的社会关系内才能被生产和积累起来。就第二方面而言，资本不仅具有物性，更具有社会性，也即本身就是一种社会生产关系，而这种社会关系的根源在于特定的生产方式，在这一生产方式中，资本成为资本的关键机制在于，具有独立社会力量的商品或交换价值通过劳动力而保持并增大自身："一些商品即一些交换价值的总和究竟是怎样成为资本的呢？它成为资本，是由于它作为一种独立的社会**力量**，即作为一种属于**社会一部分**的力量，通过**交换直接的、活的劳动力**而保存并增大自身。除劳动能力以外一无所有的阶级的存在是资本的必要前提。"② 根据这一分析，我们可以看到，作为被压迫阶级的雇佣工人被赋予一种内在于生产方式的结构性功能，因而他们的联合将对生产关系的变革起到双重作用，即，既参与新生产力的生成，又参与旧生产关系的内部瓦解。

可以看到，在马克思这里，他所关心的核心问题是：一个同质性社会系统何以可能实现异质化（即在现实运动中如何走向变革），从而使得有限的个人（如资本主义条件下的孤立的个人）能够直接获得无限性（真正的人的个性）。而他所使用的形式分析方法使得黑格尔辩证法在这里无法发挥作用。

但对于恩格斯来说，情况却并非如此。恩格斯在和马克思合作完成《德意志意识形态》之后对于新唯物主义（或"新历史观"）进行的独立论述，如写于1847年底的《共产主义原理》，事实上与《德意志意识形态》的思路以及其后马克思的观点，有着微妙的差异。例如，在阐述对于资本主义私有制的产生问题的理解时，恩格斯说："社会制度中的任何变化，所有制关系中的每一次

---

① 《马克思恩格斯文集》第1卷，第723页。
② 同上书，第726页。

变革，都是产生了同旧的所有制关系不再相适应的新的生产力的必然结果。私有制本身就是这样产生的。私有制不是一向就有的；在中世纪末期，产生了一种工场手工业那样的新的生产方式，这种新的生产方式超越了当时封建和行会所有制的范围，于是这种已经超越旧的所有制关系的工场手工业便产生了新的所有制形式——私有制。"①在这里可以看到两个问题：第一，作为生产关系的所有制关系的变动，是同新的生产力的出现联系在一起的，但这种新的生产力是如何产生的，这里并没有提及；第二，工场手工业被直接当作与旧的生产方式不同的新的"生产方式"。这两个方面体现出，恩格斯对新唯物主义的理解事实上与马克思并不完全相同。在恩格斯的表述中，问题的关键当然也在于"生产力"的变动，但他并没有把生产力的变动根源与异质性要素的出现联系一起。而当他把工场手工业直接成为一种生产方式时，在他那里，"生产方式"实际上就不再具有形式性了，而是作为一种具体的社会关系存在，或者干脆说，只是生产关系的一个方面。这样，恩格斯对资本主义社会现实和历史演进的理解，就和马克思有了看似细微实则重要的区别。

恩格斯在此体现出的与马克思的区别，在某种意义上可被理解为完善新唯物主义的一种努力。《德意志意识形态》所提出的新唯物主义为理解私有制时代的人类历史所提供的分析思路的根本要旨在于将私有制条件下被分裂的个人的共同行动所产生的整体性力量视为社会的塑形力量同时也是一种根本性的压迫性力量，并在此理解基础上分析一种新的整体性塑形力量之生成的可能性，而这一分析的特点是在其中人类的共同行动的方式也即生产方式被当作一种虽然无法直接加以描述、但可以通过社会关系层面所出现的现象和变动加以分析的"对象"（毋宁说，作为对象的社会现象的"给出方式"），这里的确存在着一个问题，那就是，在这一分析框架中，现存的社会关系特别是生产关系似乎只是作为一种对社会变动状况进行分析的前提而存在，而没有被作为一个具有独立地位的考察对象加以研究。马克思和恩格斯都意识到了这一问题。马克思的《雇佣劳动与资本》可被视为对这一问题的直接回应。在这篇文章的开头，马克思就说："我们听到了各方面的责难，说我们没有叙述构成现代阶级斗争和民族斗争的物质基础的**经济关系**。我们只是当这些关系在政治冲突中直接突显出来的时候，才有意地提到过这些关

---

① 《马克思恩格斯文集》第 1 卷，第 684 页。

系。"①而《雇佣劳动与资本》所做的工作正是对《德意志意识形态》和《哲学的贫困》中的历史唯物主义建构的一个重要补充,即从生产关系的角度对资本主义的内部结构进行考察。而恩格斯也在同一时期展开了类似的思考,《共产主义原理》就是这一思考的产物。这样,我们就能明白,何以恩格斯在《共产主义原理》中的表述更多地围绕经济关系本身展开,甚至"生产方式"这样的概念也被从经济关系的角度来理解。但问题是,如前所述,马克思在《雇佣劳动与资本》中的探讨实际上是《德意志意识形态》的思路的延续,也即对生产关系的研究的着眼点仍是生产方式变动的可能性问题,因此马克思的研究主要围绕着资本与劳动的关系展开;而恩格斯则不同,他对于新唯物主义的修正的方向,主要是将生产力作为现存的生产关系的结果来理解,并将生产力的变动与内在于现存生产关系的物质要素的变动联系在一起。

恩格斯对前资本主义时代的生产关系向资本主义生产关系的转变过程的分析清楚地体现了恩格斯的这一倾向。恩格斯说:"对于工场手工业和大工业发展的最初阶段来说,除了私有制,不可能有其他任何所有制形式,除了以私有制为基础的社会制度,不可能有其他任何社会制度。只要生产的规模还没有达到不仅可以满足所有人的需要,而且还有剩余产品去增加社会资本和进一步发展生产力,就总会有支配社会生产力的统治阶级和贫穷的被压迫阶级。"②按照恩格斯在这一论述所体现的思路,生产力的发展被归结为剩余产品的增加,而私有制社会的对抗性质的解决,其前提也被设定为"生产的规模"达到足够大的程度。这样,当恩格斯说"只有创造了所必需的大量生产资料之后,才能废除私有制"③时,他的意思虽然并不是生产资料的增长不仅为废除私有制提供了必要条件,还为其提供了充分条件,但相较于《德意志意识形态》对于突破现存生产关系的交往对于生产力及其变化的作用的强调来说,显然更侧重于私有制系统内部所造成的生产力发展对于废除私有制所起到的作用。

不过,我们没有理由认为,恩格斯对于《德意志意识形态》中的新唯物主义的"修正"仅仅是他对这一崭新理论视野的"理解偏差"所导致的。事实上,恩格斯固有的问题意识,即社会关系何以可能实现理性化,并没有随着马克

---

① 《马克思恩格斯文集》第1卷,第711页。
② 同上书,第684页。
③ 同上书,第685页。

思所主导的新唯物主义的出现而被掩盖，更没有随着他与马克思的思想合作而消失，而他在《德意志意识形态》完成之后关于私有制和共产主义等问题的思考，在某种意义上说正是他试图站在新唯物主义的视角重新探讨社会关系的理性化问题的结果。对于恩格斯来说，新唯物主义为1845年左右陷入经验主义和德国哲学（主要是费尔巴哈人本学）的两难境地中的恩格斯提供了一个重要的思想武器，使得他可以完全不借助人本学而理解经验的社会现实的变动的内驱力问题，就是说，社会现实的变动并不受关于"人的本质"的观念的驱动，而是受到物质生产领域的变动的驱动，至于与"人的本质"有关的观念，则根本上说是在物质生产条件的决定下产生的。既然物质生产条件决定了社会关系的结构和面貌，那么社会关系的理性化的可能性根本上就取决于物质生产领域的理性化变革，这样，与马克思较多地从形式方面（生产方式）理解物质生产领域并着眼于开启无限性维度的异质性力量的生成不同的是，恩格斯更加关注物质生产领域的经验性要素（生产关系）的理性化问题，因此恩格斯所关注的"生产力"主要是将与生产关系有关的各种要素理性化的力量。如果说对于马克思的问题来说，最适合的研究方法是从给定现象出发，按照某种意义上的充足理由律追溯使其可能显现的前提（比如，从"有需要的人"到生产生活的方式即"生产方式"，从"社会灾难"和"冲突"到"生产方式与交往关系的矛盾"，从"资本"到"劳动力"，等等）的话，那么对于恩格斯的问题来说，对物质生产领域自身的理性化力量的分析，由于其根本的着眼点在于各要素的"统一性"的建立，所以马克思的以异质性维度为导向的形式分析方法对他的问题其实并不适用，反倒是黑格尔的辩证法、特别是以差异性要素（理念的不同环节）的统一为目标的《逻辑学》中的辩证法更适合于对这一问题的思考。

这一差异的直接后果，就是恩格斯在《共产主义原理》中关于资本主义生产关系的消灭的可能性的论述，与马克思执笔的《共产党宣言》中的相关论述，在侧重点上出现了不同。在前者中，资本主义生产关系被消灭的可能性根本上说在于资本主义生产结构所造就的高度发达的生产力已无法被资本家阶级支配："但是现在，由于大工业的发展，**第一**，产生了空前大规模的资本和生产力，并且具备了能在短期无限提高这些生产力的手段；**第二**，生产力集中在少数资产者手里，而广大人民群众越来越变成无产者，资产者的财富越增加，无产者的境遇就越悲惨和难以忍受；**第三**，这种强大的、容易增长的生产力，已经发展到私有制和资产者远远不能驾驭的程度，以致经常引起社会制度极其剧烈的震荡。只有这时废除私有制才不仅可能,甚至完全必要。"①这里呈现出的,是一个均质化的社会系统的物质要素进行重组的从"正题"(生产力通过特定生产关系形成)到"反题"(生产力无法在这种生产关系中容纳)再到"合题"(重建生产关系以实现与生产力的适应)的过程。而在《共产党宣言》中,对于这一问题的讨论,除了包含关于资产阶级无法掌控生产力因而不断造成社会危机这一问题的分析外,另一个重要的思考方向是对于无产阶级联合斗争问题的探讨。马克思将"社会所拥有的生产力"称为资产阶级的"置自身于死地的武器"②,而将无产者称为"将要运用这种武器的人"③,无产者将利用大工业的发展所造成的条件建立起对于资产阶级来说真正具有颠覆意义的革命联合:"资产阶级无意中造成而又无力抵抗的工业进步,使工人通过结社而达到的革命联合代替了他们由于竞争而造成的分散状态。于是,随着大工业的发展,资产阶级赖以生产和占有产品的基础本身也就从它的脚下被挖空了。"④在这一分析中,马克思并未强调资本主义社会的生产力是现存的生产关系的产物。在马克思的相关表述即"资产阶级的生产关系和交换关系,资产阶级的所有制关系,这个曾经仿佛用法术创造了如此庞大的生产资料和交换手段的现代资产阶级社会,现在像一个魔法师一样不能再支配自己用法术呼唤出来的魔鬼了"⑤中,尽管"庞大的生产资料和交换手段"是资产阶级社会"创造"的,不过作为整体性的控制力量的生产力则是被资产阶级社会"呼唤"出来的。另外,在马克思关于无产者的联合问题的分析中,联合的方式并不仅仅与生产力和生产关系的重新统一这一"合题"有关,而更多地与《德意志意识形态》已论证过的大工业所造成但处于这一生产系统之外的对于真正的人的个性的需求(包括生存条件对于人而言成为纯粹的偶然性所造成的对于个性的需求,还是现实中人完全沦为工具而产生的对于个性的需求)有关,因此马克思所强调的并非共产主义的理性化作用,而是对于有限的个人实现其无限性(或曰"个性",也即超越物的力量的束缚而获得自由)所具有的意义:"在资产阶级社会里,资本具有独立性和个性,而活动着的个人却没有独立性和个性"⑥,而"代替那存在着阶级和阶级对立的资产阶级旧社

---

① 《马克思恩格斯文集》第1卷,第684页。
② 《马克思恩格斯文集》第2卷,人民出版社,2009年,第38页。
③ 同上。
④ 同上书,第43页。
⑤ 同上书,第37页。
⑥ 同上书,第46页。

会的,将是这样一个联合体,在那里,每个人的自由发展是一切人的自由发展的条件。"①而对于恩格斯来说,每一个人的自由发展自然是"新制度"的目标,而实现这一目标的前提是保留大工业所造就的生产力,生产出足够多的生活必需品:"大工业及其所引起的生产无限扩大的可能性,使人们能够建立这样一种社会制度,在这种社会制度下,一切生活必需品都将生产得很多,使每一个社会成员都能够完全自由地发展和发挥他的全部力量和才能。"②在这里,人的自由发展是作为新制度建立的后果而出现的,而不是作为新制度的前提而存在的,因此关键的问题还是如何利用大工业创造的生产力建立一种能够与这种生产力相统一的生产关系(或者说"一个全新的社会组织"③),也即经由生产关系无法适应生产力发展的要求这一"反题"实现"合题"。就这样,曾经被恩格斯认为"虚构"了人类历史而先是被人本学部分取代最后又被经验的共产主义完全取代的黑格尔哲学,现在借助着新唯物主义的视野再次出现了恩格斯的视野中。不过,恩格斯此时并没有明确谈及辩证法问题,当他回到这一问题时,已经是二十多年以后的事了。

在1848年革命之后,恩格斯从1850年到1869年在英国从事了长达二十年的商业活动。在恩格斯后半生的学术工作中,辩证法问题始终是一个头等重要的问题。其基本成果是1873年至1882年撰写的《自然辩证法》手稿,以及完成于1878年的《反杜林论》。

恩格斯在1870年代对于辩证法问题的思考,其时代背景与1840年代相比已经有了很大的变化。曾经动荡不安的资本主义世界暂时获得了相对平静,欧洲资本主义社会结构逐渐走向成熟。而对于恩格斯来说,马克思的《资本论》研究,特别是《政治经济学批判。第一分册》以及《资本论》第一卷的发表,是他关于辩证法研究的基本理论出发点。

从某种意义上说,《反杜林论》就是一部解读《资本论》并为其进行辩护的著作。柏林大学讲师欧根·杜林曾于《资本论》第一卷出版的当年即1867年的12月在《现代知识补充材料》杂志发表过一篇针对该著的评论文章,从而引起过马克思和恩格斯的注意。在1868年1月7日给马克思的信中,恩格斯这样评价杜林评《资本论》的文章:"现将杜林的评论和《观察家报》寄还。前者

---

① 《马克思恩格斯文集》第 2 卷,第 53 页。
② 《马克思恩格斯文集》第 1 卷,第 683 页。
③ 同上书,第 682 页。

可笑极了。整篇文章显得狼狈不堪,惶恐不安。这位神气的庸俗经济学家显然被刺痛了。他没法说别的,只好说什么要对第一卷作出评论只能到第三卷出版以后,什么劳动时间决定价值并非无可争议,什么有人怀疑劳动价值由劳动生产费用决定是否正确。你看,对这类人来说你的学问还远远不够,竟没有在要害处把伟大的麦克劳德驳倒!不过,他在字里行间又怕陷入罗雪儿的处境。这家伙文章写完时兴高采烈,付邮时无疑胆战心惊。"①显然,在这里恩格斯对杜林的不满主要体现在不赞同杜林对《资本论》第一卷的某些内容的批评。而马克思第二天的回信则从另一个角度来看待杜林的评论:"杜林(他是柏林大学讲师)的文章颇为大方,尽管我那样猛烈地抨击了他的老师凯里。有些东西杜林显然不懂。最可笑的是,他把我跟施泰因相提并论,因为我是搞辩证法的,而施泰因则是通过以某些黑格尔范畴为外壳的死板的三分法,把各色各样的渣滓毫无意义地堆积起来。"②在这里马克思所要强调的是,自己的著作贯彻了"辩证法",而不是像作为黑格尔主义"中间派"的法学家罗伦兹·施泰因那样歪曲地运用黑格尔辩证法。而在接下去的几年中,杜林接连出版了《国民经济学和社会主义批判史》第二版和《哲学教程》。在这些著作中,杜林一方面以社会主义者自居,另一方面又对马克思的《资本论》进行了一系列批评。鉴于杜林在德国社会主义运动中已经造成了很大的影响,恩格斯就在李卜克内西的邀请下撰写了一系列批评杜林的文章,最后汇集为《欧根·杜林先生在科学中实行的变革》一书,也就是《反杜林论》。

《反杜林论》按照杜林的著作的三个部分,对应地从哲学、政治经济学和社会主义三个部分对杜林展开批判。而其核心内容之一,是对于辩证法的讨论。

恩格斯对杜林关于辩证法的理解的批判集中在两个方面,第一个方面是辩证法中的矛盾问题,第二个方面是否定之否定问题。恩格斯的讨论的一个重要特点是,他基本上是围绕着《资本论》来批判杜林和阐发他对于辩证法的理解的。

关于第一个问题,针对杜林关于《资本论》由于运用了"缺乏自然的和可以理解的逻辑"③的黑格尔辩证法而陷入了一种混乱即矛盾双方可以转化从

---

① 《马克思恩格斯全集》第32卷,人民出版社,1964年,第8页。
② 同上书,第9—10页。
③ 《马克思恩格斯全集》第26卷,人民出版社,2014年,第129页。

而导致"归根到底一切都是一个东西"①的观点,恩格斯的基本立场是,关于矛盾双方的转化的基本方式,马克思是从质量互变的角度来看待的,而这一视角不是来自黑格尔的辩证法,而是来自对于现实的理解。比如,在《资本论》中,当马克思分析价值转化为资本问题时,指出并不是任何一个价值额都足以转化为资本,而是在每一时期和每一部门都有实现这一转化所要求的最低限额,这一额度的直接体现是,工人的劳动首先包含必要劳动,只有在必要劳动实现了其自身劳动力的价值之后,才有可能出现剩余劳动,资本家的预付货币才真正成为资本,这样货币"变为"资本实际上就不是根据黑格尔《逻辑学》中的辩证法规律而得出的结论,而是资本主义社会的现实证实了事物经过量的变化能转变为质的区别这一在黑格尔《逻辑学》中被揭示出来的原则。恩格斯还举了一个协作的来说明这一问题:"例如,马克思《资本论》的整个第四篇——《相对剩余价值的生产》,就在协作,分工和工场手工业,机器和大工业的领域内,谈到无数关于量变改变事物的质和质变同样也改变事物的量的情况,因此,这些情况,用杜林先生非常痛恨的字眼来说,就是量转化为质,质转化为量。例如谈到了这样的事实:许多人协作,许多力量融合为一个总的力量,用马克思的话来说,就产生'新力量',这种力量和它的单个力量的总和有本质的差别。"②这两个例子比较清楚地展现了恩格斯对于质量互变问题的看法,这就是,质量互变根本上说是和资本主义生产的根本性质联系在一起的一个问题,也即在资本主义生产中,在资本的推动下,各种生产要素不断发生变动,而变动的基本方向就是生产力的增强,其基本方式有两种,一种方式是某一特定要素的规定性以量变的方式被突破,从而成为另一种要素,第二种方式是不同要素通过量的组合为一种新要素。

关于第二个问题即否定之否定问题,恩格斯同样围绕《资本论》展开讨论。恩格斯批评杜林关于马克思只有依靠黑格尔辩证法的否定之否定规律才能证明社会革命的必然性和建立生产资料的公有制的必然性的观点,认为杜林不仅误解了《资本论》中的"否定之否定"的内容,也误解了其性质。在《资本论》中,马克思关于作为"否定之否定"的资本主义生产对于自己的否定有如下阐述:"从资本主义生产方式产生的资本主义占有方式,从而资本主义的私有制,是对个人的、以自己劳动为基础的私有制的第一个否定。但资本

---

① 《马克思恩格斯全集》第26卷,人民出版社,2014年,第129页。
② 同上书,第134页。

主义生产由于自然过程的必然性，造成了对自身的否定。这是否定的否定。这种否定不是重新建立私有制，而是在资本主义时代的成就的基础上，也就是说，在协作和对土地及靠劳动本身生产的生产资料的共同占有的基础上，重新建立个人所有制。"①关于这一阐述，杜林将之视为一种"黑格尔蠢话"，并称之为刻意"同作为科学基础的黑格尔辩证法合拍"的"无稽之谈"②。而在杜林看来，黑格尔的否定之否定是从宗教领域中抄袭来的公式，也即"第一个否定是教义问答中的原罪概念，而第二个否定则是引向赎罪的更高统一的概念"③，因此这种公式当然不能为"事实的逻辑"提供根据。恩格斯为马克思进行的第一个辩护是，从《资本论》中的上述"否定之否定"的内容来看，通过剥夺剥夺者、重建个人所有制而实现的"否定之否定"，不是对前资本主义时代的个人所有制的简单复归，而是在"土地和靠劳动本身生产的生产资料的社会所有制"的基础上建立起来的，因此这种个人所有制是以生产资料的公有制和劳动产品分配的个人所有制的统一。恩格斯的第二个辩护是，"否定之否定"对于马克思来说并不是一个预先给定的公式，而是现实的历史进程。恩格斯将上述"否定之否定"与《资本论》关于资本的原始积累的分析联系在一起，作了如下分析："资本的所谓原始积累，在这里就是这些直接生产者的被剥夺，即以自己劳动为基础的私有制的解体。这种解体之所以成为可能，是因为上述的小生产只能同生产和社会的狭隘的、自然产生的界限相容，因而它发展到一定程度就产生消灭它自身的物质手段。这种消灭，即个人的分散的生产资料转化为社会的积累的生产资料，形成资本的前史。一旦劳动者转化为无产者，他们的劳动条件转化为资本，一旦资本主义生产方式站稳脚跟，劳动的进一步社会化，土地和其他生产资料的进一步转化，从而对私有制的进一步的剥夺，都会采取新的形式。"④可以看到，在这一分析中，恩格斯试图把从私有制到私有制之消灭的过程理解为一个在社会系统中所发生的具有连续性的、社会化程度越来越高的过程：首先是小生产"发展到一定程度"就将同其自然形成的狭隘界限无法相容，因而就产生消灭它自身的物质手段，"社会的积聚的生产资料"取代了"个人的分散的生产资料"；随后是劳动"进一步"社会化以及土地和其他生产资料的"进一步"转化，推动着对于私有

---

① 《马克思恩格斯全集》第44卷，人民出版社，2001年，第874页。
② 见《马克思恩格斯全集》第26卷，人民出版社，2014年，第137页。
③ 同上。
④ 同上书，第140页。

者的"进一步"剥夺。恩格斯这一分析的有趣之处在于,他将"私有制"的历史视为一个不断否定自身(私人占有)、走向自己的反面(社会化)的过程,因此这一过程的方向其实就内在包含在私有制本身中。显然,恩格斯思考这一问题的出发点,正是私有制下、特别是资本主义私有制下以物质利益为基础的获利机制对于社会关系的不断推动。在恩格斯那里,唯心主义历史观之不同于唯物主义历史观的地方正在于:"旧的、还没有被排除掉的唯心主义历史观不知道任何基于物质利益的阶级斗争,而且根本不知道任何物质利益;生产和一切经济关系,在它那里只是被当作'文化史'的从属因素顺便提一下"①。这样我们就能明白,当恩格斯在 1859 年的"卡尔·马克思《政治经济学批判。第一分册》"一文("唯物主义历史观"这一概念正是在这里首次出现)中提到"对于没有被唯心主义的欺骗束缚住的人来说是不言自明的"②、"非常简单"的唯物主义历史观的原理即"不是人们的意识决定人们的存在,相反,是人们的社会存在决定人们的意识"时,他所理解的"社会存在"其实就是私有制时代与物质利益直接相关的物质条件,而其主要内容其实就是生产关系。鉴于马克思所理解的物质条件主要指的是生产方式,恩格斯对《资本论》中的"否定之否定"的说明,与其说是对于马克思的思想的澄清,倒不如说是自己对于这一问题的阐发。也就是说,恩格斯并不像马克思那样关注社会的隐性结构即生产方式的朝向人的无限性之呈现的方向发生变动的可能性,而是更多地将目光投向社会的显性结构即生产关系(恩格斯著作中的"生产方式"其实都可替换为"生产关系")诸要素在物质利益的推动下发生变动所引起的生产力的变化,以及反过来对于生产关系本身理性化进程的影响。但无疑,恩格斯对于马克思的"否定之否定"是一个历史过程因而不需要黑格尔的辩证法为之进行证明,而是反过来可以证明后者这一辩护,对于马克思和恩格斯来说都是有效的:"因此,当马克思把这一过程称为否定的否定时,他并没有想到要以此来证明这一过程是个必然的过程。相反,他在历史地证明了这一过程一部分实际上已经实现,一部分还一定会实现以后,才又指出,这是一个按一定的辩证法规律完成的过程。"③

由此可见,恩格斯对于辩证法的理解,并不是简单地回到黑格尔的辩证

---

① 《马克思恩格斯全集》第 26 卷,人民出版社,2014 年,第 29 页。
② 《马克思恩格斯文集》第 2 卷,第 597 页。
③ 同上书,第 142 页。

法,或将黑格尔《逻辑学》中的辩证法作为理解现实问题的"眼镜",恰好相反,在恩格斯以《资本论》为中心的分析中,辩证法就是私有制时代的历史运动过程本身。至于黑格尔的辩证法,恩格斯的看法是,"在黑格尔的辩证法中,正像在他的体系的所有其他分支中一样,一切真实的联系都是颠倒的"①,因此它不能为现实关系进行论证,但这并不表明它一无是处,毋宁说,"黑格尔的辩证法同合理的辩证法的关系,正像热素说同力学的热理论的关系一样,正像燃素说同拉瓦锡的理论的关系一样"②,这就是说,像热素说和燃素说一样,黑格尔辩证法以颠倒的方式表达了现实世界的运动过程,现在应当根据现实世界的运动过程本身重新描述辩证法,这就意味着要将黑格尔辩证法中被颠倒的表述颠倒过来,而不是将其合理成果全部抛弃。

不过,对于恩格斯来说,他关于辩证法的工作远未结束。他的庞大的《自然辩证法》写作计划显然不能被归入上述讨论的范畴之内。如果说基于"唯物主义历史观"和《资本论》的辩证法主要探讨的私有制时代特别是资本主义时代的生产关系的辩证发展过程的话,那么"自然辩证法"则试图做一个在今天看来令人瞠目结舌的工作,这一工作的目标,就是对以下信念进行论证:"在自然界里,正是那些在历史上支配着似乎是偶然事变的辩证运动规律,也在无数错综复杂的变化中发生作用;这些规律也同样地贯串于人类思维的发展中,它们逐渐被思维着的人所意识到。"③恩格斯的这个表述有两层意思:第一层意思是,自然界存在着辩证运动规律,第二层意思是,这种辩证运动规律和历史以及人类思维发展中的规律是相同的。乍看上去,这两个说法都是匪夷所思的,因为自从康德以后,不带任何理论前提对自然进行纯"客观"的审视已被公认为可疑的,更不用说进一步将自然界中的"客观规律"等同于人类历史和思维发展的规律了。

但如果我们不拘泥于这样的只言片语,而是更全面地来看待恩格斯的这一工作的话,就会发现"自然辩证法"的另一面。在1873年5月30日写给马克思的信中,恩格斯这样介绍自己关于写作《自然辩证法》的想法:"今天早晨躺在床上,我脑子里出现了下面这些关于自然科学的辩证思想。"④另外,在1885年为《反杜林论》第二版所作的序言中,恩格斯这样来描述自己研究唯物

---

① 《马克思恩格斯文集》第 2 卷,第 504 页。
② 同上书,第 505 页。
③ 同上书,第 14 页。
④ 《马克思恩格斯全集》第 33 卷,人民出版社,1973 年,第 82 页。

主义自然观的历程:"马克思和我,可以说是唯一把自觉的辩证法从德国唯心主义哲学中拯救出来并运用于唯物主义的自然观和历史观的人。可是要确立辩证的同时又是唯物主义的自然观,需要具备数学和自然科学的知识。马克思是精通数学的,可是对于自然科学,我们只能作零星的、时停时续的、片断的研究。因此,当我退出商界并移居伦敦,从而有时间进行研究的时候,我尽可能地使自己在数学和自然科学方面来一次彻底的——像李比希所说的——'脱毛',八年当中,我把大部分时间用在这上面。"①可见,从一开始,恩格斯所要探讨的就不是没有任何前提的"自然本身"的辩证法,而是以当时的自然科学成就为前提的辩证法。《自然辩证法》和《反杜林论》中都涉及"自然"问题,但这里的自然都是指那个时代的自然科学视野下的自然,而非"纯粹"意义上的自然,因此所谓"自然辩证法",其核心内容其实是自然科学视野中的辩证法。正如刘猷桓先生所说,整部《自然辩证法》手稿形成了"自然科学对象的辩证法""自然科学思维的辩证法""自然科学内容的辩证法""自然科学自身的辩证法"等四个基本理论思路,而其轴心是自然科学的辩证法②。

不直接谈"自然"的辩证法,而是谈"自然科学"的辩证法,这对于恩格斯来说是非常自然的。恩格斯作为一个对于实证科学领域高度关注的思想家,注意到19世纪欧洲自然科学的迅猛发展使得人们在对于自然的研究方面积累了的庞大数量的知识材料。在恩格斯看来,这一研究"不同于古代人的天才的自然哲学的直觉,也不同于阿拉伯人的非常重要的、但是零散的并且大部分都无果而终的发现,它是唯一得到科学的、系统的、全面的发展的自然研究"③。这一研究所获得的知识将人类对于自然的认识不断推向新的深度,以至于每个从事理论研究的人都不可能忽视这些成果。

不过,近代自然科学所获得的巨大成就并不意味着自然的形象的清晰化,更不意味着自然辩证法就是对于自然科学所直接呈现出来的"辩证图景"的直接描述。事实上,按照恩格斯的看法,当时自然科学所面临的基本困境,正在于每一领域的知识无法建立起内在联系,而各知识领域之间也无法建立统一的关系。关于这种局面,恩格斯说:"现在几乎没有一本理论自然科学著作不给人以这样的印象:自然科学家们自己就感觉到,这种杂乱无章多么严

---

① 《马克思恩格斯全集》第26卷,人民出版社,2014年,第13页。
② 刘猷桓:《走进恩格斯——〈自然辩证法〉探索》,吉林大学出版社,2005年,第28页。
③ 《马克思恩格斯全集》第26卷,人民出版社,2014年,第465页。

重地左右着他们,并且现今流行的所谓哲学又绝不可能使他们找到出路。"①恩格斯为这一问题开出的药方是,在自然科学领域引入某种"理论思维"。所谓"理论思维",在恩格斯这里指的是在特定"思维形式"下进行的思维。因此进行理论思维的前提是找到适当的思维形式。由于关于思维形式的理论本身有一个历史发展的过程,因此并没有一种绝对有效的思维形式,而只存在对于某一历史时期的经验领域最适合的思维形式。在恩格斯看来,辩证法就是最适合近代自然科学的一种思维形式,因为只有辩证法能为一个领域内的普遍联系和不同领域间的过渡提供说明:"然而对于现今的自然科学来说,辩证法恰好是最重要的思维形式,因为只有辩证法才为自然界中出现的发展过程,为各种普遍的联系,为一个研究领域向另一个研究领域过渡提供类比,从而提供说明方法。"②

在恩格斯那里,辩证法的基本特征是对于事物内部及事物间的普遍联系的把握。恩格斯以此为根据,将辩证法区分为两种,第一种是希腊哲学中的辩证法,第二种是德国古典哲学中的辩证法。希腊哲学中的辩证思维是以原始的素朴的形式出现的,自然界被当作整体来观察,但自然现象的总的联系还无法从细节上加以说明。德国古典哲学中的辩证法以康德和黑格尔的思想为代表。相较于康德,黑格尔辩证法在恩格斯那里获得了更高的评价。对于恩格斯来说,尽管康德借助星云理论和潮汐与地球自转关系理论而在辩证法方面有很大成就,"但是,自从黑格尔著作中已提出一个虽然是从完全错误的出发点阐发的、却无所不包的辩证法纲要以后,要向康德学习辩证法,就是一件费力不讨好的和收效甚微的事情"③,这是因为,黑格尔第一次全面地阐发了辩证法的一般运动形式,通过这一阐发,世界被描述为一个巨大的"过程的集合体"。

这样,如果说自然辩证法的核心是自然科学的辩证法的话,那么这种辩证法实际上就不是自然科学自身的辩证法,而是用辩证法、具体地说用黑格尔辩证法这一思维形式整理自然科学的材料而获得的自然图景。关于"自然科学的辩证法"的基本内容,恩格斯的表述如下:"对象是运动着的物质。物质本身的各种不同的形式和种类又只有通过运动才能认识,物体的属性只有

---

① 《马克思恩格斯全集》第 26 卷,人民出版社,2014 年,第 501 页。
② 同上书,第 499 页。
③ 同上书,第 502 页。

在运动中才显示出来；关于不运动的物体，是没有什么可说的。因此，运动着的物体的性质是从运动的形式得出来的。"①

但这并不意味着，黑格尔辩证法在恩格斯的自然辩证法体系中完全占据了支配性地位。恩格斯提醒读者："首先要明确的是，这里的问题决不是要捍卫黑格尔的出发点：精神、思维、观念是本原的东西，而现实世界只是观念的摹写。这种出发点已经被费尔巴哈摒弃了。在下述这一点上我们大家都是一致的：在自然界和历史的每一科学领域中，都必须从既有的**事实**出发，因而在自然科学中要从物质的各种实在形式和运动形式出发，因此，在理论自然科学中也不能构想出种种联系塞到事实中去，而要从事实中发现这些联系，而且这些联系一经发现，就要尽可能从经验上加以证明。"②这段话自然意在说明，辩证法不应当以观念为前提，而应当以事实为前提。但这里令人困惑之处在于，如果作为一般思维规律的黑格尔辩证法的作用在于在各领域内部诸要素之间以及不同领域之间建立起普遍联系的话，那么这种辩证法的"规律"总是在"事实"之前被提出的，但这样一来，黑格尔辩证法就仍是观念在先的。

为了克服这一困难，就只有将恩格斯在这里所理解的辩证法的一般运动形式理解为虽由黑格尔第一次全面"表述"出来，却系马克思在《资本论》中加以"证实"的规律。当恩格斯说"马克思的功绩就在于，他和'今天在德国知识界发号施令的、愤懑的、自负的、平庸的模仿者们'相反，第一个把已经被遗忘的辩证方法、它和黑格尔辩证法的联系以及差别重新提到人们面前，同时在《资本论》中把这个方法应用到一种经验科学即政治经济学的事实上去"③时，他所说的"这个方法"显然并不是黑格尔的唯心主义辩证法，而是"合理的辩证法"，或辩证法的"一般运动形式"，这种一般运动形式在马克思的政治经济学研究中所展现的，乃是资本主义生产关系中各要素的在运动中建立统一性的趋势。

如果说尽管黑格尔第一次全面地（虽然是以神秘的方式）提出了辩证法的一般运动形式，但却是马克思第一次成功地将辩证法运用于"现实"的研究中的话，那么对于与"自然"这一现实领域有关的自然科学材料来说，最好的

---

① 《马克思恩格斯全集》第26卷，人民出版社，2014年，第578页。
② 同上书，第504页。
③ 同上书，第504页。

辩证法形式就是马克思而不是黑格尔提供的。正如胡大平所指出的那样："恩格斯对自然科学(即自然史)的审理,是基于唯物主义历史观前提的。"[1]恩格斯在《反杜林论》中所做的相关研究,事实上将《资本论》中的辩证法理解为"唯物主义历史观"下同一系统各要素建立联系的方式也即私有制时代各种生产要素被纳入获利机制的过程,以及不同系统间获得联系的方式也即作为旧的生产关系的否定的新生产关系内部产生更大的生产力并对既有的生产关系进行否定的过程。这样,恩格斯在《自然辩证法》中所概括的三个"辩证法的规律"即"量转化为质和质转化为量的规律;对立的相互渗透的规律;否定的否定的规律"[2],表面上看来自对黑格尔《逻辑学》的三个部分的原则分别进行的概述,但由于恩格斯马上指出黑格尔的这三个原则并不是从自然界和历史中推导出来的,而是相反,是黑格尔试图作为思维规律强加给自然界和历史的,因此合乎逻辑的推断就是,恩格斯提出的这三个规律的内容更应该从马克思那里而不是从黑格尔那里概括出来的,也就是说,是对于《资本论》所体现的"唯物主义历史观"的辩证法的概述。不过,从恩格斯的角度来看,黑格尔辩证法虽然得自逻辑推演而不是得自现实世界,但它毕竟提供了一种马克思并没有明确阐述的辩证法的"一般运动形式",因此这种辩证法在形式方面来说更适于运用于对自然科学具体问题的讨论。因此,我们可以看到,恩格斯在《自然辩证》的具体问题的探讨中,较多地运用了黑格尔所提供的辩证法形式。

五、重新理解《路德维希·费尔巴哈和德国古典哲学的终结》

这种从"唯物主义历史观"出发,对黑格尔提供的辩证法的一般运动形式给予证明,再将这种辩证法的一般运动形式运用于自然科学视野下的自然研究的思路,与黑格尔在其《精神哲学》的末尾所设想的"第三种三段论"在形式出现了契合之处。如前所述,在黑格尔的既有体系中,他所呈现的是第一种三段论,也即从逻辑到自然再到精神,他所设想的第二种三段论与此不同,是从自然到精神再到逻辑。除了这两种三段论之外,黑格尔还设想过第三种三

---

[1] 胡大平:《回到恩格斯——文本、理论和解读政治学》,江苏人民出版社,2011年,第474页。
[2] 《马克思恩格斯全集》第26卷,人民出版社,2014年,第534页。

段论,这就是从精神到逻辑再到自然。黑格尔关于这一问题的表述是,第三种三段论"是哲学的理念,这个理念以自知着的理性,即绝对—普遍东西为其**中项**,这个中项分裂自己为**精神**和**自然**,使前者成为预先假定,作为理念的**主观**活动的过程,而使后者成为普遍的极端,作为**自在**地、客观地存在着的理念的过程"①。在这种三段论中,理念的任务不再是确认自身的同一性和探索自身的真理(这一工作已在第一种三段论中完成),也不是对自身的本质及其表现进行探求以确认自身的自由(这是第二种三段论的任务),而是确认自身的绝对—普遍性,而这也就意味着确认不同过程的内在统一性,比如作为主观活动过程的精神与作为客观过程的自然之间的内在统一性。按照因伍德的解释,黑格尔的这个三段论有一个前提,就是精神已达到其最高阶段即哲学:"这第三种三段论按照下列顺序展开:精神(《百科全书Ⅲ》)、逻辑(《百科全书Ⅰ》)、自然(《百科全书Ⅱ》)。在这一顺序中,逻辑理念从精神中出现,就是说,从精神的顶峰即哲学中出现。这就是为什么说精神已被'设定',以及为什么逻辑理念被称为'自知着的理性'而不是像《百科全书Ⅰ》第187节那样称为'逻辑理念',也不像第575节或第576节那样称为'逻辑东西'的原因。"②从这个角度来看,黑格尔的第三种三段论的基本内容就是以"哲学"业已获得的成果为基础,对精神和自然的关系进行重新审视。如果说黑格尔哲学在其既有体系也即第一个三段论中所获得的基本成果是理念自身的同一性的话,那么在这一体系中逻辑、自然和精神基本上可以看作理念自身的三种现身方式。而在第三种三段论中,作为"绝对—普遍东西"的"自知着的理性",也就是已经获得了自身的同一性的理念,又将自己"分裂"为精神和自然,这意味着,理念在通过自然和精神把握了自身的同一性之后,又发现了精神和自然之间的差异。关于这一点,因伍德的评论是,在这一新三段论中,正是以黑格尔既有体系为基础,也即在精神发展的最高阶段上,居于中项位置的"逻辑理念"才有可能出现并具有积极作用,而这种作用体现在,"它不只是简单地构成精神与自然的内核,更产生了精神与自然的区别"③。因伍德的这一评论揭示了黑格尔所提示的第三种三段论的关键点,即同一性理念对于差异性领域

---

① 黑格尔:《哲学科学百科全书Ⅲ 精神哲学》,《黑格尔著作集》第10卷,杨祖陶译,人民出版社,2015年,第349页。
② M. J. Inwood, *A Commentary on Hegel's Philosophy of Mind*, Clarendon Press, 2007, p. 659.
③ 同上。

的反向建构。但因伍德由于将此处的"精神"理解为第一种三段论中的精神，也即《精神哲学》中的精神，并将逻辑理念的中介首先理解为精神的最高阶段即哲学的发展结果，因而一方面无法说明何以黑格尔没有直接用"哲学"来代替"精神"，另一方面也无法解释作为中项的逻辑理念何以可能将精神与自然建构为两个差异性领域（比如精神之被建构为差异性领域就意味着精神不再是第一种三段论中意义上的精神，但因伍德却显然将二者理解为一回事）。事实上，尽管第三种三段论是"哲学的理念"，因而的确要以第一种三段论中的精神的顶峰即哲学为前提，但这并不意味着哲学要在三段论中具体地起到"产生"的作用，毋宁说，哲学在此所提供的是一个视野，借用黑格尔自己的说法，这个视野就是，"哲学诚然是和**统一**有关，但它并不是和抽象的统一、单纯的同一性和空洞的绝对有关，而是与**具体的**统一（概念）有关，并且在它的全部进程中完全只与具体的统一有关，——它的进展的每一个阶段都是这个具体统一的**特有的规定**，而统一的诸规定的最深刻的和最终的规定就是绝对精神的规定"①。正是由于哲学所提供的乃是具体的统一的视野，精神（哲学本就是精神的一部分）才有可能从自身出发，重新审视精神与逻辑和自然之间的关系。此时精神不再围绕逻辑理念所给定的方式展开自身，而是根据自己的"事情的本性"、按照自身的概念展开自身，但由于此时精神具有了统一性的视野，因而这种展开并不外在于"自知着的理性"，因此精神的"事情的本性"的展开同时也就意味着"认识"的实现，也即对于这一领域中的普遍性的把握（因为"自知着的理性"本身就意味着"绝对—普遍性"），而这种认识的完成，并不意味着一个封闭的思想体系的终结，相反，"自知着的理性"又在哲学意识也即具体的统一性的意识的引导下，去揭示自然领域的"事情的本性"的自我展开，并同呈现这种自我展开与对之的认识的统一性，这样，理念就将第一种三段论中的客观性（就理念追求自身的同一性而言）和第二种三段论中的主观性（就精神在此起到中介作用而言）统一在一起，真正具有了绝对精神的永恒性。黑格尔将这一历程表述为："理念之**自我分割为**两方面的现象（§575/6）就把这两方面的现象规定为它的（自知着的理性）的种种显示，这两个方面就在它里面结合起来，这就是事情的本性，即概念，事情的本性自己在向前运动着和发展着，而这个运动同样是认识的活动，即永恒的自在自为

---

① 黑格尔：《哲学科学百科全书Ⅲ精神哲学》，《黑格尔著作集》第 10 卷，杨祖陶译，第 345—346 页。

地存在着的理念永恒地作为绝对精神实现着自己、产生着自己和享受着自己。"①这种三段论所展现的,是一幅这样的图景:在哲学(实际上就是黑格尔哲学)的具体统一性视野之下,精神和自然差异性地呈现出自身的本性的独特的展开过程,但同时又在普遍性这一层面上(通过自知着的理性)有机地统一在一起。

而对于恩格斯来说,他所获得的最终理论成果,就是在合理形态的辩证法(马克思在现实中发现并在黑格尔那里获得全面的表述)所建构的同一性视野之下,人类社会、思维(辩证法本身)和自然界之间通过相同的普遍联系的规律统一在一起。这一视野是在"唯物主义历史观"的哲学革命的推动下建立的,在这一建立过程中,"历史"不是作为各种经验事件的集合或过程而出现的,毋宁说是过程本身而存在的,人类社会、思维和自然界的统一体成为历史的"肉身"。这种作为过程本身的历史,不是上帝的意志的体现,而是包括人类社会、思维领域和自然界在内的整个世界的自发运动,其基本形式如果表达出来,就是"思维过程本身的规律"②。因此恩格斯在《路德维希·费尔巴哈和德国古典哲学的终结》中说:"这样,对于已经从自然界和历史中被驱逐出去的哲学来说,要是还留下什么的话,那就只留下一个纯粹思想的领域:关于思维过程本身的规律的学说,即逻辑和辩证法。"③于是,恩格斯的世界观就具有了一种强烈的泛神论色彩。正是在这一泛神论视野之下,发生于19世纪40年代的青年黑格尔派的解体就被恩格斯视为一个无视现实世界的客观规律、沉迷于概念和玄想中的思想家群体因无法将自身的思想和现实统一在一起而分崩离析的过程。

不过,由于这种泛神论视野的基本结构是由恩格斯所理解的"唯物主义历史观"所建构的,因此这一视野带有强烈的社会本体论色彩,这突出地体现在,自然和思维领域的运动方式实际上是按照资本主义时代人类社会活动的方式(在内在包含时间维度的运动中通过质量互变和否定之否定的方式建立起普遍联系)被理解的。在此语境中,思维领域当然不具有独立地位。因此,恩格斯在《路德维希·费尔巴哈和德国古典哲学的终结》中从思维和存在的关系的角度对唯物主义进行的界定,其实并不是一个对于18世纪唯物主义理

---

① 黑格尔:《哲学科学百科全书Ⅲ 精神哲学》,《黑格尔著作集》第10卷,杨祖陶译,第349页。
② 《马克思恩格斯文集》第4卷,人民出版社,2009年,第312页。
③ 同上。

念的重述，而是以唯物主义历史观下的意识和社会存在的关系为范本对思维和存在关系的重塑。而也正是在这一时间原则明显占优势地位的理论视野之下，才会出现恩格斯以新唯物主义的立场对旧唯物主义特别是以空间为原则的费尔巴哈唯物主义的批判。

这样，我们也就能理解，何以恩格斯在《路德维希·费尔巴哈和德国古典哲学的终结》中会对黑格尔有如此高的评价。在1870年代之后，既然黑格尔辩证法所提供的辩证法的"一般运动形式"被恩格斯理解为就是马克思在对现实社会运动的研究中所验证并自觉运用的思维形式，因此它很自然地就成为恩格斯思想的重要组成部分，这不仅体现在恩格斯对"唯物主义历史观"的理解中，更体现在恩格斯的世界观重塑中。恩格斯所关注的黑格尔辩证法，其实是在恩格斯对"唯物主义历史观"进行重新解读时进入他的视野并被这一历史观"证明"了的辩证法，也即对有助于恩格斯理解"运动"的形式的那部分内容。这样，恩格斯强调黑格尔辩证法的"革命性质"也不就并不奇怪了。

同样，我们现在也能明白，何以恩格斯能够不仅将作为黑格尔绝对唯心主义体系基本内核的辩证法纳入自己的思想，而且也将一些黑格尔曾在其辩证法体系中揭示过其局限性的概念纳入自己的思想。比如恩格斯在《路德维希·费尔巴哈和德国古典哲学的终结》中论证思维与存在的同一性时起到关键作用的"实践"概念就是如此。尽管和黑格尔的实践概念一样，在恩格斯的实践概念中"目的性"也是一个重要的维度，但恩格斯显然并不像黑格尔那样对这种目的性如此警惕。这里的关键在于，在恩格斯那里，实践的目的性不能被纳入一个绝对精神的自我实现过程，而是经验生活中的"为我之物"之不断生成的过程。恩格斯所理解的实践就是工业和实验：工业意味着以生产的方式对自然之物的改变，实验就是以实验的方式对自然进行的改变。恩格斯所举的化学等领域的例子如"茜素"的生产非常清楚地表明，他并不认为实践的目的性有违于真理的认识，毋宁说，这种目的性本身就是认识真理的具体方式。恩格斯将实践的目的性与认识的真理性联系在一起的内在理据何在呢？人们可以在恩格斯关于"制造出某一自然过程""按照它的条件把它生产出来""并使它为我们的目的服务"这样的表述中看出，按照恩格斯的想法，"目的性"在实践概念中所起到的作用，并不在于人的某种主观欲望的满足，而在于通过人所能掌控的方式，使对象得以成立的"条件"完整呈现。因而，这里实践所朝向的"目的"，实际上就是对象的"条件"，也即对象的规定性之建立的前提，或者更具体说，就是事物的性质得以建立的机制，而这些条件、前提和机制,对于恩格斯来说,显然是客观的而不是主观的。现在的问题是,如何才能建立起对象的"条件"? 恩格斯的回答是:"制造"和"生产"。对于这种观点的一种可能的质疑是,如果我们不知道对象之成立的条件,怎能进行"制造"和"生产"? 这种质疑对于恩格斯显然构不成挑战,因为人们完全可以在不完全掌握关于对象的知识的情况下进行尝试或"试验",最终生产出与对象的性质相同的东西。更为重要的是,这种讨论事实上只是"思想实验",这种思想实验的基本特点在于抽象性,而具有强烈现实关怀的恩格斯很少会从这种抽象的思想实验的角度考察一个问题。事实上,恩格斯所说的"制造"和"生产"是有其历史性前提的。这种历史性前提就是"工业"和"实验"。"工业"和"实验"不能被抽象化,因为"工业"是指机器大生产条件下的生产体系,而"实验"则是近代实证科学的基本开展形式,总而言之,二者分别是资本主义时代的物质生产和知识生产的基本形式。进一步说,资本主义时代的工业和实验往往是密切联系在一起的。比如恩格斯举"茜素"的例子说,对于这种物质,"我们已经不再从地里的茜草根中取得,而是用便宜得多、简单得多的方法从煤焦油里提炼出来了"[①],在这里,"便宜得多"自然是资本推动的结果,而"简单得多"则显然是科学研究即"实验"的结果。于是,恩格斯就把思维与存在的同一性这样一个看起来十分抽象的哲学问题,化归为历史性生产的问题。这里我们自然会联想到恩格斯与马克思一起在《德意志意识形态》中提出的关于物质生产与意识的关系的思想。不过人们在这里或许还是有一个问题:即便从物质生产理论出发,恩格斯似乎也不应该忽视黑格尔对于实践概念的局限性的告诫,那么,如果站在恩格斯的立场上,该如何回应黑格尔关于实践中的"目的性"与"对于对象的改变"这两个维度的局限性的看法呢? 回答这一问题的关键是要看到,在这里,恩格斯的理论基础是其关于理论认识与现实事物的关系的思想。恩格斯在《路德维希·费尔巴哈和德国古典哲学的终结》中要求"把我们头脑中的概念看作现实事物的反映"[②],这就意味着,"现实事物"对于观念中的事物来说具有第一性,而对于资本主义时代来说,这个时代的观念自然就应当是这个时代的现实的"反映"。这是一个怎样的时代呢? 首先,从科学上来说,"事实上,直到上一世纪末,自然科学主要是搜集材料的科学,关于既成事物的科学,但是在本世纪,自然科学本质上是整

---

① 《马克思恩格斯文集》第4卷,第279页。
② 同上书,第298页。

理材料的科学,是关于过程、关于这些事物的发生和发展以及关于联系——把这些自然过程结合为一个大的整体——的科学。"①特别是,由于细胞学说、能量转换学说和进化论三大发现"和自然科学的其他巨大进步,我们现在不仅能够说明自然界中各个领域内的过程之间的联系,而且总的说来也能说明各个领域之间的联系了,这样,我们就能依靠经验自然科学本身所提供的事实,以进化系统的形式描绘出一幅自然界联系的清晰图画。"②这样,我们就可以明白,恩格斯并不是对一般的资本主义时代的科学或知识的生产有信心,而是对十九世纪的这一生产有信心。而黑格尔显然并没有看到自然科学领域出现的这些伟大进展,这可以构成恩格斯忽略黑格尔关于实践的局限性的一个重要理由。其次,社会领域,也存在着类似的情形:"但是,在以前的各个时期,对历史的这些动因的探究几乎是不可能的,因为它们和自己的结果的联系是混乱而隐蔽的。在我们今天这个时期,这种联系已经简化了,以致人们有可能揭开这个谜了。"③如果说资本主义社会中的这个"谜"就是无产阶级和资产阶级的斗争的话,那么这两个阶级以及二者之间的阶级斗争的根源,在恩格斯看来就是"纯粹经济的原因"④,也就是近代经济关系的变动,具体说就是"从行会手工业到工场手工业的过渡,随后又是从工场手工业到使用蒸汽和机器的大工业的过渡"⑤。在恩格斯那里,正是在"大工业"的各种效应全面展现的十九世纪,人类社会的各种本质性联系才有可能充分展现,而这也是黑格尔所未能经历的。这样,恩格斯所说的"实验"(科学)和"工业"就有了进一步的含义,即不仅是"资本主义的",更是"十九世纪的",因而是全面超出黑格尔的视野的。这是恩格斯自信地将实践视为思维与存在获得同一性的基本前提。

仍是在恩格斯的唯物主义历史观的视野下,我们才能明白,何以费尔巴哈的人本学在恩格斯的体系建构中并没有位置,正如《路德维希·费尔巴哈和德国古典哲学的终结》所展现的那样。这不仅是由于费尔巴哈的唯物主义立场在恩格斯看来已属旧唯物主义范畴,更是由于人本学对于社会生活原则的解释与恩格斯的唯物主义历史观是相抵触的,也就是说,后者的基石正是

---

① 《马克思恩格斯文集》第 4 卷,第 299—300 页。
② 同上书,第 300 页。
③ 同上书,第 304 页。
④ 同上书,第 305 页。
⑤ 同上。

私有制时代彼此分离的个人之间的利益冲突,而不是作为人的本质的"爱"。对于恩格斯来说,资本主义时代的实践,特别是充满利益冲突的工业生产,是将人类社会引向亚里士多德意义上的、也即真正与整体相关的"善"根本途径。早在《共产主义原理》,他就分析了大工业所导致的商业危机的后果,从正反两面论证了大工业对人类社会将产生积极作用:从反面来说:"因此,或者必须完全放弃大工业本身(这是绝对不可能的),或者大工业使建立一个全新的社会组织成为绝对必要的,在这个全新的社会组织里,工业生产将不是由相互竞争的单个的厂主来领导,而是由整个社会按照确定的计划和所有人的需要来领导"①;而从正面来说,"大工业及其所引起的生产无限扩大的可能性,使人们能够建立这样一种社会制度,在这种社会制度下,一切生活必需品都将生产得很多,使每一个社会成员都能够完全自由地发展和发挥他的全部力量和才能。"②总而言之,大工业的意义,就在于为一种新的社会制度的建立提供了充分的前提条件,用恩格斯的话说就是:"由此可见,在现今社会中造成一切贫困和商业危机的大工业的那种特性,在另一种社会组织中正是消灭这种贫困和这些灾难性的波动的因素"。③在某种意义上可以说,这正是恩格斯对于自己在发表于1845年的《英国工人阶级状况》中面对"雄伟""壮丽"但同时又有"贫民窟"的伦敦提出的如下问题的回应:"难道这些群集在街头的、代表着各个阶级和各个等级的成千上万的人,不都是具有同样的属性与能力、同样渴求幸福的人吗?难道他们不应当通过同样的方法和途径去寻求自己的幸福吗?"④可以说,在恩格斯那里,作为大工业的直接后果的"整个社会的领导"、生活必需品的丰富以及每一个社会成员的自由发展,将改变资本主义社会的工人的不幸福状态。但这是否表明,大工业所带来的这种趋势只与增进工人阶级的幸福有关?对于恩格斯来说,答案是否定的。在《自然辩证法》中,恩格斯认为,在资本主义条件下,由于绝大多数劳动者与所生产出来的生活资料、享受资料和发展资料相隔绝,因而这些资料事实上是无法在"社会"层面上被消费的,这样,资本主义就不得不发生周期性的危机,不仅毁灭这些劳动产品,更毁灭一大部分生产力,以重新达到某种平衡,"因此,所谓生存斗争就采取了如下的形式:必须保护资产阶级的资本主义社会所生产出来

---

① 《马克思恩格斯文集》第1卷,第682—683页。
② 同上书,第683页。
③ 同上。
④ 《马克思恩格斯全集》第2卷,人民出版社,1961年,第304页。

的产品和生产力,使之免遭这个资本主义社会制度本身的毁灭性的、破坏性的作用的影响,办法是从不能办到这一点的居于统治地位的资本家阶级手中夺取社会生产和社会分配的领导权,并把它转交给生产者群众——这就是社会主义革命。"①恩格斯的这一阐述表明,资本主义生产或大工业本身所带来的变革,所解决的不仅是工人阶级的贫困问题或"幸福"问题,更是生产力的自我保存问题。在恩格斯那里,生产力得到保存的前提,并不是处于生产力之外的某种力量对生产力进行保存,毋宁说,正是生产力自身的发展使得自己得以保存。这一问题当然不能被抽象对待。事实上,若离开资本主义时代的特殊境况,生产力的自我保存就是一个无法理解的问题:尽管我们可以从生产力角度对任何时代加以考察,但资本主义时代的生产力与以往时代的生产力相比,具有一种独特性,这就是,资本主义生产力是通过以社会性为基本特征的机器大工业而表现出来的。关于这一问题,恩格斯在《反杜林论》中写道:"但是,正如马克思在那里所证明的,资产阶级要是不把这些有限的生产资料从个人的生产资料变为社会化的即只能由一批人共同使用的生产资料,就不能把它们变成强大的生产力。"②这就意味着,资本主义生产力不能首先被理解为由无数个人活动所创造和维系,而应被理解为由一种前所未有的整体性结构所创造和维系,而这种结构就是机器大工业的社会化生产系统。如果说生产力正是使得一个时代得以产生的根本性力量的话,那么,对于恩格斯来说,机器大工业以社会化方式所创造的生产力是一种真正意义上的"社会生产力",这种生产力对社会生活起着整体性的塑形作用。由于资本主义的社会化生产仍然没有摆脱私有制的占有形式,后者严重束缚和限制了前者的发展,因此二者的冲突在所难免。这种冲突的全面爆发之日,就是社会主义革命到来之时。在恩格斯那里,这并不是一种胜负难料的冲突,因为根本上说这是"生产资料和产品的社会性质反过来反对生产者本人"③的斗争,而作为总体性力量的前者必将获胜,也就是说,这种冲突的结果不会导致生产力本身的崩溃,相反,社会生产力将通过冲突而保存。资本主义时代的生产力在社会主义革命中得以保存,就意味着在机器大工业的展开过程中,使资本主义得以存在的具有整体性的社会性力量扮演着关键角色:后者不仅是大

---

① 《马克思恩格斯全集》第 26 卷,人民出版社,2014 年,第 756 页。
② 同上书,第 286 页。
③ 同上书,第 296 页。

工业的前提，更是大工业自我变革的动力和方向。因此，在恩格斯那里，"工业"对于对象的"制造"和"生产"，事实上就不再是一种局部性改变，而是一种带有资本主义时代的生产力的整体性的对于对象的改变。如果说费尔巴哈人本学的"人"的根本特征在于空间性的话，那么从恩格斯的角度来看，对于资本主义时代任何空间性的建构，离开了与物质生产有关的具有整体性的生产力，都是无法想象的。

而只有在这一语境中，我们才能真正理解恩格斯将实践问题与思维与存在的同一性问题联系在一起的深层含义：资本主义时代的实践，也即工业和实验，本身就体现了这个时代的生产力本身，并在进展过程中保存这种生产力，因而这一过程中的对象的制造和生产，所体现的乃是资本主义时代的人类整体性能力（也即《路德维希·费尔巴哈和德国古典哲学的终结》中所说的"合力"），而非局部性能力，而其内在的目的性，也不再仅仅与个别的生产者或制造者有关，而是与社会整体性相关，因而思维将可以克服个体意识的局限性，而获得真正的整体性认识，这种整体性认识的获得就证实了思维与存在的同一性。

从某种意义上看，这里或许隐藏着恩格斯对于自己将人类社会、思维和自然界统一在一起从而建构"历史的肉身"这一理论创制工作的辩护。在人类危机走向多样化的今天，对于资本主义系统内部诸因素的变动与系统整体的变动的关系的研究，以及对于不同系统之间的统一性的研究，显然不仅不是一个已无关紧要的问题，反倒成为一个更加紧迫的问题。当然，问题可能远比恩格斯所设想的要复杂，问题的解决或许需要更多的工具，但这并不是将恩格斯思想的路向完全否定的理由。的确，晚年恩格斯的思想不能成为"马克思主义哲学"的代名词，因为它与马克思思想有着不同的运思方向。但这一思想无疑是马克思主义哲学的一个重要路向。恩格斯所关注的几乎所有问题，其隐藏的前提都是资本主义生产关系中随着资本的推动所导致的生产力的不断增长而引起的系统内部的质变。这一思考路向并不着眼于特定形态资本主义的隐形结构即生产方式的分析，而是着眼于不断发生形态变动的资本主义的生产关系的分析；其主旨也并不在于分析马克思意义上的否定也即构成既定形态资本主义的现实运动之异质化的可能性，而是着眼于分析资本主义社会借助自身结构诸要素的不断变化而不断走向黑格尔意义上的否定也即资本主义社会的规定性的反面（也就是不断走向理性化）的可能性，这与马克思对资本主义生产方式所进行的探索形成互补。

附录　马克思早期的"形式"概念与黑格尔的"形式"概念①

从"形式"的角度理解马克思哲学,已俨然成为近三十年来欧洲马克思主义研究界的一个重要潮流。无论从"形式分析"的角度来诠释马克思的历史唯物主义(这是肇始于法国学者让-吕克·卡松②并由热拉尔·本舒桑和让·维乌拉克等人进一步深化的研究方向③),还是将"价值形式"作为理解《资本论》的基石(这个研究路数始自苏联学者伊萨克·鲁宾,得到了包括"新阅读学派"和"新辩证法学派"在内的多个思想流派的呼应④),都是这一潮流的体现。而所有这些工作,都离不开对马克思"形式"概念的厘清。但令人遗憾的是,迄今为止,当人们谈及马克思思想、特别是《资本论》中的"形式"问题时,马克思的"形式"概念的内涵往往被以黑格尔的方式或被放在黑格尔的语境

---

① 本文发表于《当代国外马克思主义评论》第 15 期。将本文作为附录,旨在说明马克思新历史观的旨趣与恩格斯问题意识的差异,以及恩格斯对新历史观的阐释何以事实上形成了马克思主义哲学的另一种思想进路。
② 参见卡松(Jean-Luc Cachon)为《批判的马克思主义辞典》第二版撰写的"形式"词条:《Forme(s)》. *Dictionnaire Critique du Marxisme*, (dir.) Georges Labica et Gérard Bensussan, Presses universités de France, 2ᵉ édition, 1985, pp. 476 – 481。
③ 参见本舒桑(Gérard Benssussan)和维乌拉克(Jean Vioulac)分别发表于法国《哲学研究》杂志上的文章《*Le Capital*:Une Analytique des Formes》(*Les Études Philosophiques*, October 2015 - 4, pp. 479 – 492)以及《Marx entre réalisation et dépassement de la philosophie:principes d'une lecture philosophique du *capital*》(*Les Études Philosophiques*, Octobre 2015 - 4, pp. 493 – 512)。另外,达尔多(Pierre Dardot)和拉瓦尔(Christian Laval)的《马克思:名卡尔》(*Marx, Prénom:Karl*, Paris:Gallimard, 2012)以及罗德里戈(Pierre Rodrigo)的《马克思的本体论:自主生产、异化劳动与资本》(*Sur L'ontologie de Marx:Auto-Production, Travail Aliéne et Capital*, Paris:Librairie Philosophique J. VRIN, 2014)等著作也都体现出当今法语世界对马克思思想中的"形式"问题的重视。
④ 参见鲁宾(IssacRubin)的《论马克思的价值理论》(*Essays on Marx's Theory of Value*, Detroit:Black & Red, 1972),巴克豪斯(Hans-Georg Backhaus)的《价值形式的辩证法》(*Dialektik der Wertform:Untersuchungen zur Marxschen O'konomiekritik*, Freiburg:Çaira, 1997),以及亚瑟(Christopher Arthur)的《新辩证法与马克思的〈资本论〉》(*The New Dialectic and Marx's 'Capital'*, Leiden:Brill Academic Press, 2004)。

中加以表述,而其独特性往往被忽视。显然,将马克思的"形式"概念黑格尔化,虽部分地使这一概念摆脱了"日常用法",却不可避免地使本已在思想史的进程中模糊不清的马克思与黑格尔的思想关系进一步复杂化。本文试图对黑格尔思想中的"形式"概念和马克思早期所使用的"形式"概念的内涵进行对比分析,特别是在思想史的维度上对马克思最初提出"形式"概念的基本问题意识及内在逻辑的演进历程进行梳理,以厘清马克思的"形式"概念与黑格尔的"形式"概念的内在关系和根本差异。

一、黑格尔"形式"概念的三个层次

"形式"是黑格尔思想中的重要概念。黑格尔对"形式"概念的使用可以分为三个层次:第一个层次是出现于具体精神样态和领域之探究中的一般性的"形式"概念;第二个层次是方法论意义上的"形式"概念;第三个层次是作为《逻辑学》的"本质论"的一个环节的"形式"概念。

黑格尔的第一个层次的"形式"概念出现在他对于具体精神科学部门如美学、法哲学等领域的探讨中,其基本涵义是内容的表达方式。尽管进行这些讨论的语境和针对的问题各各不同,但基本上都是围绕着形式与内容的关系展开的。比如,在《美学》中,黑格尔认为,就艺术而言,其内容是理念,其形式是"诉诸感官的形象",而艺术的目标在于将二者调和为自由、统一的整体。[①] 而艺术的目标之所以有可能实现,是由于一方面,具体的内容本身包含着感性表现的必要性,而另一方面,艺术的感性形式并不能真正独立于内容:"使这种内容可为观照知觉对象的那种外在形状就只是为着情感和思想而存在的。"[②]黑格尔在这里看重的是形式与内容的统一。而在《法哲学原理》中,黑格尔将形式和内容视为理性的两种样态,形式指的是作为概念认识的理性,内容指的是"作为伦理现实和自然现实的实体性的本质的那种理性"[③],二者分别是哲学理念之形成的前提要素。尽管"哲学作为有关世界的思想,要直到现实结束其形成过程并完成自身之后,才会出现"[④],但内容与形式的统

---

① 黑格尔:《美学》第一卷,朱光潜译,商务印书馆,1996年,第87页。
② 同上书,第89页。
③ 黑格尔:《法哲学原理》,范扬、张企泰译,商务印书馆,1979年,第13页。
④ 同上书,第13—14页。

一性仍是黑格尔所强调的:"两者自觉的同一就是哲学理念"。①

如果说黑格尔的第一个层次的"形式"概念是以"形式"和"内容"的统一性为枢轴建立的起来的话,那么其第二个层次也即方法论意义上的"形式"概念则主要以"本质"概念为参照系。尽管在黑格尔那里,方法论不能独立于本体论和认识论,但鉴于黑格尔自觉地将近代思想所提出的"方法"问题作为展开思考的理论前见,并在某种意义上将主观行动之"作为客观真理的本质的环节"的可能性视为自己要回答的基本时代问题之一②,我们仍可在"思想之客观地展开"的意义上谈论黑格尔哲学中的方法。在《精神现象学》中,黑格尔用"上帝的生活"和"上帝的知识"③这样的表述来指称思想及其成果。这种生活和知识作为一种上帝"自己爱自己的游戏",就其"绝对原则"而言,具有与其本质相应的"纯粹的自身同一性"。在这里,"他物"和"自身异化"等问题尚未出现。但仅仅具有自身同一性的思想是无法成为具有自由属性的"上帝的知识"的,因为这种自在性只是抽象的普遍性,而作为理念的思想如果缺少了"否定物的严肃、痛苦、容忍和劳作,它就沦为一种虔诚,甚至于一种无味的举动。"④对于这里所谓"否定物的严肃、痛苦、容忍和劳作",黑格尔又将之称为"形式的运动本身"。如果说思想的自在方面将自身展现为直接的实体,而这种实体正是本质的话,那么形式乃是对于本质的"理解"和"表述",这种理解和表述不是一次性完成的,而是在一个过程中被"展开"的。这样,对于黑格尔来说,形式就是本质的被展开的表述过程。形式对于本质来说并非可有可无的东西,相反,形式对于本质而言是非常本质的东西,这是由于,如果没有形式,也就是说,如果本质没有在一个表述过程中被展开,本质就不可能被理解和表达为"现实的东西"。

形式将本质呈现为"内容","内容"与本质的重要差异就在于,前者可被"观察"。所谓观察,就是对某种具体规定性的把握。可被观察的内容是具有一定规定性的内容,黑格尔将这种可被观察的规定性称为"感性存在",关于"感性存在"和形式的关系,黑格尔说:"感性存在是一种内容,它不但不与形式相矛盾,并且根本与形式没分离,而毋宁本质上就是形式自身;因为形式只

---

① 黑格尔:《法哲学原理》,范扬、张企泰译,第13页。
② 黑格尔:《逻辑学》上卷,杨一之译,1982年,第52页。
③ 黑格尔:《精神现象学》上卷,贺麟、王玖兴译,1979年,第11页。
④ 同上。

不过是将自身分裂为其纯粹环节的那种普遍或共相。"①这就意味着,形式之为形式,不能离开作为感性存在的"纯粹环节",从某种意义上说,形式正是通过"感性存在"的方式而成为形式。

各种不同环节由于具有不同的感性存在方式而具有不同的规定性,这些规定性并非孤立,而是相互联系的:"反之,那些不同的规定性和它们彼此隶属于'物'的外在联系就是形式——这形式是由差别的反思范畴,但这种差别是实存着的并且是一全体。"②因此,形式不仅包括"实存着"的东西也即具有"感性存在"的诸具体环节,更包括这些环节由彼此间的联系而建构起来的"全体"。

这样,从方法论层面看,黑格尔的"形式"概念的基本内涵即可被理解为"本质之展现"。

黑格尔的第三个层次的"形式"概念,出现在《逻辑学》的第二部分即"本质论"中。在谈到"形式"概念时,黑格尔说:"形式首先与本质对立;所以它是一般根据关系,并且它的规定是根据和有根据的东西。然后它与质料对立;这样,它就是进行规定的反思,它的规定就是反思规定及其长在。最后,它与内容对立;这样,它的规定又是它本身和质料。那以前与自身同一的东西,最初是根据,然后是一般长在,最后是质料在形式的支配之下,并且又是形式的规定之一。"③可见,"本质论"中的"形式"概念有三个层次,分别与"本质""质料"和"内容"相对。

从第一个方面来看,与本质相对的形式"就是绝对否定性本身或说是否定的绝对自身同一"④,这种绝对否定性并非对于某物的否定,而是作为否定性的规定性自身。不过这种否定性的规定性并非无所由来或由形式本身所致,而毋宁说是本质的内在反思的结果,这就是在本质与形式之间所具有的否定性的内在关系。关于这种关系,值得注意的是,一方面,这里的主动一方并非形式,而是本质,因此形式事实上不能先行决定本质,而是相反,只不过这里的本质是一种有待被规定的"基础",因而与作为"进行规定的东西"的形式相对立;另一方面,这里内在包含反思关系,而所谓反思,在黑格尔这里就意味着在本质自身内部所发生的将本质的直接性规定为否定性、同时也将本

---

① 黑格尔:《精神现象学》上卷,贺麟、王玖兴译,1979年,第199页。
② 黑格尔:《小逻辑》,贺麟译,商务印书馆,1980年,第272页。
③ 黑格尔:《逻辑学》下卷,杨一之译,商务印书馆,1982年,第85页。
④ 同上书,第78页。

质的否定性规定为直接性的运动①,这就是说,本质的抽象性在形式中被否定,而这种否定本身又以本质为根据,这是一个脱离—返回的过程。因此,本质不仅先于形式,更是形式折返的方向。而形式作为"完成了的反思的整体"②,在这里基本上可以理解为以本质为前提并走向本质的规定性的总和。

从第二个方面来看,与质料相对的形式就不再是"绝对否定性"或"否定的绝对自身同一"了,在这里,否定是针对"某物"的否定,而这个"某物"就是作为"无形式的同一"的本质。本质之成为"无形式的同一",乃是由于本质与形式相对立而成为了单纯的和无区别的同一,于是本质就不再是作为形式的前提和基础的本质,而成为形式所要否定的"质料"了。形式在从本质的反思规定中产生后所获得的相对独立性以及由此而出现的与质料的对立,使形式具有了主动性。如果说形式与质料本身的对立实质上只是一种建构性的区分的话,那么形式与质料的对立则是一种具有纯粹否定性质的对立,即形式要否定质料的这种抽象的同一性,而赋予质料以规定性。形式由此不再是被动的,而成为主动的。黑格尔说:"质料被形式的能动性所规定,这种能动性在于形式否定地对待自身。但反过来,它因此也否定地对待质料;然而质料之被这样规定,也同样是形式自己本身的运动。"③这就是说,形式的主动性体现在两个方面:既否定自身又否定质料。而这也就意味着,形式将自身作为否定性动力之源并赋予自身内在的方向性。因此,与质料相对的形式具有了一种似乎与本质无关的自身运动。这时形式仍然朝向本质(不过是作为质料的本质),但并非由于是以后者为基础,而是由于若脱离了质料,形式将无法持存——因为与质料相对立的形式的基本特性是与质料的纯粹同一性截然不同的纯粹否定性。

从第三个方面看,在形式具有了持存性之后,本质就具有了第三种形态,这就是形式化的质料,即内容。"内容一方面是根据在其建立起来之有中本质的自身同一,另一方面是与根据关系对立建立起来的同一。"④鉴于黑格尔的"根据"概念的基本涵义是包含全部关系的本质,内容就具有双重性质:它是被建立起来的具有本质性的东西,但它同时又不是本质本身,而是有着自身的同一性。可以认为,黑格尔所说的"内容"实际上就仅包含"根据"中的

---

① 黑格尔:《逻辑学》下卷,杨一之译,第14页。
② 同上书,第78页。
③ 同上书,第82页。
④ 同上书,第86页。

"直接关系",而并不包含其全部关系。尽管与本质相关但又不是本质的"内容"在某种意义上是形式和质料的统一,但不能认为形式只是内容的"次级"概念,因为"内容"概念所揭示的两个层面即本质层面与本质有关、但并非纯粹本质的层面之间的关系内在地就具有"形式"关系:后者是前者的"体现"。而随着这种形式关系的确定,形式与内容的对立就形成了。在形式与内容的关系中,形式由于其"直接性"而受到与"整体性"虽无直接对应关系但毕竟具有相关性的"内容"的制约。这样,形式在与质料的对立中所具有的主动性就消失了。

上述三个方面的内容构成了黑格尔的"形式辩证法"。这种形式辩证法的突出特点是,"形式"并非一个现成的概念,其呈现方式、内涵、位置和作用在三个层面上各不相同。这固然和黑格尔之将传统思想中关于形式与质料以及形式与内容的理解统一在一起的企图有关,但更与黑格尔的绝对唯心主义内在相联。

不过,鉴于"形式辩证法"从根本上说只是构成《逻辑学》推演系统诸多环节中的一个环节,这种辩证法本身在这里并不是我们关注的重点。毋宁说,对于本文的讨论来说重要的是,"形式辩证法"在一些重要方面深化了黑格尔关于"形式"的讨论。具体来说,在这辩证法的三段论中,"正题"基本是对上述方法论层面的"形式"概念的基本内涵即"本质之展现"的强调,毋宁说,是在"科学"体系中对于"形式"范畴与"本质"范畴之间关系的重构;在"反题"中,黑格尔揭示了形式内在具有的主动性,体现出这种主动性的形式的基本内涵可被理解为"赋形";而在"合题"中,黑格尔所涉及的根本问题无疑是,形式尽管在某个特定层面上具有主动性,但它作为理念自身运动的一个环节具有内在的局限性,最终必须与内容实现统一,换句话说,作为"赋形"的形式终归不能离开作为"本质之展现"这一维度。

这样,《逻辑学》中的"形式辩证法"就将前两个层次的"形式"概念的内涵纳入自身之内,而这一辩证法可被理解为对"形式"的两层含义即"本质之显现"和"对质料的赋形"之间关系的阐发:这两层含义共同体现了"使隐而未显者显现"这种相对于"隐而未显者"而言的否定性,它们的关系被纳入《逻辑学》的推演进程中,共同构成了"科学体系"的一个重要环节。

上述对于黑格尔"形式"概念的探讨构成了我们理解马克思在其思想开端处所使用的"形式"概念的基本内涵的前提。

二、马克思《博士论文》对黑格尔"形式"概念的继承和偏离

在马克思的《博士论文》中,"形式"就已成为一个重要概念。在该著中,马克思为了论证伊壁鸠鲁的"原子偏斜论"的理论意义,探讨了原则的"偏斜"规定在伊壁鸠鲁原子论中所起到的作用。马克思在这里的论述是围绕着偏斜的"形式"意蕴展开的。按照马克思的理解,伊壁鸠鲁原子论的关键环节在于提出原子的偏斜运动,因为原子偏斜乃是打破原子的直线运动之定在的"形式规定"。原子在直线运动中,没有自我意识可言,相反,它被迫进入不断的运动,因而就其个体之为个体而言的"坚实性"还根本没有出现,于是原子完全"消失"在直线中。原子之克服其直线运动的定在,一个根本的途径就是偏斜运动。偏斜运动之所以是一种"形式规定",乃是由于对直线运动予以否定就意味着将蕴含于其中的定在"观念化",也即从被限制的状态走向"普遍化"。当然,这种"普遍化"在这里意味着纯粹个别性概念的获得:作为"形式规定"的倾斜的作用在于,"能实现把每一个被另一个定在所规定的定在都加以否定的纯粹个别性概念"①。如果说"形式规定"是从否定性行动的角度对偏斜的理解的话,那么所谓"纯粹个别性"则可被视为这种行动的成果。这一结果有两个方面的性质:一是自身性,二是直接存在性。自身性是指"纯粹个别性"概念不以自身之外的规定作为自己的规定;直接存在性是指这一概念的获得无需经过任何中介。马克思把这种兼具自身性与直接存在性的原子样态称为"形式"。尽管通过这种"形式"的建立,直线运动的定在受到了否定,但"形式"的局限性也同时暴露出来,这是因为,"如果我同我自己发生关系,就像同直接的他物发生关系一样,那么我的这种关系就是物质的关系。这是可能设想的最极端的外在性。"②这就是说,形式虽然建立起自身性,但却仍将其所否定的定在关系移植入自身之内,这就为原子间排斥或碰撞提供了前提,而"在原子的排斥中,表现在直线下落中的原子的物质性和表现在偏斜中的原子的形式规定,都综合地结合起来了,"③这正是原子概念的实现。由此可见,"形式"概念在此所起的重要作用体现在,一方面,形式体现了对于定

---

① 《马克思恩格斯全集》第1卷,人民出版社,1995年,第33页。
② 同上书,第37页。
③ 同上。

在的打破，另一方面，形式是原子概念实现的前提。

马克思在《博士论文》中借助对伊壁鸠鲁原子论的所进行的"形式分析"，可被称之为一套"原子运动的辩证法"，这种辩证法从内在逻辑上来看与黑格尔《逻辑学》中的"形式辩证法"几乎如出一辙。在这两种辩证法中，"形式"都扮演了关键角色：形式既是对三段论中的第一个环节的否定，又由于自身的局限性而必须走向第三个环节。

但问题是，与黑格尔《逻辑学》中的"形式"概念相比，马克思《博士论文》中的"形式"概念显然无论在内涵、提出方式和作用等方面都发生了重要变化。

具体说来，如果说黑格尔《逻辑学》中的"形式"概念根本上说是一个"否定性"的概念，其基本内涵是"本质的表达"和"赋形"两个层面的话，马克思的《博士论文》中的"形式"概念同样是一个否定性概念，但它无疑更加激进，也就是说，它不再具有"本质之显现"这层消极的否定性的含义，而只保留了"赋形"这层积极的否定性的含义。对马克思来说，"赋形"就意味着使消失在定在中的"纯粹个别性"得以显现。

马克思对"形式"概念的内涵的改变，并非仅仅是一个对黑格尔的"形式"概念的现成内涵的剪裁，而是意味着对这一概念本身的提出方式的改变，因为对于黑格尔来说，"形式"应首先被理解为与"本质"相对的概念，也就是说，与"本质"的内在关联乃是作为"赋形"的"形式"的基础和前提。而对马克思来说，"形式"直接就是"赋形"——形式直接对内在地包含于定在中的对于"个别性"的消泯进行否定。原子的直线运动无疑是一种强制，但"个别性"很难说与这种具有强制性的"定在"的根本规定性有真正意义上的"内在"关联，这与在黑格尔那里形式对质料的否定和赋形的方式完全不同：黑格尔的"形式辩证法"中的形式不是对本质的特定某个方面的否定，而是内在于本质的纯粹的否定性本身的外化，因而形式对于质料的否定，尽管形式在其中具有主动性，但根本上看是构成本质的两个维度的外化了的对立关系——而显然，马克思之将原子的直线运动与偏斜的关系解释为定在与打破定在的"纯粹个别性"的关系，就无法被视为对某种本质的两个内在维度的关系进行的解释了，因为相对于直线运动中定在的"物质性"而言，"纯粹个别性"其实是一个具有特殊规定性的概念，而不是"纯粹否定性"本身。因此，马克思《博士论文》中的"形式"概念的提出方式事实上已经偏离了黑格尔辩证法的经典表述方式，开始引入相对于后者而言的异质性维度，这种异质性维度就是"外部性"或"被给予性"：形式对于质料而言的否定性，在于一种被给定的赋形力量

（而并非一种在逻辑上与质料共享同一本质的否定性力量）对于质料中"相应"要素（而未必是所谓"本质性"要素）的直接赋形。

形式与"外部性"的联系不仅体现在它的提出方式中，在形式所面临的矛盾的解决也即原子概念的实现这一问题上，"外部性"因素再次出现。被给予的并将自身的赋形力量直接展现出来的形式，其内在的矛盾之所以是不可避免的，乃在于它将自身作为对象，因此与它所否定的定在一样具有了"物质性"，而这就意味着形式所内在包含的"原子对同他物的一切关系的否定"①这一规定性本身将被消泯。为了拯救形式，就必须将那种可能"物质化"的东西"实现"出来，其前提是建立一种新型关系：与原子发生关系的只能是外部化的"它本身"，也即另一个原子。这种关系必须是开放的，否则再次"物质化"在所难免，而这就意味着与原子建立这种新型关系的，不是单个原子，而是众多原子。不过若这般理解的话，似乎众多原子之出现只是原子为了解决其形式与质料方面的矛盾而设计的方案，为了避免这种误解，马克思从"直接性"角度理解原子之所以必为复数的原因：这不是可以选择的东西，而是直接被给予者。若将原子视为自我意识的隐喻，那么上述不可选择而直接被给予的东西，正是社会关系中的众多他人。

如果说马克思在《博士论文》中关于"形式"问题的讨论已在若干重要方面偏离了黑格尔的话，其呈现形式给人的感觉却是在效仿黑格尔辩证法。不仅如此，具有外在性的"形式"之被给出的根据也蔽而不明，因此，尽管我们无法赞同麦克莱伦的尖刻评论："总之，马克思的《博士论文》表明，他那时不过是对鲍威尔的某些思想深有同感的一个普通的黑格尔分子罢了"②，但我们的确也不能否认，马克思为"形式"概念赋予的外在性，此时还并不具有真正的客观性：一个明显的例证是，对定在进行否定的形式之被规定为"纯粹个别性"，显然来自某种启蒙思想的启发，而非来自现实运动本身。如果与《逻辑学》中黑格尔在"形式辩证法"中关于形式的讨论相比，我们惊奇地发现一种"倒错"：黑格尔的形式概念具有与理念"自身运动"相联系的内在性，但这种内在性却体现出某种"本质性的"客观性；而马克思的形式概念尽管具有被给予性意义上的外在性，但这种外在性却有着主观性的特征。

---

① 《马克思恩格斯全集》第 1 卷，人民出版社，1995 年，第 36 页。
② 戴维·麦克莱伦：《青年黑格尔派与马克思》，夏威仪、陈启伟、金海民译，商务印书馆，1982年，第 75 页。

然而若细加考察，我们会发现，这种倒错其实并不是由马克思对黑格尔辩证法的偏离所导致的，恰好相反，正是由于马克思此时尚未完全脱离黑格尔辩证法的束缚，才使得他的形式概念具有"主观的外在性"的特征：如果说黑格尔的形式辩证法中的形式概念的基本内涵来自理念的自身运动所内在具有的否定性，而这种否定性意味着本质的自身否定的话，马克思《博士论文》中的形式概念则基本可被理解为在原子的直线运动中原子本质的一部分对自身的否定性理解。黑格尔思想中的内在于本质的"纯粹否定性"可以从多个角度（比如精神的自我理解和自我教化，或逻格斯的自我展开等）获得解释，而马克思的形式概念的否定性或许只能从某种"规范性"的层面加以理解，譬如启蒙的"思想立场"，而这种"规范性立场"显然无法交代清楚自己何以可能与本质（哪怕只是"部分本质"）的建立起内在关系。

三、"外在性"问题：马克思的"形式"概念与黑格尔的关键分野

上述"外在性"难题在马克思的《1844 年经济学—哲学手稿》中得以问题化。马克思通过对黑格尔的《精神现象学》、《逻辑学》以及《哲学全书纲要》等著作的研究，发现黑格尔思想中有一个漏洞，这是"外在性"概念的不彻底性：当黑格尔试图建立起思想中各个环节之间的内在联系时，"外化"或"异化"是其论述的关键，其基本内涵是，具有绝对自我意识的主体将自身外化，随后又从这种外化返回自身并收回自身；而当黑格尔对这种"外化"所建立的领域的"外在性"进行讨论时，这种"外在性"却根本不具有真正的外在性。马克思对此的批判是：对于黑格尔来说，"在这里不应把外在性理解为显露在外的并且对光、对感性的人敞开的感性；在这里应该把外在性理解为外化，理解为不应有的偏差、缺陷。"[①]与此相对，马克思在此要建立一种将真正的"外在性"维度纳入其中的"对象化"概念取代黑格尔的"外化"概念，而在黑格尔那里被理解为"不应有的偏差和缺陷"，恰好作为"外在性"的基本内涵而成为"对象化"概念的重要维度。可见，马克思此时已经意识到，借用黑格尔的辩证法的表述方式，是无法获得真正的外在性的。

不过，在这一手稿中，马克思尚未建立起自己的"新唯物主义"的研究方

---

① 《马克思恩格斯全集》第 3 卷，人民出版社，2002 年，第 337 页。

法,他借以批判黑格尔辩证法的基本视野来自费尔巴哈的"人本学"。因此马克思对黑格尔辩证法的观察就具有典型的费尔巴哈式的特征:一方面将黑格尔辩证法理解为上帝的自我实现,另一方面将这一自我实现理解为"人的本质"的异化的结果:"黑格尔在这里——在他的思辨的逻辑学里——所完成的积极的东西在于:独立于自然界和精神的特定概念、普遍的固定的思维形式,是人的本质普遍异化的必然结果,因而也是人的思维普遍异化的必然结果;因此,黑格尔把它们描绘成抽象过程的各个环节并且把它们连贯起来了。"① 出于对黑格尔的这种费尔巴哈"人本学"式的解读,马克思要求从黑格尔的"纯粹抽象"回到"自我对象化的内容丰富的、活生生的、感性的、具体的活动"②。尽管这种"自我对象化"的活动仍是以"人的本质"为前提的,但无疑,这是一个不能完全化归为思辨的理论活动的领域。

这样,黑格尔的作为本质之纯粹否定性的"形式"概念就顺理成章地被理解为"抽象的形式",也即"既超脱任何内容同时又恰恰对任何内容都有效的、脱离现实精神和现实自然界的抽象形式、思维形式、逻辑范畴"。③ 既然马克思批评黑格尔的"抽象的形式",他会否相应地提出一种"具体的形式"呢? 对于此时的马克思来说,在现实世界中以感性的方式呈现的人的活动,正具有这种"具体的形式"——这种"形式"一方面并非对所有内容都有效,而只能被理解为"人的本质力量"的展现,另一方面其规定性是特定的而非抽象的。这样就能看到,当马克思说"在通常的、物质的工业中……人的对象化的本质力量以感性的、异己的、有用的对象的**形式**,以异化的**形式**呈现在我们面前"④的时候,"形式"已被转换为一个必定具有具体性的概念:异化的形式。这一概念所表达的内涵是,人的本质力量以异化的方式呈现自身。而这就表明,在《博士论文》中通过启蒙思想的透镜而被滤掉的"本质之显现"这一维度现在又通过费尔巴哈的透镜而回到了"形式"概念中。

但不难看出,"异化的形式"这一概念包含着不可回避的问题:它既要兼顾费尔巴哈的人本学立场,又要突破黑格尔的"抽象形式"而获得真正的外在性维度,这如何可能? 事实上,困难正在于,费尔巴哈的人本学方法其实并未根本上超出黑格尔的辩证法的基本框架,而其"异化"理论也无法得到马克思

---

① 《马克思恩格斯全集》第3卷,人民出版社,2002年,第333页。
② 同上。
③ 同上。
④ 同上书,第192—193页。本段引文中的着重记号为引者所加。

所期待的真正的"外在性"。费尔巴哈尽管试图在其人本学中实现其"空间原则"对黑格尔的"时间原则"的克服①，但他无疑没有摆脱黑格尔建立起"时间原则"的原则，这就是"显现"的间接性：在黑格尔的绝对唯心主义中，"显现"必定是本质的显现，因而不存在与本质无关的显现；而在费尔巴哈的空间哲学中，他的一个基本立场可被概括为"本质即其表现"，这一立场要求不将本质与其表现的关系理解为主从关系，但并没有否定——甚至从某种意义说看还强化了——本质在"表现"中的根本作用。这样，黑格尔式的"本质"概念就空间化为费尔巴哈的空间"界限"的观念，而这种界限的存在也就意味着"本质的表现"中不可能有"偏差和缺陷"的位置。这样就不难想象，马克思在提出自己的"异化"理论时实际上处于一种矛盾状态：马克思实际上是通过对古典政治经济学家（如斯密、萨伊等）的著作进行"副本批判"而获得其对"异化"现象的理解的，但这一现象又要通过人本学的透镜来理论化——要知道，副本批判的目标是进入"原本批判"，也即对"现状本身"②进行批判，而根据马克思对黑格尔的批判，这一"现状本身"中必定包含不能为理论预先把握的"偏差"和相对理论的完整性而言的"缺陷"的，但人本学却事实上用某种空间界限将这些"外在性"全部剔除了。

就青年马克思将黑格尔逻辑学的基本成果理解为人的普遍本质的异化而言，马克思是通过费尔巴哈而实现了对于黑格尔辩证法的批判；但就马克思对黑格尔辩证法的批判的基本成果是将真正的"外在性"纳入"对象化"之中而言，马克思又是通过对黑格尔的批判而走向对于费尔巴哈的批判。这样，马克思发生于 1845 年左右的思想转变就是合乎逻辑的了。

四、《关于费尔巴哈的提纲》与"社会形式"概念的提出

《关于费尔巴哈的提纲》对费尔巴哈的批判的要点在于，费尔巴哈没有把人的活动本身理解为对象性的活动，从而也没有把对象、现实和感性当作感性的"人的活动"来理解。后人在解读马克思的这一批判时候，往往从"实践"

---

① 关于费尔巴哈对黑格尔时间原则的批判，参见他的《黑格尔哲学批判》一文，载《费尔巴哈哲学著作选集》（上卷），荣震华、李金山等译，商务印书馆，1984 年，第 45—84 页。
② 《马克思恩格斯全集》第 3 卷，人民出版社，2002 年，第 200 页。

或人的活动的"革命实践性"等角度切入,这自然无可厚非,但从其《提纲》第一条提出这一问题的语境来看,在"实践"问题出现之前,其实还有一个不能忽视的环节,这就是"外在性"问题。当马克思说"费尔巴哈想要研究跟思想客体确实不同的感性客体,但是他没有把人的活动本身理解为对象性的活动"①时,他所使用的"但是"一词表明,一方面,他并不反对费尔巴哈的基本理论目标,而另一方面,他认为费尔巴哈的工作并未达到自己的理论目标。因此,"把人的活动理解为对象性的活动"和"研究跟思想客体确实不同的感性客体"在逻辑上是一致的,前者是实现后面这个目标的基本途径,而如果说前者正意味着对于"外在性"的探寻的话,后者自然就是获得"真正的"外在性的途径。

只有结合"外在性"这一视角,《提纲》的著名论断"从前的一切唯物主义(包括费尔巴哈的唯物主义)的主要缺点是:对对象、现实、感性,只是从客体的或直观的形式去理解,而不是把它们当作感性的人的活动,当作实践去理解,不是从主体方面去理解"②才不至于被理解为某种主体主义的命题:马克思并非将对象、现实和感性"还原"为人的主体性活动,而毋宁说提出了一个对于旧唯物主义来说具有根本性的问题:通过客体或直观等"形式"(der Form des Objekts oder der Anschauung)呈现给人们的对象、现实和感性,事实上是不能被"直接"当作具有外在性的东西的。唯物主义的基本原则正在于对对象的外在性的肯认,但问题是,这些"形式"本身事实上就是某种思维活动的成果(而这就是为什么在费尔巴哈那里"理论活动"被赋予如此高的地位即被认为是"真正人的活动"的原因),因此这里就出现了矛盾。如果说马克思开出的药方——即把对象、现实和感性当作"感性的人的活动"和"实践"去理解——有可能解决旧唯物主义的困境的话,那么合乎逻辑的理解是,这种可能性正于它绕开了下述循环,即:对象具有外在性,而把握这种外在之物所必需的"形式"又须经由思维构建。在这里,对于"形式"问题的理解显然成为一个关键。

旧唯物主义所看重的"客体"或"直观",是对象和现实的"形式",而这个意义上的"形式",其实就是对象的"显像"。若像旧唯物主义所做的那样,仅从这种对象之"显像"来理解对象本身的话,逻辑悖论就在所难免。若要避开

---

① 《马克思恩格斯文集》第 1 卷,人民出版社,2009 年,第 499 页。
② 同上。

这一困境,或许有四条路径可选:其一,直接宣布这种具有外在性的对象是不可被理论化的,能理论化的只是显像本身;其三,改造知识概念,使之成为本身具有主动性和过程性、从而"去理论化"并因而能把握对象本身的知识;其三,改造对象概念,使之成为可以"直接"被把握、而非需要先"理论"化而后方可被把握的对象;其四,既改造"对象"概念,又改造"知识"概念,使知识的展开过程本身就是对象的实现。这四种方式分别可称为康德式、费希特式、谢林式和黑格尔式道路。这四条思路的一个共同点是:"对象"和"理论"分别构成了问题的两极,所有的讨论都围绕这两极展开,然而对象与理论之间的"联结点"也即"对象的显现"本身似乎并不构成一个问题。比如,通过康德式道路,人们可以探寻诸如"现象"与"先天范畴"之间的精微联系这样的问题,但这种分析方法从未被运用于对"现象"本身的分析,因为现象似乎总是一些无需追问其来历的、"被给定"的感性杂多。再比如,在黑格尔式道路中,"对象的显现"就是本质之展开的诸环节本身,各环节的彼此关联规定了它们的必然性,因而再对这种"显现"本身展开探讨(如追问"对象何以如此显现")似乎只是多余。

那么,当马克思将"感性的人的活动"和"实践"引入对于对象和理论的关系问题的讨论中时,他的方案属于那种思路呢?

一种很自然的理解是,将"实践"当作一个马克思重点关注的"原初领域",并将这个"领域"的发生和演变等视为马克思的主要研究对象。这样一来,马克思的思想基本就可被理解为黑格尔的社会哲学版本,因为从根本上说,这与黑格尔思想中对象(或实体)通过彼此联结的诸环节实现自身的思路并无二致。囿于篇幅和主题,本文无法对此种理解进行全面评析,不过就本文所涉及的问题而言,这种理解方式的一个直接困难,在于无法合理解释《提纲》所提出的思维(或理论)与实践之间的关联。关于这一关联,马克思说:"人的思维是否具有客观的真理性,这不是一个理论的问题,而是一个实践的问题。人应该在实践中证明自己思维的真理性,即自己思维的现实性和力量,自己思维的此岸性。"[①]在这里,马克思令人瞩目地把思维的"真理性"问题转变为思维的"现实性"和"力量"问题。我们或许可以将这种"现实性"和"力量"理解为"现实作用",但随之而来的问题就是:难道马克思会认为,只要一种思维或理论在现实中产生某种形式的"作用",就具有"真理性"吗?马克思

---

① 《马克思恩格斯文集》第 1 卷,第 500 页。

进一步的说明,即把思维的现实性和力量解释为思维的"此岸性",实际上对这种可能的理解进行了澄清:所谓"此岸性",无疑和"彼岸性"相对,而如果说思维的"彼岸性"是指思维的抽象性和无历史性的话,那么思维的"此岸性"所强调的正是思维的具体性和历史性。因此,重点不在于思维的一般意义上的"作用"(某种抽象观念也可以在现实中起到"作用"),而在于具有历史性的思维以某种独特的方式展现自己的作用。在这里,合乎逻辑的追问是:思维展现自己作用的独特方式是什么? 在《提纲》中,费尔巴哈关于宗教上的自我异化的讨论与世俗基础的自我矛盾的关联表明,马克思主要地并不是从思维的"存在性"角度(也即不是从实践产生思维,思维表达并介入实践的角度)来理解思维的作用的,而是从思维对实践所具有的直接"关涉"来理解这一问题的:思维的真理性或力量,就在于它"直接牵连"一个"世俗基础"和实践领域。而这显然不是一门探讨作为原初领域的实践的"实践理论"或"实践哲学"所包含的问题。

但思维"如何"直接牵连出实践领域呢? 简单地回答说思维领域通过实践而生成,显然无法解决这一问题,因为如上所述,二者其实是不同层面的问题。《提纲》之作为"提纲",显然不可能为上述问题给出详细的说明,但它的确给出了说明的线索,这体现在《提纲》所给出的"社会形式"概念中。

如何理解"社会形式"概念的内涵呢? 在《提纲》中,马克思没有进一步解释。但在与这个文本的写作时间相距不久的《神圣家族》中,我们能够找到马克思提出这个概念的痕迹。

在《神圣家族》中,马克思在批判布鲁诺·鲍威尔的"批判的批判"所体现的唯心主义时,提到了鲍威尔的《犹太人问题的最新论文》中的这样一段话:"批判准备了世界形式,甚至第一次准备了世界形式的思想。这种世界形式不单单是法的形式,而且是＜读者,请你提起精神来！＞社会的形式……"①马克思在评论时指出,鲍威尔在这里所说到的"世界形式""无非是**现今存在的世界形式**,即**现今社会**的世界形式。"②如果说鲍威尔的"世界形式"和"社会形式"指的是"批判"为世界和社会赋予的形式的话,马克思在对其进行的概念改造中对"现今"的强调则意味着,所谓"世界形式"和"社会形式"无须以思想或"批判"为前提,而毋宁说是直接被给予的。"现今"的"世界形式"和"社

---

① 《马克思恩格斯文集》第 1 卷,第 300 页。
② 同上书,第 301 页。此段引文中的着重号为马克思本人所加。

会形式"是否意味着直接的经验生活呢？如果马克思是这样理解的,那么他和布鲁诺·鲍威尔的立场实际上没有什么区别,因为后者也认为"只有认识现实,我们才能获得真正的进步"①。马克思对布鲁诺的批判,重点恰好不在于对构成直接的经验生活的现实内容进行研究,而正在于真正认清"生活本身的直接的生产方式"②。这就意味着,要将"地上的粗糙的物质生产"而不是"天上的迷蒙的云兴雾聚之处"③理解为历史的诞生地。因此,所谓"世界形式"或"社会形式",就不是某种抽象的形式,而是世界运动或社会运动本身生产现实生活的方式。"生活本身的直接的生产方式"之作为"形式"显然与传统思想中关于形式的理解十分不同,特别是与黑格尔的"形式"概念有了重要区别。但马克思对于这一概念的使用并非随意借用,而是基于他对唯物主义问题的思考。在同一著作中,马克思借着批判鲍威尔关于法国唯物主义的思想根源的理解的机会,对英国唯物主义尤其是培根思想的意义进行了探讨:在马克思看来,培根是英国唯物主义的真正始祖,在他的思想中,最重要的一点就是对物质的运动特性的探讨,而这种探讨之所以重要,就在于培根不是从"机械的"或"数学的"方面来理解运动,而是从物质的"冲动""活力"和"张力"方面来理解运动——这个意义上的"物质运动",就是"物质的原始形式"④,而在这里,"形式"就是物质的固有的、活生生的本质力量的展现,"这些力量使物质获得个性,并造成各种特殊的差异"⑤。基于此,马克思的"生活本身的直接的生产方式"意义上的"世界形式"或"社会形式"的根本作用便可理解为世界或社会生活中的原初赋形。

鉴于《神圣家族》中关于"世界形式"和"社会形式"的分析是基于后来《提纲》所谓的"旧唯物主义"而展开的,特别是,在《神圣家族》中理论与实践的关系问题尚未成为马克思思考的核心内容,因而《提纲》中所提出的"社会形式"概念的侧重点并不同于《神圣家族》的"世界形式"或"社会形式"概念。

这具体体现在《提纲》对费尔巴哈哲学中关于"人的本质"的观点所进行的批判中。马克思的这一批判基于他对费尔巴哈思想中的一个基本维度的理解,即,人被理解为"抽象个人"。不过值得注意的是,马克思对于费尔巴哈

---

① 《马克思恩格斯文集》第 1 卷,第 348 页。
② 同上书,第 350 页。
③ 同上书,第 351 页。
④ 同上书,第 331 页。
⑤ 同上。

围绕"抽象个人"展开的论述实际上并未彻底否定：尽管马克思认为直观唯物主义在社会历史观上的缺陷在于"直观"地看待当下现实，因而不能真正理解所谓"人的本质"问题，但他也并不认为在诸如费尔巴哈哲学这样的思想中出现的抽象的人的观念是完全虚构出来的东西，因为这种抽象个人"是属于一定的社会形式"的——这就是说，抽象个人不仅不是费尔巴哈陷入幻觉的产物，反倒恰好是"一定的社会形式"的体现。这样，将费尔巴哈的理论引向多少有些神秘的"直观"的那种"神秘东西"，其实并非毫无来由："凡是把理论引向神秘主义的神秘东西，都能在人的实践中以及对这种实践的理解中得到合理的解决。"①这就是说，这种"神秘东西"与人的实践内在相关，而理论的"神秘主义"本身就包含着破解自己的神秘主义的线索，这就是它在实践中的建构方式。这样，破译费尔巴哈的"抽象的人"的密码，就是它所属的"社会形式"，而通过"社会形式"概念的指引，我们又可进展到关于那种原初性的社会实践的理解。这样，与《神圣家族》中的"世界形式"和"社会形式"概念相比，《提纲》中的"社会形式"概念不仅具有本体论意义，更具有方法论意义，这两个层面彼此关联，共同朝向对于具有"外在性"的实践领域的揭示。

五、"社会形式"概念与马克思的"历史科学"的诞生

正是由于"社会形式"概念具有一种与本体论内在相关的方法论意义，这一概念事实上就具有双重内涵：它既指社会实践的"显现"，又指"使显现"也即这种"显现"的力量展现或"赋形"。一方面，"外在性"的社会实践无法被直接理论化，但社会实践可以建构起一种相对稳定的（即"一定的"）、具有整体性的"社会形式"，而这种"社会形式"正是"历史科学"的对象；另一方面，这种"一定的""社会形式"又使得各种"社会现实"得以出现，而后者正是诸种"市民社会的科学"研究的对象——因此，作为市民社会的科学的一种形式，直观的唯物主义"至多也只能达到对单个人和市民社会的直观。"②可以看到，马克思的讨论事实上既不以"对象"（哪怕是"被理解为实践"的对象）为核心，也不以"知识"和"理论"为核心，而是直抵在前述四种思路中都被过滤掉的那个

---

① 《马克思恩格斯文集》第 1 卷，第 501 页。
② 同上书，第 502 页。

"中间环节":对象之显现。

在马克思的"新唯物主义"的问题意识中,占据核心地位的是社会实践或历史运动本身的显现,也即"社会形式",而不是某种"一般对象"的显现。社会形式作为社会实践过程的显现,其意义并不在于某种包含具体内容的东西(如某个方面的社会实践"过程")通过这种方式现身,而在于社会实践过程中的"确定性"维度的展现。这种"确定性"维度意味着,社会形式不是社会实践的一般"显现",而是社会实践之"界限"的显现。不过,社会实践的界限并非静态的,而是不断变动的,因此对于这种界限的考察,无法采用知性科学的形式,而只能采用其他方式——对马克思来说,就是历史科学的方式。

历史科学由以出发的前提,并非"前理论"的实践本身,而是市民社会的"自我表达",也就是各种"理论"以及被理论化的"现实"。马克思最为关注的,其实并非这些"自我表达"是否准确地"反映"了某种"现实",而是前者与后者的必然关联是什么。对于马克思来说,正是这种必然关联(比如费尔巴哈的"抽象的人"的观念与某种特定的"社会形式"的必然关联),才使得"社会形式"得以成为历史科学的对象。而这种必然关联之所以能够建立,正在于这里所涉及的不是某种依靠外部反思建立起来的因果关系,而是具有内在必然性的意义关系,也即由显现者之"显现方式"所建立起来的联系。因此,当马克思在《德意志意识形态》中批评青年黑格尔派的哲学家们"没有一个想到要提出关于德国哲学和德国现实之间的联系问题,关于他们所作的批判和他们自身的物质环境之间的联系问题"[1]时,他的意思并不是要去分析这种批判是否正确反映了"物质环境",而是要分析,这种批判如何内在关联着某种"物质环境"。马克思这里所说的"物质环境",更多的不是在积极的意义上,而是在一种"消极的"意义上谈的,也就是说,这种"物质环境"其实是社会实践或所谓"真正经验"的"束缚"和"界限"——而这正是"社会形式"概念的基本内涵——而"观念"正是这些束缚和界限的"表现",比如,在谈到青年黑格尔派的各种"观念"时,马克思说:"不言而喻,'幽灵'、'枷锁'、'最高存在物'、'概念'、'疑虑'显然只是孤立的个人的一种概念上的、思辨的、精神的表现,只是他的观念,即关于真正经验的束缚和界限的观念。"[2]因此,马克思对于"德意志意识形态"的批判,要点并不在于揭示其"错误性",即其与"现实的"东西的

---

[1] 《马克思恩格斯文集》第1卷,第516页。
[2] 同上书,第535页。

不契合,而在于揭示其如何"现实地"在某些束缚和界限中生成,正是在这个意义上,马克思把这些观念称为"不用想象某种现实的东西就能现实地想象某种东西"①的意识。

这样,当马克思论及"生活的生产方式以及与此相联系的交往形式就在这些束缚和界限的范围内运动着"②时,他实际上就以"社会形式"为枢纽,区分了历史科学的研究的三个层次:第一个层次是"生活的生产方式以及与此相联系的交往形式",第二个层次是这些"束缚"和"界限"——也就是"社会形式"——本身,第三个层次是显现出自身界限的"真正经验"或社会实践。

但是,严格说来,"社会形式"在历史科学中的作用只有在第一和第三个层次中才能体现出来,而无法具有独立意义,也就是说,如果离开"生产方式"和原初的"社会实践","社会形式"也就无从理解和把握,这是由于,只有通过对于"生产方式"的考察,才能获得对于"社会形式"概念之意义的理解,而也只有从社会实践的外在性来看,方可把握社会形式的"赋形"力量之根源。而反过来说,如果没有"社会形式"概念的指引,马克思的生产方式理论和普通的以概括一般社会规律为目标的"社会科学"就没有什么分别了;而同样,如果没有"社会形式"概念的指引,由于"社会实践"的外在性,我们关于这一"领域"实际上根本就"无话可说"(因为"无法说")。因此,马克思的"历史科学"中探讨"生活之生产的方式"的生产方式理论和探讨社会实践的界限之变动的共产主义理论,如果离开了"社会形式"概念,就失去了探讨的理论前提和基础。

这样,"社会形式"概念就不仅是一个具有本体论意味的"居间性"概念,同样也是对于历史科学而言必要的"指引性"概念。

但问题是,外在性的社会实践的"显现",以及观念化的社会现实所内在关联的"界限",是否仅仅出于某种形而上学的设定?答案是否定的。事实上,"社会形式"这一概念内在地包含着"历史性"的维度,正是这种历史性维度使"社会形式"具有上述居间性和引导性。关于这个问题,马克思在谈及"起初"自然界对人类完全对立并有"无限威力"的时代中"人与自然的关系"和"社会形式"之间的关系时说:"这里立即可以看出,这种自然宗教或对自然界的这种特定关系,是由社会形式决定的,反过来也是一样……这正是因为

---

① 《马克思恩格斯文集》第1卷,第534页。
② 同上书,第535页。

自然界几乎还没有被历史的进程所改变"①，这就意味着，社会实践之以"束缚"和"界限"的形式展现出来，以及人与自然的关系之被纳入生产关系的范畴，从而"社会形式"能够成为"社会现实"和"社会实践"之间的居间性概念，那只是由于，我们是在自然界已被"历史的进程"所改变的时代对"社会形式"问题进行思考的。

因此，尽管"社会形式"概念就其基本内涵来说仍然具有黑格尔的"形式"概念中的"显现"和"赋形"两个基本维度，但这两个维度已被整合到全然不同的语境中：在这里，社会形式的"显现"维度体现为外在性的社会实践历史性地形成的"束缚"和"界限"，而社会形式的"赋形"维度则体现为这些"束缚"和"界限"在各种"社会现实"的生成中所扮演的关键角色，于是，"社会形式"本身便不再是一个相对于本质而言的从属性概念，而是一个指涉"社会实践"与"可理论化的社会现实"之"联结"的居间性概念，它既为历史科学提供了研究方向的指引，又体现了这一研究对自身历史性的自觉。在这个意义上说，"社会形式"概念提出，标志着马克思的"历史科学"的诞生。唯有在此"历史科学之诞生"的思想背景中，马克思的作为"历史科学"研究之集中体现的《资本论》所使用的诸如"价值形式"这样的与"形式"有关的概念，方才能够得到全面理解和把握。

---

① 《马克思恩格斯》第 1 卷，第 534 页。

图书在版编目(CIP)数据

历史的肉身:《路德维希·费尔巴哈和德国古典哲学的终结》当代解读/吴猛著.—上海:复旦大学出版社,2018.12
(马克思主义经典著作当代解读)
ISBN 978-7-309-14037-8

Ⅰ.①历… Ⅱ.①吴… Ⅲ.①《路德维希·费尔巴哈和德国古典哲学的终结》-恩格斯著作研究 Ⅳ.①A811.24

中国版本图书馆 CIP 数据核字(2018)第 252486 号

历史的肉身:《路德维希·费尔巴哈和德国古典哲学的终结》当代解读
吴　猛　著
责任编辑/陈　军

复旦大学出版社有限公司出版发行
上海市国权路 579 号　邮编:200433
网址:fupnet@fudanpress.com　http://www.fudanpress.com
门市零售:86-21-65642857　团体订购:86-21-65118853
外埠邮购:86-21-65109143　出版部电话:86-21-65642845
常熟市华顺印刷有限公司

开本 787×960　1/16　印张 14.75　字数 237 千
2018 年 12 月第 1 版第 1 次印刷
印数 1—2 100

ISBN 978-7-309-14037-8/A·39
定价:52.00 元

如有印装质量问题,请向复旦大学出版社有限公司出版部调换。
版权所有　侵权必究